現代国際経営要論

佐久間信夫 [編著]

井上善博・金　　在淑・小林　　守
斉藤保昭・鈴木岩行・瀬口毅士 [著]
根岸可奈子・ビシュワ・ラズ・カンデル・村田大学

創成社

はしがき

　アレクサンダー・グラハム・ベルが電話機を開発したのは 1876 年のことで
あった。ベル式電話は，急速にアメリカに普及していき，3 年後の 1878 年に
はアメリカ各地に 148 社の電話会社が開業した。日本でも 1890 年に東京と横
浜で電話サービスが始まり，以来，約 100 年にわたって電話契約数は順調に増
加していった。しかし，契約数の伸びは 1997 年をピークとして減少に転じた。
その理由は，携帯電話の普及であり，携帯電話の登場によって，旧来の電話は
固定電話と呼ばれるようになった。ところが，2007 年にアップルが iPhone を
発売すると，旧来の携帯電話はたちまち通信分野におけるシェアを落とし，新
方式の携帯電話に取って代わられることになった。新方式の携帯電話の登場に
よって携帯電話は，ガラケー，スマホ（スマートフォン）のように区別されるよ
うになったが，1990 年代のガラケーの普及から 2007 年のスマホの登場までわ
ずか 10 年しか経っていない。

　1877 年にエジソンが発明したレコードは，1980 年代に普及が始まった CD
に取って代わられることになった。しかし，2000 年代後半には音楽はデジタ
ル配信で聞くのが主流となり，CD の売り上げは急速に低下していった。

　この 2 つの事例が示していることは，近年の技術革新のスピードにより，
100 年以上も続いた製品が，またたく間に新製品に取って代わられたというこ
とである。そして，その新製品もまたわずか 10 年，20 年の間にさらに新しい
製品に取って代わられたのである。近年，製品や技術の陳腐化が加速度的に進
んでおり，現代の企業はこうした変化に対応を迫られている。

　世界の自動車産業は，今まさに 100 年に一度の大変化の時代に入ったと言わ
れている。CASE（「Connected（つながる車）」「Autonomous（自動運転車）」「Shared
（カー・シェアリング）」「Electric（電気自動車）」），MaaS（Mobility as a Service）な

どと呼ばれる社会・経済・技術環境の劇的な変化である。自動車会社は「製造業」から「モビリティ・サービス・プロバイダー」への移行が予測されている。

　一方，国際貿易の領域においても，これまでに経験したことのないような大きな変化が進行している。例えば，ブレグジット（イギリスのEUからの離脱），トランプ大統領のアメリカ第一主義，BRICS諸国における経済の変調，世界における政治的，軍事的緊張の高まりなどである。イギリスは，2019年3月にEUから離脱することを決めたが，2018年9月現在，離脱を円滑に進めるための交渉は進展しておらず，いわゆる「無秩序な離脱」が現実のものとなりつつある。そのため，例えば，1台の自動車を製造するために，ドーバー海峡を何度も行き来しながら部品の組み立てを行っていた自動車会社は，何重にも関税をかけられることになりかねない。また，EUとイギリスの国境において通関業務が復活すれば，そのための多大なコストの発生と時間的ロスにより，JIT方式による生産体制も放棄せざるを得なくなると予測されている。ブレグジットを目前に控え，自動車会社をはじめとする製造業は欧州におけるサプライチェーンの再編を急いでおり，イギリス企業さえイギリスからEU域内に拠点を移す動きが激しくなっている。世界の金融センターとして，長年，各国の金融機関がヨーロッパの拠点を置いてきたロンドンから，フランス，ドイツ，ベルギー，オランダなどのEU域内に人材などの経営資源を移転する動きが相次いでいる。

　また，これまで国際社会が営々と築いてきた自由貿易と国際秩序を一気に破壊しようとする，アメリカのトランプ大統領の行動も企業の国際経営にとって大きな波乱要因となっている。長い時間をかけて12カ国で練り上げてきたTPPからの，アメリカの突然の離脱，パリ協定からの離脱，NAFTAの秩序への挑戦，鉄鋼・アルミへの一方的な関税，そして中国との貿易戦争開始など，どれ一つを取っても日本を含むほとんどの国や企業，各国の市民に甚大な影響をもたらす内容である。2018年現在，アメリカと中国がお互いに高い関税をかけて自国企業を保護しようとする，米中貿易戦争の影響を回避しようと，各国企業は中国の拠点を中国以外の国に移転しはじめた。中国を取り巻く多くの

企業のサプライチェーンの再編が急速に進んでいる。

　企業は，技術革新による急速な製品の陳腐化，国際的な政治・経済情勢の変化の中で，ますます進展するグローバル化などに迅速に対応していかなければ生き残れない時代になっている。

　本書は，国際経営における基礎的理論（第1章，第2章，第3章），管理（第4章，第5章，第6章），経営戦略（第7章，第8章，第9章），地域統合（第10章，第11章，第12章，第13章），そして近年とくに注目されている経営課題（第14章，第15章，第16章）について取り上げる全16章から構成されている。

　国際経営における環境変化がますます加速する中で，本書が国際経営論の基礎と現実，そして将来予測について理解する一助となれば幸いである。

　2018年10月

編　者

《著者紹介》（執筆順）

小林　守（こばやし・まもる）担当：第1章，第6章
　　専修大学商学部教授

村田大学（むらた・だいがく）担当：第2章，第11章
　　大原大学院大学会計研究科専任講師

根岸可奈子（ねぎし・かなこ）担当：第3章，第8章
　　宇部工業高等専門学校経営情報学科助教

鈴木岩行（すずき・いわゆき）担当：第4章，第12章
　　和光大学経済経営学部教授

井上善博（いのうえ・よしひろ）担当：第5章，第15章
　　神戸学院大学経済学部教授

斉藤保昭（さいとう・やすあき）担当：第7章
　　元淑徳大学コミュニティ政策学部教授

佐久間信夫（さくま・のぶお）担当：第9章，第10章
　　創価大学名誉教授

ビシュワ・ラズ・カンデル　担当章：第13章
　　嘉悦大学経営経済学部准教授

瀬口毅士（せぐち・たけし）担当：第14章
　　鹿児島県立短期大学商経学科准教授

金　在淑（きむ・ちぇすく）担当：第16章
　　日本経済大学経営学部准教授

目　　次

はしがき

第1章　経済のグローバル化と国際経営 —————— 1
第1節　はじめに ……………… 1
第2節　本社と海外子会社の問題 … 2
第3節　新興国の市場経済化の問題… 5
第4節　国際生産分業の問題 ……… 8
第5節　海外生産拠点の人的問題 … 10
第6節　おわりに ……………… 12

第2章　国際経営の主要理論 — 14
第1節　はじめに ……………… 14
第2節　フェアウェザーの国際経営の概念的枠組み …………… 14
第3節　ヒーナン＝パールミュッターのEPRGプロファイル ……… 18
第4節　ダニングの折衷理論 ……… 22
第5節　おわりに ……………… 26

第3章　グローバル組織の発展過程 —————— 29
第1節　はじめに ……………… 29
第2節　組織の発展過程 ………… 31
第3節　おわりに ……………… 43

第4章　国際経営とグローバル人材の育成 —————— 47
第1節　日本企業を取り巻く国際経営環境の変化 ……………… 47
第2節　国際人的資源管理とグローバル人材の育成 ………… 48
第3節　日本企業におけるグローバル人材育成 ……………… 56
第4節　おわりに ……………… 63

第5章　経営管理手法の国際移転 —————— 66
第1節　はじめに ……………… 66
第2節　フォード社の生産管理システム ……………… 67
第3節　日本企業のグローバル化と生産システム ……… 71
第4節　日本的経営の特徴 ……… 74
第5節　海外拠点の管理手法 …… 77
第6節　おわりに ……………… 79

第6章　国際経営の立地展開と多国籍化—メコン地域における拠点立地環境の実査から— —————— 82
第1節　はじめに ……………… 82
第2節　生産分業に関わる陸上交通網 ……………… 83
第3節　消費の拡大と流通面でのサプライチェーンの展開 ……… 95
第4節　立地展開に関する政策の変化 ……………… 99
第5節　おわりに ……………… 102

第7章　グローバル・マーケティング戦略 —————— 107
第1節　グローバル・マーケティングの概念 ……………… 107
第2節　グローバル・マーケティング戦略の枠組み ……… 108
第3節　グローバル・マーケティング戦略の内容 …………… 114
第4節　おわりに ……………… 126

viii

第8章 グローバル・アライアンス戦略 ——— 128
第1節 はじめに ……………… 128
第2節 グローバル・アライアンスとは ……………… 129
第3節 アライアンスの種類と目的 … 132
第4節 内部化理論とグローバル・アライアンス 137
第5節 おわりに ……………… 138

第9章 グローバルM&A戦略 — 142
第1節 はじめに ……………… 142
第2節 成長戦略としてのクロスボーダーM&A ……………… 143
第3節 日本電産のM&A戦略 … 146
第4節 日本たばこの海外M&A戦略 ……………… 153
第5節 おわりに ……………… 155

第10章 EUの深化と国際経営 – 158
第1節 はじめに ……………… 158
第2節 EU統合の歴史 ……… 159
第3節 EUの東方拡大と企業戦略… 164
第4節 EUの危機とドイツの躍進… 168
第5節 EUの亀裂とブレグジット（Brexit）……………… 173
第6節 おわりに ……………… 175

第11章 NAFTAにおける経済政策の変化と国際経営 —— 177
第1節 はじめに ……………… 177
第2節 NAFTAの創設とその内容… 178
第3節 NAFTAの発展と国際分業… 182
第4節 NAFTA再交渉を巡る動き… 186
第5節 おわりに ……………… 189

第12章 アジアをつなぐAECと国際経営 ——— 193
第1節 ASEANの成立からAEC（ASEAN経済共同体）の設立へ …… 193

第2節 AECの現状と評価 ……… 195
第3節 AECと国際経営 ………… 201
第4節 ASEANを中心とするアジアの地域経済協力 …………… 209

第13章 RCEPとインドの役割 – 213
第1節 ASEANの発展とRCEPの創設 ……………… 213
第2節 AFTAとAFTAプラス … 226
第3節 インドとRCEPを巡る問題 ……………… 231

第14章 異文化マネジメント — 236
第1節 はじめに ……………… 236
第2節 国際経営と文化 ………… 237
第3節 比較文化研究 ………… 241
第4節 組織における異文化マネジメント ……………… 246
第5節 市場における異文化マネジメント ……………… 249

第15章 グローバル・ナレッジマネジメント ——— 256
第1節 はじめに ……………… 256
第2節 経営戦略としてのナレッジ・マネジメント ………… 258
第3節 グローバルR&Dの進化… 261
第4節 グローバルR&Dにおける機能分化 ……………… 265
第5節 おわりに ……………… 269

第16章 多国籍企業のCSR戦略 ——— 273
第1節 はじめに ……………… 273
第2節 CSRの歴史的展開と新パラダイム ……………… 274
第3節 多国籍企業のCSR戦略 … 277
第4節 おわりに ……………… 287

索 引 291

第1章
経済のグローバル化と国際経営

第1節　はじめに

　国際経営を取り巻く環境は，1990年代初頭のソビエト連邦の解体により劇的に変化した。すなわち，中国，ベトナムなどの社会主義国，あるいは議会制民主主義でありながら経済運営を社会主義的に行っていたインド等のような巨大な人口を有する国が「計画経済」→「市場経済」へとドラスチックな投資環境改善への舵を切り，「自由な市場活動」を企業に許容するようになったことである。その結果，中国，インド，ベトナム等いわゆる「新興国」が大きく経済成長をしつつある。

　他方，資本主義陣営であった欧米そして日本は成熟し，鈍化する経済成長を再度活性化するために，こうした新興国と関税の相互削減，非関税障壁の撤廃，サービス貿易の自由化を含んだ「自由貿易協定」（FTA），「経済連携協定」（EPA）などの国際経済協定を積極的に締結している。この結果，企業の活動はその自由度を増し，直接投資，アウトソーシングを拡大させている。しかし，それは同時に，企業が直面する問題の多様性とリスクの複雑性を増すことを意味する。

　本章では現代の国際経営上の主要な問題点として，「本社と海外子会社」，「新興国の市場経済化」，「国境を越えた工程間分業」，「海外生産拠点の人的問題」について概観する。

第2節　本社と海外子会社の問題

　世界的な規模の市場経済化やFTAなどのグローバリズムの進展に伴い，競争が激化し，日系企業（特に製造業）は効率化のためにその経営機能を順次，海外へ移転し，国境をまたいだ分業体制を構築している。最も多いのは生産，特に組み立て工程の分業であるが，最近では部品製造，研究開発，販売，アフターサービス等，一層の広範な機能の海外移転が進んでいる。これにより本社と子会社の取引パターンも多様化し，そのマネジメントも複雑になっている。こうしたモノ，サービスの国境を越えた企業内取引（本社−現地子会社間取引）は当然のことながら，相対取引としてのカネの決済を伴うが，親会社と子会社の関係性や支配構造を規定するのはむしろ親会社（本社）から子会社（現地法人）への出資と融資の関係である。

　親会社と子会社の資金コントロールの問題は，形式的に独立した会社である両者の商取引と表裏一体の問題である。本社と現地法人の取引を概念的に大きく分類すると，①「技術移転の対価の取引」，②「部品の内部取引における対価の取引」，③「内部金融取引における対価の取引」の3つのカテゴリーに分類することができる（図表1−1）。これらの内部取引はそれぞれ，本社（親会社）あるいは子会社の活動によってもたらされた果実たる経営資源の配分・再配分であり，国際経営上の効率性に影響を与える。近年の自由貿易協定（FTA）および世界貿易機関（WTO）に裏書されたグローバリズムの進展に伴って，これらの取引が反映される「本社―海外子会社」の紐帯関係は多様化・高度化している。わが国企業の現地法人（海外子会社）は開業期にはもちろんのこと，黒字化し，安定した経営状態に達したあとも，子会社独自の資金調達というよりも，かなりの程度，本社あるいはグループ内部の融資（ICL：Intra-Corporate Lending）に依存している現状がある。これに加え，最近ではシンガポールなどでの金融統括地域本社の設立が多くなっていることにより，これら地域本社から各海外現地法人への信用供与も拡大している。グループ企業からの金融

第1章　経済のグローバル化と国際経営　3

図表1−1　「本社―現地法人取引関係」を介した企業内の主な収入源

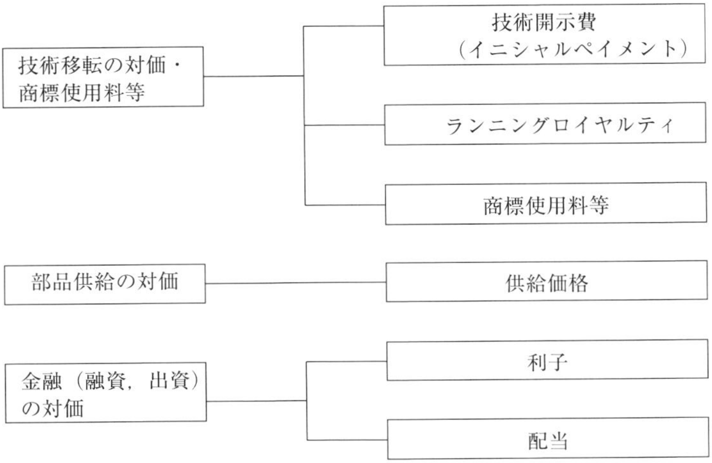

技術移転の対価・商標使用料等	技術開示費（イニシャルペイメント）
	ランニングロイヤルティ
	商標使用料等
部品供給の対価	供給価格
金融（融資，出資）の対価	利子
	配当

出所：小林守「海外事業における利益回収問題」『アジア経営学会報』第5号，
　　　1999年，に加筆。

は，子会社にとってメリットは大きい。単にそれが通常の銀行借入とは違って，手間のかかる「格付等の審査が不要」であるだけではない。この他にも「まとまった金額の調達」，「迅速で柔軟な貸付実行」，「安定的，継続的な資金調達」が可能である，というメリットもある。

　しかし，グローバリズムの進展により海外と日本国内の機能分業が進み，親会社を経由しないモノ，サービスの取引の流れが増えている昨今，資金だけが「親会社 → 子会社」という固定した依存関係は非効率であるという議論もある。ただし，親会社にとってもグループ企業内金融（Intra-Corporate Lending：以下ICLと称す）を促進する理由として，次のようなメリットを指摘できる。

　その第1は，わが国金融市場，資本市場の整備が進む中で資金調達の幅が広がり，親会社にとって，子会社に融資するための資金調達が容易になったこと。加えて，わが国の低金利政策により，円建て調達が企業にとって有利な状況が長く続いていることである。1992年ごろのバブル経済崩壊，1998年〜1999年の日本の金融危機に続き，2002年頃からの国内景気回復後も日本の経済の足

腰は弱く，低金利政策が継続している。このため，円で調達する海外企業が増えるなどの円キャリー取引が広がっているのである。また，日本国内では，一般企業がグループ子会社として金融企業（ノンバンク）を保有することも可能になった。たとえば，ソニー銀行，イオン銀行，セブン銀行などである。海外子会社にICLを行う体制を構築できる企業も増えてきたのである。

第2は，海外の主要金融地域に統括本社を設置することによって，各地の現地子会社の余裕資金運用などを当該統括本社に集約し，資金効率性を高め，グループ内金融のメリットがでてきたことである。シンガポール，オランダなど金融統括の地域本社を積極的に誘致する国もあり，それらは金融取引にかかる税負担を軽くするなどの誘致政策をとっている。わが国の主要企業の中には，シンガポールにアセアン地域内の金融業務を統括する現地法人を設立する会社が多い。さまざまな通貨を集約してもっているこれらの金融統括会社が子会社へ金融を行うことは為替リスク耐性も大きいため，親会社子会社両方にとってメリットがある。

第3は，第2の点とも関連するが，世界的なWTOルールあるいはFTA（自由貿易地域）の浸透により，本邦金融機関の営業規制が海外において緩和され，これら金融機関による日系企業の現地法人への営業活動が活発になったことである。

第4は，グローバリズムの進展により，海外各国（特に発展途上国）において外資企業の出資制限が緩和される傾向にあることである。合弁企業ではなく，100％出資の形でも海外進出しやすくなってきた。このことも親会社から子会社へのICLが増加する背景になっている。つまり，日本側の出資比率が高まれば，現地金融市場や合弁パートナーを介した融資よりも，日本側のICLに依存する割合が多くなるからである。たとえば，日本企業の中国進出形態を見てみると，近年，合弁に代わって独資（100％外資側出資）が増加している。

たとえ，出資比率が相対的に少ない合弁企業においても，日本側投資家（日本企業本社）の信用にて資金調達をしていたほうが，日本側にとって合弁企業運営上において現地のパートナーに対して有利な立場に立つことができるという

第1章　経済のグローバル化と国際経営　5

考え方もあるから，出資比率の如何にかかわらず，ICLが拡大することもある。

　日本側親会社としては，進出先の国が出資比率規制をかけて，マジョリティを支配できない子会社に対して支配力を強めようとするならば，次善の策としてICLを用いれば融資者としての影響力は維持できる。現地子会社に対する影響力を高めることは，研究開発における知的財産権の確保（技術流出の予防），販売代理店の統括強化，人的現地化とのバランスの維持など，子会社コントロールを行う際の大きなメリットをもたらすことができる。

　このように出資比率の拡大と同様に，親会社の子会社への影響力強化の協力ツールとしてICLは機能している。なお，現地採用人のモチベーション維持などの人的現地化を進める中にあっても金融的な影響力を維持していれば，本社戦略を子会社に貫徹できる。グローバル化の中で子会社への影響力を可能にするICLというツールはますます重要になると考えてよい。

第3節　新興国の市場経済化の問題

　市場経済化が企業経営に与える影響は大きい。ここでは社会主義的な計画経済から社会主義を維持しつつ市場経済を取り入れたベトナムを例として，新興国の市場経済化に伴う経営問題を指摘したい。近代・現代のベトナムは，1868年からフランスによる植民地支配をうけた後，第二次世界大戦間の旧日本軍の占領統治と戦後のフランスからの独立戦争，ベトナム戦争を経て，1975年に現在のベトナム社会主義共和国を成立させた国である。その後に直面した中国からの侵略やカンボジアへの侵攻など戦時状態からの経済復興のため，同じ社会主義陣営にあり最大のパートナーであったソ連からの援助に頼り，そのもとで西欧諸国をはじめとする外資企業に対しては門戸を閉ざしていた。しかし，1992年に旧ソ連は崩壊し，それを契機に，政治的には社会主義の枠組みを残しながら経済のみ市場メカニズムを導入するドイモイ（刷新）政策を開始した。ソ連崩壊前の1986年にすでにこの政策の発動は公認されていたものの，国内の保守派などによるさまざまな政治的な妨害や疑念が障害となり，本格的にド

イモイ政策が形となったのは 1990 年代である。ソ連崩壊後の 1990 年代になっ
て，1986 年から推進されているこのドイモイ政策は「市場経済化と対外経済
開放」というワンセットの形で始動したのである。

ドイモイ政策は，旧ソ連，東欧などの社会主義国の体制崩壊により経済援助
が停止あるいは削減されたことにより経済が深刻に停滞し，追い詰められた末
に日欧米等の西側資本主義諸国からの投資や経済協力が必要になったために発
動されたとみることができる。ドイモイの経済路線は，1992 年公布の新憲法
で正式に「国是」となった。この開放経済政策の推進を象徴するのが，ベトナ
ムの ASEAN（東南アジア諸国連盟）加盟（1995 年），米国との国交正常化（1995 年）
である。さらに 2006 年には世界貿易機関（WTO）に加盟し，そして 2018 年に
は環太平洋経済連携協定（TPP）への加盟議定書に署名した。

このようにベトナムは対外経済関係で相互的なルールを構築したり，既存の
国際貿易システムに加盟しながら，外資企業に対して魅力のある政策を打ち
出していった。2001 年ベトナム共産党政治局は「国際経済統合に関する決議」
を行い，2006 年に新「企業法」，新「投資法」を施行した。新投資法は，外資
企業にとって好評であった。新しい外資政策のもとでは，外資企業と現地企業
の共同出資によって設立する合弁子会社において，取締役会の「全会一致」原
則が義務づけられていたが，これが廃止された。また，原則的に外資側による
100％出資の子会社の設立が大幅に緩和された。筆者がインタビューした日系
企業も「外資企業だけに与えられていた恩典の優遇メリットはなくなるが[1]，
会社を設立しやすくなる」と評価していた[2]。当時，インタビューした計画
投資省の担当官は，筆者にこのように述べた。

　　「外国投資法が定められて 20 年たったが，この成果は目覚ましく，輸出
　　の 50％，GDP の 15％が外資系企業の貢献によるものである。これから，
　　WTO の『内外無差別』の精神に基づき，外国からの直接投資をさらに促
　　進するために，国内企業と差別せずに認可手続きの簡素化とスピード化を
　　進める。また企業所得税率も従来，現地企業 35％，外国企業 25％であっ

たものを統一し，新投資法においては 25％に一本化する」

「ハイテク投資企業の税率は 10％であり，それも最初の 4 年間免税，その後 9 年間 5％，輸入機械関税免税という優遇も導入する。さらに，これまでは全生産の 80％の輸出を条件としていた優遇条件を廃止，バイク・自動車の国内販売の規制緩和，不動産分野での使用権拡大など，外資が事業を拡大できるような環境は益々整っている」[3]。

この時期のベトナム政府の外資誘致のポイントの 1 つとして，北部への生産拠点の誘致があげられる。大型の生産拠点設立をもくろむ外国企業の投資を認可する際，ベトナム当局の「アドバイス」を通じて，ハノイに近い北部に立地させようという当局の動きである。南部ホーチミン市周辺に集中しがちな外資企業の立地分散を図ったものであり，ハノイ周辺のいわゆる紅河流域の工業団地やインフラ整備による投資環境の整備が併せて，急ピッチに進められた。実際に「政府の政策で外資企業が北部地域に企業を設立するようになってきた」[4]（日系ヘッドランプ工場総経理の談）など，政府の北部誘致は成果を上げていた。

北部の投資環境の整備は，具体的には工業団地の造成という形で顕在化した。空港に近いハノイの本格的な大型工業団地であるタンロン工業団地の第 1 期分譲用地は完売（82 社入居）。第 2 期は 2007 年に着工し，2008 年に完成した。この工業団地の強みは「企業所得税 3 年免税 7 年半減」等の優遇税制特典に加え，空港にきわめて近い場所であり，出張者に便利で半製品の持ち込みや完成品の搬出がより容易になったからである[5]。第一期に進出した日系企業は，2001 年のキヤノン，住友ベークライト，デンソー，2002 年の TOTO，2003 年の松下電器がある。その後，三菱鉛筆，TOA，パナソニック，HOYA，住友重機械が続いた。

相次ぐ法制度の構築に対応し，その中の優遇政策の適用を受けやすくするためにも，外資企業は強力に市場経済化を推進する中央政府の政策動向に沿った進出をすることが求められてきたのである。

第4節　国際生産分業の問題

　第3の問題は，国際生産分業の進展である。市場経済化の進展とFTA，
EPAの拡大により，「ヒト，モノ，カネ」の国境を越えた移動が自由になって
くると，さまざまな経営資源を最適に活用するために工程や機能ごとに複数の
国に分散する動きが顕著になってきた。たとえば，ベトナムの「市場経済化」
と国際経済協定への積極的加入は，2000年代後半以降になると外資企業の進
出の新たな局面を生み出す。「世界の工場」といわれ，多くの工場が集中して
きた中国での人件費等製造コストの増加により，中国南部で従来行ってきた労
働集約的な製品や汎用品の製造において，地理的に近く，コスト削減が可能な
ベトナム北部に生産拠点を有することは，経営上にメリットがでてきたからで
ある[6]。いわゆる「チャイナ＋1」などの動きである。中国－ベトナム間の陸
上交通路の整備が進み，2008年からはハノイと中国広州を結ぶ定期便トラッ
クが運航を開始し，日系フォワーダーもサービスを開始した。従来の広州から
ハイフォン港に運ぶ海上輸送路に加え，陸上輸送というサプライチェーン上の
選択肢が増えたことも，生産機能の中国からベトナムへの移転を促進しつつあ
る。特にベトナム北部への直接投資の増加の追い風になったともいえよう。

　この時期，すでに日系企業においても次図表にみられるように，中国におけ
る既存の生産拠点から部品や原材料の供給をうけたり，中国工場の第二工場と
して製品の生産を分担したりするベトナムでの子会社が目立っている。

　たとえば，図表1－2のワイヤーハーネス製造メーカーは，1993年に香港
で100％出資の営業拠点を設立し，その後，中国・深圳に工場，さらに中国・
上海に生産拠点を追加的に設立したが，2006年3月にハノイ工場の設立認可
を得て，2007年から操業開始した。ベトナムに進出している日系メーカーが
納入先であるという。大手企業の投資が増えた影響で，北部の1件当たり投資
額は1,200万ドルと全国平均の3倍近い金額となったといわれる。ただし，部
品・原材料のサプライヤーも進出したため，日本からの直接投資についてみれ

第 1 章　経済のグローバル化と国際経営　9

図表 1 - 2　ベトナムの日系工場の中国生産拠点との関係

業　種	中国拠点との関連	訪問調査年月
KY 社 （自動車用金型製造）	金型の金属材料は日本，韓国，台湾と共に中国から調達。金属材料の調達国は顧客が指定。	2008 年 3 月
A 社 （通信機用金型製造）	既に中国の蘇州と深圳，メキシコに生産拠点あり。原材料の金属素材を中国の深圳工場から海上，航空輸送で調達。	2010 年 2 月
BU 社 （プリンター製造）	部品を中国やベトナムに立地している日系部品メーカーから調達。高機能の製品製造を中国工場に，汎用品をこのベトナム工場にとの集約を行っている。	2008 年 3 月
F 社 （ワイヤーハーネス製造）	香港に販売会社，中国・深圳と上海に先に生産拠点あり，ベトナムにある日系取引先に供給するために 2006 年認可，2007 年からハノイで生産。	2010 年 2 月

出所：小林守「ベトナムの投資環境と日系企業の操業動向」『専修ビジネスレビュー』
　　　Vol.8. NO.1，専修大学商学研究所，2013 年より筆者作成。

ば，2003 年頃から 1 件当たりの額が小さくなる傾向もみられる。大企業以外の中堅中小企業のベトナム進出も拡大したことを示している。

　2000 年代後半から日本のソフトウエアハウスなども，オフショア開発（海外にソフトウエア開発工程の一部を委託すること）のためにベトナムを拠点化し始めた[7]。中国では日本語を話す人材が多い大連などでオフショア開発の拠点化が行われ，それが上海などへ広がっていたが，中国の人件費の高まりとともにベトナムをはじめとした東南アジアに移ってきたのである。「ベトナムではエンジニアの月給が 200 ドル〜 300 ドルであり，オフショア開発のプログラミング工程はコスト競争力がついている」（2007 年 8 月，日系商社ハノイ事務所インタビュー）という認識がこの業界で広がってきた時期である[8]。こうした中で「ベトナムのマイクロソフト」といわれる FPT 社などが，日本企業からの委託を多く獲得し，成長している。同社は日本にも子会社を設立している。

第５節　海外生産拠点の人的問題

　第４点として指摘したいのが，人的資源に関わる問題である。図表１－３に筆者が当時，訪問してインタビューを行った結果を整理した。概ねベトナム人従業員の勤労態度については高い評価を与えている。一方，昇給やボーナス，

図表１－３　2000 年代のベトナム進出日系工場の人的資源上の問題
（2007 年〜 2008 年に筆者が行ったインタビューによる）

日系企業（製品）	勤労態度	賃金	雇用・定着率	留意点・対応策
SA 社 （エンジンカバー）	ワーカークラスは器用，真面目，努力家が多い。本社への派遣研修を導入。 管理職クラスの育成が急務。	一律平等の社会主義時代の残滓で従業員は社員間の賃金格差に敏感。 ワーカーには能力給制度を適用。	ワーカークラスの募集は容易。 ワーカークラスの８割は試用期間１年の後，本採用。	福利厚生に力を入れる。
SU 社 （ヘッドランプ）	末端レベルまで努力家が多い。 現地スタッフによる運営レベルの現地化は可能。 日常の問題解決は現地スタッフが処理。	賃金体系は社員が納得できるまで説明する。	重大な違反行為以外，解雇しない。 短期的な業績悪化や失敗では解雇はしない。 ワーカーも大卒技術者も定着率は高い。	労働争議や住民反対運動に注意。そのため福利厚生に注力。地域での評判も大事※。 「知識よりも愚直な努力を評価する」などの職場の「イズム」の定着が重要。定着に３年を要した。
TO 社 （産業カメラ）	ワーカーレベルは勤勉，優秀。性格も穏やかでよいが，提案力不足。 中間管理職が育たない。	経験・年齢が同じ従業員の給与は大体同じ。	低評価では解雇しない。 優秀な大卒エンジニアの採用が困難。採用後もなかなか定着しない。 引き留めるには給与アップと研修が必要。	組合から以外にも突然労働条件改善要求が来る。
PE 社 （光学機械）	社会主義時代のなごりで指示されたこと以外しない。 人材育成と組織整備が操業拡大に追いついていない。 大卒社員の能力に疑問があり，採用中断。	社会主義的平等主義の名残で能力給が理解されにくいが，ワーカー全員納得の賃金体系を作る。	専門技能工がすぐ離職することもあるが，定着率としては約 95％。	QC サークル活動の導入。目標管理などの人事システム構築が必要。 アシスタントマネジャーを人材育成の中心とする。 人材育成に関する日本側の意識改革も重要。

※他社が工業団地に立地する中，この会社の工場は一般の住宅地の中に立地しているという特徴がある。これは土地レンタル費用が低廉であったためという（2007 年 8 月，筆者インタビュー）。
出所：専修大学中小企業センター調査団（大西勝明，荒井久夫，小林守）（2006 年 8 月，2007 年 3 月および 8 月，2008 年 3 月および 8 月）による現地インタビューを筆者整理。

昇格など人事給与システムに対する理解がなかなか得られないで苦労しているという状況があるとともに、市場経済の企業が求める能力、知識を十分備えた人材を見つけることに困難を感じていることがわかる。また、進出が相次ぐようになった2010年代になると、優秀な人材への求人待遇が良くなり、離職率の高さに外資企業は悩まされるようになっている。

また、人事や給与に対する理解が得られにくく、工場現場などで待遇改善要求などを求めるストライキもこの時期増えている。こうした外資企業にとってのリスクが増えてきた（図表1－4）。このようなリスクは多国籍企業のような大企業であれば解決が比較的容易でも、中小企業の場合は対応に苦慮する場合が多い。

ストライキを含むさまざまなビジネス現場のトラブルは、個別企業の中で解決できないことも多い。解決不能な問題や各社が共通して直面する問題については、それぞれの国籍ごとに進出子会社が現地で商工団体等を組織して、団体

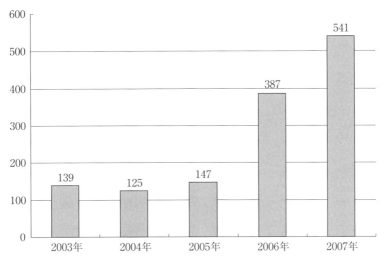

図表1－4　2000年代中葉のベトナムのストライキ件数の推移（件）

出所：図表1－2と同じ。
原出所：Vietnam "Lao Dong" website（2008年7月閲覧）

12

としてホスト国の当局に談判し，改善を要請することで対応することもある。

第6節　おわりに

　グローバル化に伴う経営問題は近年，その範囲をますます拡大し，複雑さを増している。これらの問題に個別企業が完全に対応することはもはや難しいといってよい。これを受けて，国家が自国企業の「擁護者」として振舞うことが多くなってきた。たとえば，相手国との経済協定を通じて，自国の製品基準を標準化させたり，企業への不公平な取り扱いを改善させたりすることは珍しくない。さらには相手国の大型入札案件に際し，自国企業を資金的に支援したりなどのあからさまな動きも目立つようになっている。

　こうした状況はますます先鋭化し，この結果，政治力，経済力のある国の企業が国際的な市場経済の舞台において有利に振る舞える，といった状況も顕在化している。経済活動への政治の強力な介入もまた，現代の経済のグローバル化が国際経営にもたらした避けて通れない問題となっている。

　こうした状況に対応するために，WTO をはじめとする多国間枠組みが重要な役割を期待されるが，米国のトランプ政権はこれに逆行する動きを見せている。また，地域の政治的紛争を有利に決着させるために，一部の国によるWTO 協定の違反なども目立つようになってきた[9]。国際経営は，「経営」を超えた「政治」問題にも直面している。この結果，大国の政治におもねる巨大多国籍企業の姿勢も現れている。大多数を占める中小企業や中小国の企業にとっては大きな試練の時を迎えているともいえよう。

【注】

（1）外国企業に 1990 年代では適用されていた企業所得税などの「優遇」が廃止されたことを指す。

（2）2007 年 8 月，筆者含む専修大学中小企業センター調査団インタビュー。

（3）同上。

第 1 章　経済のグローバル化と国際経営　13

（4）2006 年 8 月，筆者インタビュー。

（5）タンロン工業団地パンフレット（2010 年）。

（6）小林守「ベトナムの投資環境と日系企業の操業動向」『専修ビジネスレビュー』Vol.8. NO.1，専修大学商学研究所，2013 年，6 ～ 8 ページ。

（7）小林守「ベトナムの投資環境への視角―日系企業の進出動向とローカル企業の現状及び課題」大西勝明編著『日本産業のグローバル化とアジア』文理閣，2014 年，第 8 章，168 ページ。

（8）2007 年 8 月，筆者含む専修大学中小企業センター調査団インタビュー。

（9）WTO 協定の中には，先進国で構成される経済協力開発機構（OECD）の規定をベースにしたものもあり，OECD に加盟していない中国，ロシア，ブラジル，インド，南アフリカなどのいわゆる BRICS は遵守する動機に欠けるという指摘もある。

◆参考文献◆

大西勝明「ベトナムの工業化と AEC（ASEAN 経済共同体）の結成」『専修大学商学研究所所報』第 48 巻第 3 号，2016 年。

小林守「わが国企業における『本社－海外現地法人』間の金融的関係の動向とその推進要因について」『専修ビジネスレビュー』Vol.3. NO.1，専修大学商学研究所，2008 年。

小林守「政治変動と投資環境―東アジア諸国・地域にみる政権交代等と投資環境への影響を見る視角」『専修ビジネスレビュー』Vol.4. NO.1，専修大学商学研究所，2009 年。

小林守「ベトナムの投資環境と日系企業の操業動向」『専修ビジネスレビュー』Vol.8. NO.1，専修大学商学研究所，2013 年。

小林守「ベトナムの投資環境への視角―日系企業の進出動向とローカル企業の現状及び課題」大西勝明編著『日本産業のグローバル化とアジア』文理閣，2014 年。

小林守「1990 年代のベトナムの市場経済化と投資環境」『専修ビジネスレビュー』Vol.12. NO.1，専修大学商学研究所，2017 年。

小林守「2000 年代のベトナムの市場経済化と投資環境」『専修ビジネスレビュー』Vol.13. NO.1，専修大学商学研究所，2018 年。

第2章
国際経営の主要理論

第1節　はじめに

　国際経営（international management, international business）は，「国境をこえて行なわれる経営[1]」である。国境とは国と国の間にある境界のことである。したがって，各国に拠点をもつ大規模な多国籍企業の経営は，国際経営である。もっとも，海外に拠点をもたずとも，輸出や外国人観光客を対象にビジネスを行う中小企業等も，国内だけで経営が完結しないという点で国際経営を行っているといえる。グローバル化が進む今日，国際経営の要素をまったく含まない経営をしている企業を探すことはますます困難になってきている。本章では，国際経営の主要理論として，3つの理論を検討する。

第2節　フェアウェザーの国際経営の概念的枠組み

1．国際経営の概念

　フェアウェザー（Fayerweather, J.）は，アメリカを代表する国際経営研究者の1人である[2]。彼の功績は，国際経営論の先行研究を総括し，概念的枠組みを用いて，国際経営活動の本質を体系的に説明しようと試みたことにある[3]。彼の提唱した枠組みを検討する前に，ここでは彼の主要概念の定義を確認しておこう[4]。

　まず，フェアウェザーは，国際経営を，「二カ国ないし，それ以上の国にま

たがって事業を営む経営[5]」と定義する。そして，この定義に基づけば，国際経営における「国境」は，国際経営を国内だけで展開される経営（以下，国内完結型経営）と異なるものにするという点で，国と国の境界線である以上の重要な意味をもつことになる。すなわち，国際経営において，国境とは，「相互に区別される人間，企業，そして企業活動の間に横たわる境界線ないし接線[6]」を意味し，企業経営の実態に変化をもたらすものとされる。

　なお，フェアウェザーは，国際経営の主体として多国籍企業（multinational firm）を捉えており，その定義も上記の国際経営の定義に対応している。すなわち，多国籍企業を，「二カ国，あるいはそれ以上の国にまたがって，直接経営活動に従事しているすべての企業[7]」と定義づけている。今日，多国籍企業を5〜6カ国以上で活動する大企業とする定義が少なくないが，国境を越えた活動そのものは中小企業も行っている。したがって，フェアウェザーの多国籍企業の定義は，「多国籍」であることよりも「国際経営の主体」としての側面が重視された定義と言えよう。

　そして，フェアウェザーは，国際経営が国内完結型経営と異なる点として，あらゆる経営活動の段階において，その活動の外にある経済，社会，文化，政治などの外的要因の影響が作用することを強調する[8]。ただし，このことは，国際経営においては，組織の統制や計画の遂行といった経営活動内部の要因が軽視されるということを意味しているのではない。そうではなく，国際経営の場合には，国内完結型経営よりも経営活動に影響を及ぼす外的要因がかなり多様であるため，それらを正確に把握して適切に対応するには，より多くの努力が必要であるということである。国際経営においては，国際的な要因と企業本来の経営活動上の都合を勘案し，両者のバランスをとっていくことが重要であるということである。バランスの概念は，フェアウェザーの国際経営の枠組みの主要概念である。

2．国際経営の次元その1：単一国家との関係からの把握

　フェアウェザーは，経営管理者にとっての国際経営の課題を，次元の異なる

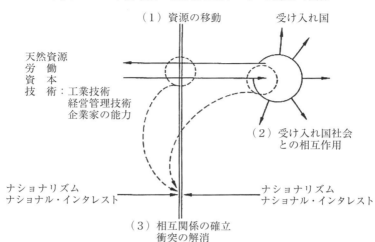

図表2－1　国際経営の概念的枠組み：単一国家との関係

出所：Fayerweather, J., *International Business Management: A Conceptual Framework*, NY: McGraw-Hill Book Company, 1969, p.6.（戸田忠一訳『国際経営論』ダイヤモンド社，1975年，10ページ）

2つの視点から把握する。まず，第1の視点は，単一国家との関係である[9]。単一国家との関係という視点から，企業の国際経営活動のプロセスとその課題について把握を試みたものが図表2－1である。

　まず，単一国家との関係においては，①国境を越えた資源の移動，②（資源の）受け入れ国社会との相互作用，そしてこれら2つに共通する側面として③国境を挟む当事者間の対立あるいは衝突に対応することが課題となる。国境を越えた資源の移動と受け入れ国社会との相互作用においては，いかにして利益を上げていくかが主な課題となる。一方，国境を挟む当事者間の対立は，ナショナリズムという言葉にも表されるように，利害関係だけでなく感情的な要素に起因するものも含まれる。したがって，多国籍企業は，利害関係だけでなく，人間の感情にも適切に対応していかなければならないのである。

3．国際経営の次元その2：複数国家との関係からの把握

　第2の視点は，複数国家との関係である[10]。第1の視点は，1カ国への海外進出という次元での国際経営課題の把握に有用なものであったが，この第2の視点は，親会社と複数の海外子会社間の調整という次元での国際経営課題の把握に有用なものであるとされる。多数の国で事業を展開する多国籍企業は多く，このような場合，1カ国への海外進出上の課題を把握しただけでは，国際経営上の課題を十分に把握したことにはならない。

　フェアウェザーは，第2の次元，すなわち親会社と複数の海外子会社間の調整を，分散化（fragmentation）と統一化（unification）の調整として把握する。すなわち，分散化と統一化の調整をどのように成し遂げるかが，この国際経営における第2の次元の課題なのである。複数国家との関係という視点から，企業の国際経営活動のプロセスとその課題について把握を試みたものが図表2－2である。

　親会社と複数の海外子会社間の調整の次元では，国際経営には分散化と統一

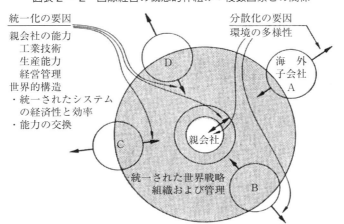

図表2－2　国際経営の概念的枠組み：複数国家との関係

出所：Fayerweather, J., *International Business Management: A Conceptual Framework*, NY: McGraw-Hill Book Company, 1969, p.11.（戸田忠一訳『国際経営論』ダイヤモンド社，1975年，18ページ）

化という２つの圧力が常にかかることになる。第１の次元でも述べたように，多国籍企業は進出先国に適応していくことが課題として求められるが，進出先国の状況（経済的，政治的，文化的状況など）はそれぞれ異なっている。言い換えれば，図表２－２に則れば，Ａ国，Ｂ国，Ｃ国，Ｄ国それぞれに異なる対応をとることが求められるため，その経営の内容は統一性を欠いていく。

　しかしながら，各国で経営の仕方がかなり異なるということは，それだけ親会社の経営管理のコストが高まるということである。海外子会社の数が多くなればなるほど共通の戦略やルールなどが，世界全体でのコミュニケーションや命令系統の維持，迅速な対応などの重要な要素となる。また，どの国でも同じ製品・部品などを使用することができれば，その大量生産により規模の経済が発揮しやすくなる。そもそも海外子会社は，親会社を中心に世界全体に展開する企業グループの部分の１つであり，親会社の世界戦略の一環として設立されたものである。したがって，分散化が世界全体でみて不利益なものであれば，それを阻止しようとするのは理に適っていると言える。

第３節　ヒーナン＝パールミュッターの EPRG プロファイル

１．海外子会社に対する多国籍企業本社の経営姿勢の基本形態

　ヒーナン＝パールミュッター（Heenan, D. A. & H. V. Perlmutter, 1979）は，多国籍企業の本社による海外子会社の経営姿勢には以下の４つの形態があるとしている（図表２－３）[11]。

　第１の姿勢は，国内志向（Ethnocentric）である。これは，現地人よりも本国人を重用し，海外子会社への権限移譲にも消極的であるなど，海外よりも本国を重視する姿勢である。多くの権限が本国本社に集中しているだけでなく，本国本社が積極的に海外子会社の経営に介入し，海外子会社の役員もまた本国から派遣される。ヒーナン＝パールミュッター自身は，国内志向は外国人に対する偏見ではなく，本国人に対する信頼の高さから生じるとしているが，たとえさほど優秀ではなくても本国人の役員には寛大に報いる傾向があるという[12]。

第2章　国際経営の主要理論　19

図表2－3　海外子会社に対する多国籍企業本社の経営姿勢の基本形態

企業の諸側面	志　　　向			
	国内志向	現地志向	地域志向	世界志向
組織の複雑性	本国では複雑，在外子会社は単純	変化に富むが相互に独立	地域ベースで相互依存性が高い	世界ベースで複雑性が増大し，相互依存性は高い
権限：意思決定	本社に集中	本社集中の相対的低下	地域本部に集中および／または在外子会社間の協議増大	世界中の本社および在外子会社間の協議
評価と統制	人事考課と業績評価に本社基準を採用	現地で決定	地域で決定	世界および現地を含んだ基準を採用
賞罰：インセンティブ	報酬は本社で厚く，在外子会社で薄い	まちまち：報酬の高低は在外子会社の実績いかんに依存する	報酬は地域目標にそった貢献度に依存する	国際的および現地経営幹部に対する報酬は，現地および世界目標の達成度に依存する
コミュニケーション：情報の流れ	在外子会社に対して大量の命令，指図，助言を行う	本社と子会社間に限定，子会社相互ではなし	統括本部に限られるが，地域本社間および各国間で行われる	相互コミュニケーションと世界中の在外子会社間で行われる
地理的属性	本国籍法人	現地国籍法人	地域企業	真の意味での世界的企業，ただし各国の国益を遵守する
継続性（採用，要員配置，人材開発）	世界中の主要な地位には本国の人材を	現地の主要な地位には現地人を	地域内の主要な地位には同地域の人材を	主要な地位には世界中から人材を

出所：Heenan, D. A. & Perlmutter, H. V., *Multinational Organization Development*, Addison-Wesley Publishing Company, Inc., 1979, pp.18-19.（江夏健一・有沢孝義・重里俊行訳『多国籍企業―国際化のための組織開発―』文眞堂，1982年，22ページ）

　前節で検討したフェアウェザーの統一化と分散化の概念を用いれば，国内志向は，統一化を分散化よりもはるかに優先する経営姿勢であると言えよう。

　　次に，第2の姿勢は，現地志向（Polycentric）である。これは，現地人を積極的に登用し，現地海外子会社への権限移譲にも積極的であるなど，現地を積極的に活用する姿勢である。本国本社は，できる限り多くの権限を現地海外子会社に移譲し，現地海外子会社の経営にもできる限り介入せず，現地海外子会社の役員もまた現地でできる限り登用されることになる。この「できる限り」というのは，本国本社の利益になる限りにおいてということである。すなわち，現地志向とはあくまで本国本社のための現地志向である。したがって，現地海外子会社で利益が上がらない場合には，本国本社は海外子会社の経営に介入することになる。フェアウェザーの統一化と分散化の概念を用いれば，現地志向は分散化を統一化よりもはるかに優先するという経営姿勢であると言えよう。

そして，第3の姿勢は，地域志向（Regiocentric）である。これは，同じ地域の出身者を積極的に登用し，また現地レベルではなく，これよりも大きな単位である地域レベルでの権限移譲にも積極的であるなど，地域を積極的に活用する姿勢である。地域志向は，フェアウェザーの統一化と分散化の進行度合いという点では，国内志向と現地志向の中間に位置する経営姿勢であると言えよう。

地域志向においては，地域レベルの海外子会社，すなわち同じ地域に属する各国の現地海外子会社を統括する，いわゆる地域統括本社（RHQ：Regional Headquarters）が設置される。権限移譲を地域レベルまでに留めることで現地レベルにまで移譲するよりも分散化を抑え，統一性を維持することができる。他方，近接する国々は同じ文化や歴史的な背景をもつ場合や，また地域の状況に迅速かつ適切に対応して域内国際分業の推進を図りたい場合などには，本国本社に権限が集中しているよりも地域統括本社に権限を委譲した方が，より適切で効率的な対応が可能になる。

最後の第4の姿勢は，世界志向（Geocentric）である。世界志向は，本国本社の利益よりも世界に拡がった企業グループ全体の利益を優先する経営姿勢である。先述した3つの志向はいずれも本国本社を最高位の存在としていたのに対して，世界志向では本国本社ではなく企業グループ全体を最高位の存在とする。本国本社は，海外子会社と同じく，企業グループという世界全体に拡がった1つの有機体の部分に過ぎない。したがって，本国本社の意向よりも企業グループ全体としての意向が優先されることになり，企業グループ全体の意思決定も各国拠点間の協議によって行われる。

2．EPRG プロファイル

EPRG プロファイルとは，重要な意思決定における先述した4つの各経営姿勢の程度や範囲を分析し，これにより明らかとなる経営姿勢の概略（profile）のことである[13]。ただし，ヒーナン＝パールミュッターは，多国籍企業においては，国内志向，現地志向，地域志向，世界志向の経営姿勢が，程度が異なったり，混合したりなどさまざまな形で現れるとする。また，経営姿勢のあり

図表 2 − 4 多国籍化 (multinationalism) の方向

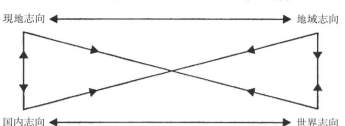

出所：Heenan, D. A. & Perlmutter, H. V., *Multinational Organization Development*, Addison-Wesley Publishing Company, Inc., 1979, p.21.（江夏健一・有沢孝義・重里俊行訳『多国籍企業―国際化のための組織開発―』文眞堂, 1982 年, 25 ページ）

様は，利害関係者の影響といったさまざまな要因によって変化するものである（図表2 − 4）。したがって，分析によって示された概略をもって，その企業が「国内志向的であるとか，あるいはその製品系列が世界志向的であると決めつけるのは浅はかであり，また正しくない[14]」とされる。

　ヒーナン＝パールミュッターは，大多数の多国籍企業の経営姿勢は，国内志向 → 現地志向 → 一部の地域での地域志向 → 世界志向の順序で変化していくとする。だが，図表2 − 4にあるように，ヒーナン＝パールミュッターは，経営姿勢は必ずこの順序で変化するとは限らず，また不可逆的なものでもないとする。たとえば，M&Aや経営不振などの理由により，国内志向の経営者から世界志向の経営者への交代が起こるかもしれない。また，たとえ経営者個人が世界志向を望んでいたとしても，本国政府の保護主義的政策の実施や失業を恐れる本国労働者の圧力などによって，国内志向の経営を行うしかない場合もあるであろう。同様に，このような圧力が進出先国現地のステークホルダーから生じる場合には，現地志向の経営がより選択されやすくなるであろう。

第4節　ダニングの折衷理論

1．海外直接投資の動機

　前節までは，すでに国際経営を行っている多国籍企業を対象とした理論を取り上げた。だが，企業は海外直接投資（Foreign Direct Investment，略称 FDI）を通して多国籍化していくが，この FDI の動機についても多くの研究がなされてきた。そして，これらの先行研究で明らかにされてきた FDI の要因をまとめ，その動機を説明する 1 つのモデルを打ち出した研究者に，ダニング（Dunning, J. H.）がいる。ダニングは，イギリスのレディング大学を拠点に FDI の研究の発展に大きな功績を残したレディング学派と呼ばれる研究者たちのリーダーとして知られている[15]。

　ダニングは，先行研究で明らかにされてきた FDI の動機はいずれも部分的には正しいものであるだけでなく，既存の理論を折衷する，すなわち既存の理論の要点を組み合わせることで，企業の FDI の動機を説明できるとし，これを行ったのである[16]。そのため，彼自身が自らその理論を折衷理論（eclectic theory）と呼んでいる。

　彼がまとめた先行研究における FDI の動機は，図表 2 - 5 の通りである。そこでは，FDI の要因が，①企業特殊的優位（ownership specific advantages），②内部化インセンティブ上の優位（internationalization incentive advantages），③立地特殊的変数（location specific variables）の 3 つに分類され，提示されている。このことから，ダニングの折衷理論は，「OLI パラダイム」とも呼ばれる。

　第 1 の企業特殊的優位は，他社よりも優れている状況である。すなわち，ある企業が他社よりも優れた経営資源を所有していたり，他社よりも政府から優遇されたり，すでに高い市場シェアを有していたりする状況である。さらに，この企業特殊的優位は，①多国籍企業化せずに発生するもの，②既存企業の子会社プラントが新設企業に対してもつもの，③多国籍企業化によって発生するものの 3 つに大別される。たとえば，高い技術力は多国籍企業化していない企

第2章　国際経営の主要理論　23

図表2－5　ダニングの折衷理論

1．企業特殊的優位（ある国の企業が他の国の企業に対してもつ）
　a．MNE 化しなくても発生するもの：主として，規模と確立された地位，製品または工程の多様化，
　　分業と特化の優位を利用する能力，独占力，よりよい資源とその利用
　　所有権としての技術，商標（特許その他の法律によって保護）
　　生産管理・組織・マーケティングのシステム，R&D 能力，人的資本の「蓄積」と経験
　　労働，天然資源，金融，情報などの投入物に対する排他的または有利なアクセス
　　（規模や需要独占的諸力によって）有利な条件で投入物を入手する能力
　　製品市場への排他的または有利なアクセス
　　政府保護（例えば市場参入の統制など）
　b．既存企業の子会社プラントが新設企業に対してもつもの
　　有利な価格で親会社の能力（管理，経営，R&D，マーケティングなど）へのアクセス
　　結合供給（生産のみならず購買，マーケティング，金融などの措置に対する）の経済性
　c．MNE 化によって発生するもの：MNE 化がより広い機会を提供するかたちで上記の優位を強化
　　情報，投入物，市場に関するよりよい知識および／またはより有利な条件でのアクセス
　　要素賦存，市場および政府介入の面にみられる国際的相違を利用する能力
　　異なる通貨圏内で，例えば，リスクを分散化する能力
2．内部化インセンティブ上の優位（すなわち，市場失敗の防止または活用するためにもつ）
　　取引および交渉コストの回避
　　所有権の行使に伴うコストの回避
　　買手の不確実性〔売られる投入物（例えば技術など）の性質と価値の面での〕価格差別化を市
　　場が許さない場合
　　売手が製品の品質を確保する必要性
　　相互依存的活動に伴う経済性を享受するため（上記1のbを参照のこと）先物市場の欠除を補
　　うため
　　政府介入（数量制限，関税，価格差別，税率の国別差別など）を回避・利用するため
　　投入物（技術を含む）の供給や販売条件をコントロールするため
　　市場のはけ口（競争によって利用されているものを含む）をコントロールするため
　　競争（または反競争）戦略として，子会社間での相互補助，収奪的価格づけを行使するため
3．立地特殊的変数
　　〔以下は投資本国に有利に作用する場合もあれば，受入国に有利に作用することもある〕
　　投入物および市場の空間的分布
　　労働，エネルギー，原料，部品，半製品などの投入物の価格，品質および生産性
　　輸送費，通信費
　　政府介入
　　輸入統制（関税障壁を含む），税率，インセンティブ，投資環境，政治的安定など
　　インフラストラクチャー〔商業，法律，輸送〕
　　心理的距離〔言語，文化，取引，習慣などの相違〕
　　R&D 生産およびマーケティングの経済性（例えば，規模の経済性が生産を集中させる程度）

初出：Dunning, J. H., "Explaining Changing Patterns of International Production: In De-
　　　fence of the Eclectic Theory" *Oxford Bulletin of Economics & Statistics*, Vol.41, No.4,
　　　1979, p.276.
筆者補注：MNE 化とは多国籍企業（multinational enterprise）化のこと。
出所：江夏健一『多国籍企業要論』文眞堂，1984 年，46 ページ。

業でももちうるものであるが，海外拠点間で効率的な国際分業を行うことができる能力は，多国籍企業化によってはじめてもつことができる。また，本国本社が高い技術力やノウハウ，ブランド力をもつ場合，海外子会社はすぐにこれらを活用することができ，これらをもたない新設企業よりも優位に立つ。

　第2の内部化インセンティブ上の優位は，内部化によるメリットが，これをしないことによるメリットあるいはデメリットよりも大きい状況である。内部化とは，多国籍企業論や国際経営論で盛んに使われる専門用語であり，本来，企業外部で行われる取引を，M&Aなどにより企業内部で行うようにすることである。

　企業が行う原材料，部品，製品，特許，ブランドなどの売買はすべて取引であるが，これらの取引にはコスト（取引コスト）が生じる。グループ会社でも子会社でもない企業外部との取引においては，自社の都合でその取引条件を決定することができないため，企業内部で行う取引よりも生じるコストが高くなることがある。この取引コストは，取引相手を買収し，納期や価格，経営資源の活用などを自由に決定できるようにすることで下げることが可能である。ただし，買収先企業が粉飾決算をしていたり，その企業風土が自社の企業風土と相容れなかったりした場合には，内部化により大きなコスト（リスク）を抱え込むことになるケースも少なくない。

　そして，第3の立地特殊的変数は，進出先国の状況である。これには，進出を考えている国の物価や人件費，水道光熱費，税率などの金銭面でのコストの他，共通の文化的背景の有無や政治状況，さらには本国や既存の進出先国との地理的距離などが含まれる。

　山口隆英（1999）は，ダニングの折衷理論の基本仮説を，以下のようにまとめている。「企業が外国企業以上の優位性を所有し，その優位性を他企業に販売するよりも自社で利用することに利益があり，そして，企業が持つ優位性が受け入れ国の優位性と結びつくことで利益につながる場合，企業は海外直接投資を行い，国際生産を開始する[17]。」

２．３つの条件と国家特殊的特性の関係

ダニングは，FDIの動機となる３つの条件の実態に影響を及ぼす要因として，国家に根差す要素である国家特殊的特性（country-specific characteristics）をあげている。周知の通り，主権をもつ国家は，その支配領域内の政治，経済，法制度，教育などを決定しており，立地特殊的変数の内容の多くがこの国家特殊的特性によるものとなる。たとえば，図表２−５にある各国の法律や文化そのものは立地特殊的変数であるが，それらの内容は国家特殊的特性である。

また，本国の教育制度や研究助成制度の水準の高さという国家特殊的特性は，本国企業の優秀な人材や技術力という企業特殊的優位の向上につながる（図表２−６）。その他に，各国の市場規模の大きさや市場成長率の高さの違い，豊富な自然資源，安価な労働力や水道光熱費，勤勉な国民性，政情不安，本国

図表２−６　国家特殊的特性が作用する企業特殊的優位

企業特殊的優位	左の優位を与える国家特殊的特性
１．企業規模（例えば，規模の経済性，製品差別化）	標準化された市場。合併，コングロマリット，産業集中を容認する態度。
２．マネジメントおよび組織のすぐれた技能	経営者のアベイラビリティ。教育・訓練施設（例えば，ビジネス・スクール）。上記１を支持する市場規模。すぐれた R&D 施設。
３．技術の優位	政府によるイノベーションの支援。熟練労働者（および現地原料）のアベイラビリティ。
４．労働および／あるいは小規模に適し，しかも成熟した技術	豊富な労働供給，高質の技術者。小企業活動やコンサルタント活動におけるすぐれた技能。
５．製品差別化，マーケティングの経済性	十分に多い所得と高い所得弾力性をもつ国民市場。宣伝やその他の説得力マーケティング方法の容認。消費者の嗜好と文化。
６．（本国）市場へのアクセス	大市場。政府の輸入統制なし。排他的商慣行を容認する態度。
７．天然資源へのアクセスまたは天然資源についての知識	資源が現地にあれば，その知識の輸出または加工活動を促進。資源開発・加工に必要なすぐれた技能の経験的蓄積。
８．資本のアベイラビリティと金融上のすぐれた知識	良好で信用に値する資本市場と専門的アドバイス。
９．上記の各種優位に影響を与えるもの	政府が企業に介入，関係するといった役割。優位を創出するインセンティブ。

初出：Dunning, J. H., "Explaining Changing Patterns of International Production: In Defence of the Eclectic Theory" *Oxford Bulletin of Economics & Statistics*, Vol.41, No.4, 1979, p.280.
出所：江夏健一『多国籍企業要論』文眞堂，1984 年，47 ページ。

政府と現地政府の関係性といったさまざまな国家特殊的特性は，買収を含めた企業の FDI 戦略に影響を及ぼすことになる。

第5節　おわりに

　本章では，①フェアウェザー，②ヒーナン＝パールミュッター，③ダニングが提唱した３つの理論を検討した。フェアウェザーは，国際経営の本質，すなわち国際経営とは何たるかを説明する概念的枠組みを提示した。彼は，単一国家との関係および複数国家との関係という２つの次元から，国際経営活動のプロセスとその課題を説明している。国内完結型経営とは異なり，国際経営活動では，本国本社，現地市場，海外子会社間の緊張関係あるいは衝突が必ず生じ，これらの調整が国際経営管理上の特徴的な課題であることを示した。

　また，ヒーナン＝パールミュッターは，国際経営管理を行う経営者の姿勢を，国内志向，現地志向，地域志向，世界志向に分類した。経営者の姿勢をこれらのいずれかに当てはめることで，その姿勢を把握する EPRG プロファイルを提唱した。ただし，EPRG プロファイルによって把握した経営姿勢はあくまで動態的であり，また各志向が混在している場合も多いため，その結果をもってその企業の本質とみなすべきではないと主張した。

　最後に，ダニングは，先行研究で解明されてきた FDI の動機を組み合わせることで，企業の FDI の動機を説明する折衷理論を提唱した。その動機は，①企業特殊的優位，②内部化インセンティブ上の優位，③立地特殊的変数の３つのグループに分けられている。このことから，ダニングの折衷理論は，各グループの頭文字をとって，OLI パラダイムとも呼ばれる。これらのグループに分類される各動機は，国家特殊的特性によって規定される，あるいは影響を受けるとされる。

【注】

(1) 吉原英樹『国際経営論』財団法人放送大学教育振興会，2005 年，11 ページ。なお，吉原自身は，この定義に従えば，国際経営の英訳は「managing across borders」が適当であるとしている。同上書，12 ページ。

(2) 江夏健一『多国籍企業要論』文眞堂，1984 年，30 ページ。

(3) 同上書，35 ページ。

(4) フェアウェザーの学説は，以下を参照のこと。Fayerweather, J., *International Business Management: A Conceptual Framework*, NY: McGraw-Hill Book Company, 1969（戸田忠一訳『国際経営論』ダイヤモンド社，1975 年）

(5) Ibid., p.5.（同上訳書，9 ページ）。ただし訳は必ずしも訳書によっているわけではない。以下同じ。なお，訳書では，"business" という用語が「事業を営む経営」と訳されている。"business" は「経営」とも「事業」とも訳すことができるため，本稿でもこれに従った。

(6) Ibid., p.5.（同上訳書，10 ページ）

(7) Ibid., p.13.（同上訳書，21 ページ）

(8) Ibid., pp.3-4.（同上訳書，6 ～ 7 ページ）

(9) 本項の内容は，主に以下を参照のこと。Ibid., pp.5-10.（同上訳書，10 ～ 17 ページ）

(10) 本項の内容は，主に以下を参照のこと。Ibid., pp.10-12.（同上訳書，17 ～ 19 ページ）

(11) 本項の内容は，以下を参照のこと。Heenan, D. A. & Perlmutter, H. V., *Multinational Organization Development*, Addison-Wesley Publishing Company, Inc., 1979, pp.17-21.（江夏健一・有沢孝義・重里俊行訳『多国籍企業―国際化のための組織開発―』文眞堂，1982 年，20 ～ 24 ページ）。ただし訳は必ずしも訳書によっているわけではない。

(12) Ibid., p.17.（同上訳書，21 ページ）

(13) 本項の内容は，以下を参照のこと。Ibid., pp.21-22.（同上訳書，24 ～ 26 ページ）

(14) Ibid., p.21.（同上訳書，25 ページ）

(15) 江夏健一，前掲書，43 ページ。

(16) ダニングの学説の内容は，以下を参照のこと。Dunning, J. H., "Explaining Changing Patterns of International Production: In Defence of the Eclectic Theory" *Oxford Bulletin of Economics & Statistics*, Vol.41, No.4, 1979, pp.269-295.

(17) 山口隆英「多国籍企業の成長に関する理論的課題：多国籍企業理論の視点からの展望」『商學論集』（福島大学）第 68 巻第 1 号，1999 年，50 ～ 51 ページ。

◆参考文献◆

上田慧「第 3 章　多国籍企業の理論」奥村皓一・夏目啓二・上田　慧編著『テキスト多国籍企業論』ミネルヴァ書房，2006 年，56 ～ 83 ページ。

江夏健一『多国籍企業要論』文眞堂，1984 年。

武田康「国際経営の理論的背景：その 5 フェアウェザーの包括理論」『駒大経営研究』第 10 巻第 2・3 号，1979 年，87 ～ 96 ページ。

山口隆英「多国籍企業の成長に関する理論的課題：多国籍企業理論の視点からの展望」『商學論集』（福島大学）第 68 巻第 1 号，1999 年，33 ～ 59 ページ。

吉原英樹『国際経営論』財団法人放送大学教育振興会，2005 年。

Dunning, J. H., "Explaining Changing Patterns of International Production: In Defence of the Eclectic Theory" *Oxford Bulletin of Economics & Statistics*, Vol.41, No.4, 1979, pp.269-295.

Fayerweather, J. *International Business Management: A Conceptual Framework*, NY: McGraw-Hill Book Company, 1969.（戸田忠一訳『国際経営論』ダイヤモンド社，1975 年）

Heenan, D. A. & Perlmutter, H. V. *Multinational Organization Development*, Addison-Wesley Publishing Company, Inc., 1979.（江夏健一・有沢孝義・重里俊行訳『多国籍企業—国際化のための組織開発—』文眞堂，1982 年）

第3章
グローバル組織の発展過程

第1節　はじめに

　トヨタ自動車社は，日本を代表する多国籍企業の1つである。同社における2017年世界販売台数は2.1%増加して1,038万6,000台となり，3年ぶりに過去最高を記録した。この実績は，ドイツのフォルクスワーゲン社，フランスのルノー・日産連合に続き第3位にランクインするものである[1]。

　この世界展開を支えているのが，世界各地に配置された拠点である。2017年12月現在，同社は世界28の国・地域に51の製造事業体を有し，170の国や地域において製品を販売している[2]。その製品は，日本はもとより，アメリカ，ドイツ，ベルギー，イギリス，フランス，タイ，オーストラリア，中国といった国々にある研究開発拠点で培われた技術をもとにしている[3]。2017年3月末現在，同社の従業員数は364,445人にも及んでおり，世界屈指の大企業と言える[4]。

　このような世界展開は，もちろん日本企業に限った話ではない。世界最大の食品飲料企業であるスイスのネスレ社は，2,000以上のブランドを有し，世界189カ国に拠点を配置している[5]。アメリカに本社を置く世界最大の日用消費財メーカーP&G社は，総従業員数約95,000人を抱え，事業拠点は約70カ国に展開されている[6]。同じくアメリカの世界最大の小売業者であるウォルマート社は，世界で約230万人を雇用している[7]。

　近年は，BGC（Born Global Company）と呼ばれる，創業してすぐ国際化する

企業も見られるようになってきたが，上記のような巨大な多国籍企業を支える組織は，一朝一夕にできあがったわけではない。そのときそのときの企業に必要な戦略に応じ，組織は段階的に変化してきた。

　国際的な組織がどのように展開されるのかというのは，企業の国際的拡大・展開がどのように行われるのかという方針を示す国際経営戦略によって決まる。この国際経営戦略というのは，海外活動における基本方針を策定することであり，海外のいかなる地域でどのような事業活動を行うのか，どのような参入形態を選ぶのかといったことが決めることでもある[8]。

　したがって，後述する組織の発展過程は，その企業がとる戦略と切っても切り離せない関係にある。特に，国内企業とは異なり，企業が国境を越えて複数の国や地域において事業活動を行う場合，よりいっそう複雑な経営環境に置かれるため，戦略も組織も複雑化する。

　たとえば，ある多国籍企業が複数の国々それぞれの現地の特徴を活かすため，それぞれの国の市場にあった製品を市場ごとに開発し製造，販売を行ったとする。この場合，この多国籍企業の現地企業に対する強みとは何であろうか。この企業の商品は，現地企業のそれと何が違うのだろうか。現地企業と同じことをしているだけであるとすれば，この多国籍企業は現地企業に対し優位性をもっているとは言えない。現地適応は不可欠な要素であるものの，それだけしかないというのは国際戦略としては不十分である。

　多国籍企業の現地企業に対する優位性の1つは，グローバルに統合されたことによる経済的効率性である。技術に関して言えば，国内企業は国内で開発した技術しか使えないが，多国籍企業の場合には他国で開発した技術を別の国で使うことができる。製造に関して言えば，複数の国を対象とした製品を労働コストの安い国1カ所でまとめて製造し各国で販売すれば，その製品は国内市場のみを対象とした企業の製品よりも安く販売できる。むろん，ここではグローバルな規模での効率性を重視するため，個別の現地市場に対する適応という点は大きく欠ける。いかに両者のバランスをとるかが組織を構築するうえでのポイントとなる。

第3章　グローバル組織の発展過程　31

　さらに，拠点が増えるにしたがい，あるいは部門が細分化されるにしたがい，組織構造は複雑化する。その結果，拠点間・部門間のコミュニケーションは困難になり，情報の流れも滞りがちである。これは意思決定を遅くしたり，効率的な運営を阻害することになる。

　では，これまでグローバルに活動する企業はどのように組織構造を作り上げてきたのだろうか。グローバルな経営を支える組織には，いくつかの基本的なパターンがある。本章においては，企業の国際的な発展段階にしたがい，代表的な組織構造について取り上げ解説する。

第2節　組織の発展過程

　そもそも組織構造とは，「企業を管理する組織の仕組み」のことである[9]。したがって，組織構造は単に組織図面を指すのではなく，組織の仕組みの中には，どこにどのような拠点を配置するのか，配置された拠点にどれほどの意思決定権限とそれに付随する責任を与えるのかといったことまで含まれている。特に国際的な組織の場合は，「海外事業を管理する仕組みであり，本社が海外子会社をコントロールする仕組みを設定している」と言える[10]。

　本節においては，企業の国際発展度合いに応じ，輸出部から始まり地域統括会社までの組織発展過程について順を追って整理する。

1．輸出部

　国内市場をターゲットとしていた企業がその市場を海外に求め始めた場合，海外進出方法はさまざまあるものの，輸出からスタートするのが最も一般的であろう。その輸出にも2つのパターンがある。間接輸出と直接輸出である。間接輸出とは商社などを介して輸出が行われるものであり，企業自らが輸出を行うものではない。他方，企業が自ら行うのが直接輸出である。日本における直接輸出の中でも製造業に焦点をあてると，直接輸出依存度（対売上高比率）は2000年代前半に比べ上昇している[11]。

企業が直接輸出を開始した場合，図表3－1のように現行の組織に輸出部が加えられる。輸出という新たな業務は，これまでの国内市場とは異なる対応を迫られるため，現行の事業部内に位置づけられるのは難しい。そのため，輸出部という新たな業務を専門に執り行う部門が加えられるのである。

　たとえば，図表3－1においてA事業を洗濯機，B事業をテレビ，C事業をプリンターに関する事業部とする。この企業が3つの事業の中でも特にテレビを輸出したいと考えた場合，同じ製品を取り扱っていてもB事業部＝テレビ事業部は国内市場のみを対象とし，輸出部もまたテレビの輸出にのみ特化することになる。

　松下電器産業（現パナソニック）は，1932年には輸出部を有していた。同社はすでに戦前から海外展開に着手していたが，当時，商品輸出は専門の貿易商社を介するのが一般的であった中で，メーカー自らが輸出部をもち輸出を行うことは珍しかったと言われている[12]。

　輸出とは海外進出の初期段階に用いられる方法であるが，輸出には海外需要を取り込むことにより生産量を増やし，製品1つ当たりの単価を下げるなどといった規模の経済をより有効に働かせる効果があるのは言うまでもない。これに加え，企業は輸出を通じ，国内にはない海外の新しい知識や技術に触れ，海

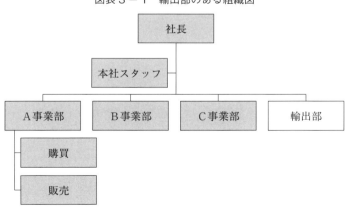

図表3－1　輸出部のある組織図

外市場の要求に対して技術・品質水準を向上させる努力をしたり，技術を吸収しイノベーションにつなげることなど，事後的に生産性を向上させる「輸出の学習効果」があることも指摘されており，輸出部はまさに海外進出の礎となる段階である[13]。

2．国際事業部

　輸出した商品が市場で好評を博し，現地市場が拡大してゆくと，自国からの輸出だけでは現地の需要に応えられなくなる。そこで，海外展開の次の段階として，現地生産が始まる。生産に関しては，工場や現地従業員の管理，原料調達など，これまでの輸出とは比べものにならないほどの業務量が必要になるため，従来の輸出部では手が回らなくなる。よって，組織構造もまたこれに応えられるよう変化を求められることになる。

　そこで，これまでの輸出を廃し，組織には新たに海外事業部ないし国際事業部が設置されるようになる（図表3－2）。事業ごとではなく海外に関連するあらゆる事業を統括するのが国際事業部である。企業によっては海外事業部，あるいは外国部と呼ばれることもある[14]。

　図表3－2からわかるように，国際事業部はこれまであった国内の事業部と

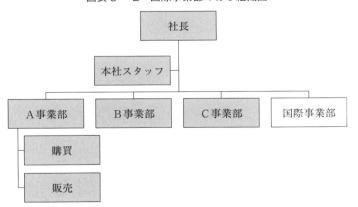

図表3－2　国際事業部のある組織図

34

同じレベルに置かれる。そして，事業内容を問わず，海外事業全般に関する権限と責任が与えられる。しかし，国内事業との直接的なリンクはなく，従来からある事業部と国際事業部間のコミュニケーションが円滑にいかない，国内外含めた全社的な視点に欠けるなどといった問題点もあげられる[15]。

　特に，同一製品を製造する国内事業部と海外事業部とを分けてしまうと，意思疎通を妨げられ業務に支障をきたす。前出輸出部の部分で例示したように，B事業部＝テレビ事業部であるとしよう。海外でテレビを生産することになった場合，この企業は同じ製品について，B事業部が国内市場向け，国際事業部が海外生産を行うなど，それぞれが同一の製品を生産することになる。初めてテレビを製造する，それも国外で生産する場合，国際事業部はB事業部に頼る部分が大きい。そこで，ストップフォード（1972）は，他の国内にある事業部による協力の重要性を指摘している。つまり，通常，海外で生産される製品はこれまで国内で生産されてきたものであり，その製造技術や原材料の調達方法などは国内の事業部から学ばなければならないためである[16]。当該企業にとって未知の市場に対し，成功するか未だわかっていない製品を現地で1から製造し販売するのは稀であろう。国内で好評を博した商品を海外にも販売するのが一般的である。

　そこで，国際事業部がうまく機能するためには，他の事業部とのコミュニケーションが阻害されてはならない。しかし図からわかるように，国際事業部も他の事業部も同じレベルにあり，かつ独立した部である。この間で密なコミュニケーションをとるのは難しい。

３．グローバルな事業部制

　国際事業部制においては，国内事業と海外事業の一体性に課題があった。国内事業と海外事業が別のものとして扱われていたのである。両者とも同じ製品をそれぞれが別々に原料を調達し，それぞれ生産するというのは，企業全体にとって効率的とは言えない。

　そこで，次の段階においてはこれまでとは異なり，大きく組織構造が変化す

第3章　グローバル組織の発展過程　35

る。それが，グローバルな事業部制である。事業部制は国内外問わず存在している。事業部制の最大の特徴は，組織が複数の自律的な意思決定単位に分権化されているということである。その分権的な単位1つ1つが事業部と呼ばれている。1つの事業部は，「一定の地域，事業分野，製品分野の業務遂行に必要な機能を備えた自己完結型」である[17]。

　古くは，1933年に前出パナソニック社がやはり事業部制を採用した。当時，工場群を，ラジオ部門，ランプ・乾電池部門，配線器具・合成樹脂・電熱器部門というように分けた製品分野別の事業部制を採用した。各事業部はそれぞれ工場と出張所をもち，研究開発から生産販売，収支に至るまで一貫して事業部内で担当する独立採算の事業体であった。その主な狙いは，自主責任経営の徹底と経営者の育成であったという[18]。

　さて，その事業部制がグローバルに展開されると，図表3−3グローバルな製品別事業部制または図表3−4グローバルな地域別事業部制となる。1拠点だけではなく複数の国や地域にまたがって活動する場合，前出国際事業部だけでは手にあまる。全社的な視点から考えても，国内・海外という分け方では組織が十分機能しなくなるのである。これまで同様，海外事業の拡大に伴い，これまでとは異なる国際戦略をとる必要に迫られたとき，その組織構造もまた国際事業部制から別の形に変化していく。製品別事業部制を選択するのか，あるいは地域別事業部制を選択するのかは，その企業が扱う製品やサービスが決める。

　しかし，現実的には国際事業部制から発展してきた組織が，これら2つの組織のうち必ずどちらかに分類されるわけではない。現実には，両組織形態の混合型組織が多く見受けられる。たとえば，国内は製品ごとに事業部制を採用していても，海外事業については地域事業部に責任をもたせるといったような混合型である[19]。ただし以下では主に2つの組織の基本的な構造について説明する。

(1) グローバルな製品別事業部制

まず,製品別事業部制は,図表3－3に示したように,各地域の特性や地域間の違いよりも,文字通り製品の特性,製品ごとの技術や生産方法などに重点を置いた組織構造である。この組織は,国や地域ごとに大きく製品特性が変わらない企業に向いていると言える。

たとえば,まず,A事業＝カメラ,B事業＝半導体,C事業＝鉄鋼といったように,扱う製品によって中軸を決める。続いて,各事業の中に,各事業がターゲットとする地域,たとえばアジア,ヨーロッパ地域と配置される。原則,国内もまた1つの地域として配置される。

この組織は,国内における多角化戦略と強く結びついている。多くの企業は,すべての国内事業を海外に出すわけではない。国内において特に力を入れ,現地企業や現地の外国企業と戦えるほどの競争優位を有している事業を海外に送り出す。したがって,一般的に国内ですでに製品多角化が行われていることが,海外における製品多角化の必要条件である[20]。多角化の程度が高い企業の場

図表3－3 グローバルな製品別事業部制組織図

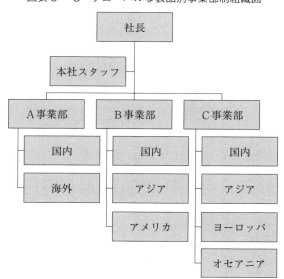

合，地域別事業部制ではなく製品別事業部制を選択する可能性が高い。

(2) グローバルな地域別事業部制

　図表3－4に示したのが，グローバルな地域別事業部制の組織図である。図表3－3に示した製品別事業部制とは異なり，組織編成軸は活動をしている地域である。図内では，北米やアジア，ヨーロッパといった代表的な地域名をあげているが，これは他の図と同様あくまで一例であり，企業によって地域名は異なる。軸の分け方は，事業別ではなく地理的な近接性や経済の発展度合い，社会制度，文化などである[21]。

　地域によって，市場のニーズや商習慣，法規制などが大きく変わり，それに適応しないと現地市場におけるビジネスが困難である場合，この組織構造を選択する[22]。したがって，その軸となる地域は，それぞれ生産や販売などのすべての機能を有している。各事業部が自律的であるという点においては，製品別事業部制と同様であるが，製品多角化の程度が低く，またグローバルな効率性よりも現地適応が強く求められる製品やサービスを扱う企業に適している。

　たとえば，そもそも製品としてインターフェイスの共通化が必須とされているUSBメモリを専門に取り扱う企業は，地域別事業部制を選択する必要はない。地域ごとの差を気にすることなく，グローバルな統合体制のもと，世界を1つの市場とみなし大量に生産・販売し競争力を獲得できる。他方，お茶のよ

図表3－4　グローバルな地域別事業部制組織図

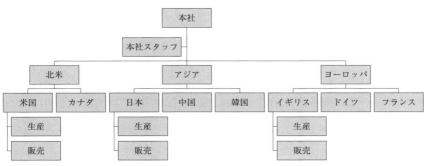

うに深く伝統に基づいていたり，気候によって好みが変わったりする商品については，USB メモリと同じように扱うことはできない。この製品は，現地適応することにより，現地の味覚に合わせることにより競争力を得られるためである。ただし，原材料の調達やマーケティングなどの側面において，グローバルな効率性を獲得することは可能であると考えられる。

4．グローバルなマトリックス組織

　地域別事業部制と製品別事業部制の混合型組織の存在は指摘されつつも，製品別事業部制を選択すれば地域別事業部制のメリットである現地適応度は下げられる。他方，地域別事業部制を選択すれば類似の製品を各事業部が製造するなど，グローバルな効率性が下がるというデメリットもある。両組織のトレードオフの解消は難しい。

　また，ストップフォード（1972）が指摘しているように，製品別事業部制も地域別事業部制もコミュニケーションに関する課題を残している。すなわち，これら2つの組織はもちろん，ここまでみてきた組織は，命令系統一一元化の原則に基づいている。つまり，ある社員はある事業の特定部分にのみ責任をもち，単一の上級管理者に属しているということである。その結果，事業部門間のコミュニケーションについては障壁が高く，他の事業の海外子会社間ともなればなおさらである[23]。

　そこで，グローバル統合と現地適応を両立させるような組織が求められ誕生したのが，図表3－5に示したマトリックス組織である。マトリックス組織は，さまざまな目的をもっている企業，複雑な経営環境に置かれている企業に対し，職能，製品あるいは地域といったあらゆる側面への対応を円滑にさせることを可能にした組織である。図に示したように，一方向からのみ命令が来るのではない。マトリックス組織は，これまでの命令一元化の原則を放棄した構造になっている[24]。

　図表3－5にみられるように，この組織は同時に2つの軸をもつ。たとえば，図表3－5内①は，アジア事業部内に属しながら，B事業部にも属している。

図表3-5　グローバルなマトリックス組織図

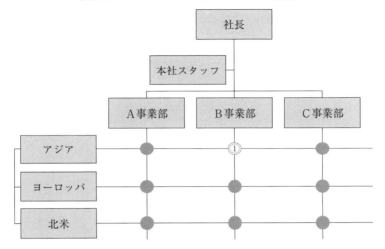

つまり，①はアジア（国・地域軸）のB事業部（事業軸）というように製品と地域の両側面を兼ね備えている。国や地域ごとの違いよりも製品に重点を置く，あるいはその逆かというのではなく，両方の観点を併せもつ組織である。

これまでの組織は特に命令一元化の原則に従って，原則単一の上司からの命令にのみ従う組織の構造であった。しかし，マトリックス組織はそうではない。図表3-5内①に属する社員には2人の上司がおり，2方向から命令がくることになる。どちらの命令に優先順位があるのか，2人の上司が反対の意見をもったとき，①の社員はどのように行動すべきであるのか。そこにコンフリクトが生じる。

このようにこの組織は多次元の同時対応を試みる組織であるため，どのようにバランスを取るかという問題が依然として残っていると言える[25]。したがって，「コンフリクトが生じやすく，またそれを解消するため距離や文化の障壁によって時間と費用がかかるという欠点」を有している[26]。

結果，グローバルな効率性と現地適応という相反する目標を同時達成するという目的を達することなく，マトリックス組織は欧米企業を中心に採用された

ものの姿を消していった[27]。しかし，この組織の失敗要因はその構造的問題ではなく，その組織を採用した企業が組織を管理する能力をもっていなかったことにあるという指摘もある[28]。たとえば，王（2004）は，共通の企業文化・企業理念の確立やグローバル・マネジャーの培養はきわめて重要であるが，当時の企業はこれら側面において注意をあまり払わなかったため，この組織を十分にコントロールできなかったとしている[29]。

5．地域統括会社制

　最後に地域統括会社制について説明する。これは，図表3－6に示したように，「世界をいくつかの地域に分け，それぞれの地域に統括会社を設置し，各地域内の企業活動を統括すること」である[30]。各統括会社は，統括地域内の企業に対し，金融面での統括機能や販売，生産，物流，調達，研究開発，人事や法務など各種経営支援を行う[31]。さらに，各統括会社の上に位置する本社は，統括地域間の活動を調整する役割を担っている[32]。財務や法務，人事，原材料の調達などについては，統括地域内現地法人がそれぞれ共通してもっている機能である。したがって，重複している業務については統括会社が集約して行い，各現地法人はたとえば，製造やマーケティングなどその国や地域でし

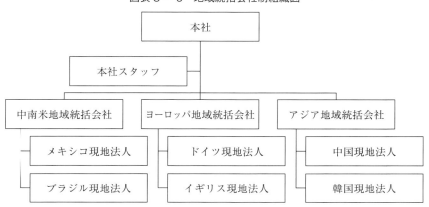

図表3－6　地域統括会社制組織図

かできない仕事に集中することができる。さらに，拠点数が増えると，本社が各地域はもちろん各国の情報をすばやく正確に把握し意思決定を行うのは難しい。したがって，地域統括会社を設置することにより，このような業務は統括会社に集約され，本社は各地域間の調整や全社レベルの意思決定に集中できる[33]。

名称こそ前出地域別事業部制と似ているが，その組織構造は異なっている。地域別事業部制は事業部制であるため，各地域は自己完結型である。他方，地域統括会社は本社や他地域との相互作用が求められ地域統括会社下にある現地法人同士のネットワーク化が進んでいることから，地域完結的ではない。また，地域別事業部制の本社がほとんどの場合，母国にあるのに対し，地域統括会社の場合は，地域統括本社制とも言われるように本社はその地域に置かれる。したがって，統括会社のトップは大きな権限を有し，その地域における迅速な意思決定ができる[34]といった違いがあげられる。

このような組織が形成された背景として，米国企業あるいは日本企業による欧州市場参入が指摘されている。一口に欧州と言っても，国ごとに経済規模も文化的特徴も異なるが，EUという1つの巨大市場が誕生したことにより，各国ごとに置かれていた海外子会社をマネジメントするため，欧州地域統括会社が置かれるようになった[35]。奥村（2005）は，このような背景のもとでは従来の国別の販売体制，生産体制では十分に対応ができないため，地域統括会社の発想が生まれてきたと指摘している[36]。

しかし，地域統括会社はアジア圏でも広く見受けられるようになってきた。JETRO（2016）は，2010年以降，アジア大洋州における地域を対象とする地域統括機能の設置がシンガポールで急増していることを明らかにしている[37]。地域統括会社と現地法人間では，資金や情報，サービスのやりとりが頻繁に行われる。したがって，世界的な金融や物流のハブ機能の存在，低い法人税率，高い経済の自由度，高度なインフラ，豊富な人材といった魅力のあるシンガポールに多い[38]。

シンガポール以外は，タイや中国に置く傾向がある。中国に置かれる統括会

社は，基本的に中国内のグループ企業を対象にしているのに対し，シンガポールは中国を除く ASEAN，南西アジアを中心としたアジア大洋州地域全般を対象としていることが多い。他方，自動車産業などの製造業が集積するタイは，域内製造拠点に対する技術支援機能や生産管理，部品の調達など生産に関わる機能がタイの地域統括会社に集まっている[39]。

たとえば，スポーツ用品の製造，販売を手がけるアシックス社は，すでに海外からの売上が約 80％を占めている。そこで，その世界市場を日本，米州，欧州，オセアニア・東南・南アジア，東アジアの 5 極に分けて，統括会社をそれぞれ置き，販売代理店や自社拠点をまとめている。そして，その統括会社は，神戸の世界本社から指示を得ながらも，エリアによって異なる市場やニーズを分析し，地域特性に応じたマーケティング活動，プロモーション活動を展開している[40]。

また，精密小型モーターで知られる日本電産株式会社は，中期戦略目標「Vision 2020」内において，グローバル 5 極経営管理体制の確立を示している。経営管理体制の強化を目的とし，中国・アジア・米州・欧州（含む中東，アフリカ）にそれぞれ地域統括会社を設置する。そこで自社現地企業に対し，経営品質・経営効率の向上，PMI（買収後の統合）の積極的なサポートを行い，経営基盤をより強固にしたうえで新中期戦略目標の達成を目指している[41]。2012年 1 月に中国，2014 年 10 月にアメリカ，2015 年 4 月から 9 月期に欧州はオランダ，今後シンガポールにアジアの統括会社を設立する。これに日本を加えて 5 極体制である[42]。

地域統括会社制の有効性を高めるには，各統括会社の意義を明確にする必要がある。つまり，各統括会社の目的は何であるのか，どのような範囲の役割と責任を有し，どれほどの意思決定権を有しているのかといった点が曖昧なままであると，本社や現地法人との間で混乱を起こすことになる[43]。

同じく日本の統括会社について，森（2003）は以下のような課題をあげている。すなわち，地域統括会社は，理論的には本国本社から現地法人へ，あるいは地域から多国籍企業内部へ知や情報を伝える役割を担っており，これを進め

るにあたっては，人事システムの活用，特に現地社員を地域統括会社ないし本社へ昇進させるといったキャリアパスの構築が求められる。もし統括会社の社員のほとんどが日本人派遣社員であった場合，統括会社の知覚は偏ったものになりかねない。しかし，調査の時点においてはそのようなシステムを有する企業は少ない[44]。

第3節　おわりに

　本章においては，グローバルに活動する企業の組織の発展過程についてみてきた。この発展段階は，企業の国際化の段階とそれに応じた戦略とリンクしている。国際化初期の段階でいきなり海外生産を行う企業はほぼなく，多くの場合，輸出から行う。それに伴い，輸出部が従来の組織に付け足された。輸出を行うだけの企業が，地域統括会社制を採用する必要はない。

　冒頭述べたことではあるが，組織構造とは単に組織図面を指すわけではない。組織構造のなかには命令系統やコミュニケーション，情報の流れも含まれる。特に，企業活動が国境を越え，多くの拠点を抱え，ときに一都市に匹敵するほどの従業員を雇用しているような多国籍企業の場合，非常に複雑な環境に直面しているといえる。そのなかで，グローバルな規模で競争優位を獲得するために，企業はさまざまな組織構造を構築してきた。

　ただし，本章においては，代表的かつ基本的な組織を取り上げ説明してきたに過ぎない。また，国際事業部制から地域別事業部制への転換など，従来の組織構造から新たな組織構造へ，転換は順当に行われるとは限らない。さらに，戦略が変更された後それに合った組織構造が確立するまでには，現実的には時間もかかる[45]。どの戦略にはどの組織構造が確実に採用されるというようにパターン化したものではなく，今後もさまざまな形態の組織が新たな戦略に合わせて生まれてくるだろう。このような残された課題については，事例を精査し検証していく必要がある。

【注】

（ 1 ）日本経済新聞「日産・ルノー 2 位。トヨタ 3 位　17 年世界販売」2018 年 1 月 30 日
　　　（https://www.nikkei.com/article/DGXMZO26324870Q8A130C1TI1000/　2018 年 3 月
　　　7 日現在）
（ 2 ）トヨタ社ホームページ（https://newsroom.toyota.co.jp/jp/detail/4063440　2018 年
　　　4 月 13 日現在）
（ 3 ）同上ホームページ（http://www.toyota.co.jp/jpn/company/about_toyota/facilities/
　　　rd/　2018 年 4 月 13 日現在）
（ 4 ）同上ホームページ（http://www.toyota.co.jp/jpn/company/about_toyota/outline/
　　　2018 年 4 月 13 日現在）
（ 5 ）ネスレ日本ホームページ（https://www.nestle.co.jp/aboutus　2018 年 3 月 7 日現在）
（ 6 ）Ｐ＆Ｇホームページ（http://jp.pg.com/about/profile01.jsp　2018 年 3 月 21 日現在）
（ 7 ）Fortune 500 homepage（http://fortune.com/fortune500/walmart/　2018 年 3 月
　　　21 日現在）
（ 8 ）山倉健嗣「国際戦略経営論の構成」『横浜経営研究』第 33 巻，第 4 号，2012 年，
　　　99 ページ。
（ 9 ）John M. Stopford and Louis T. Wells, Jr., *Managing The Multinational Enterprise*,
　　　Basic Books Inc., New York, 1972.（山崎清訳『多国籍企業の組織と所有政策　グ
　　　ローバル構造を超えて』ダイヤモンド社，1976 年，14 ～ 15 ページ）
（10）山倉，前掲書，97 ページ。
（11）経済産業省『通商白書 2016』勝美印刷，2016 年，217 ～ 218 ページ。
（12）近藤文男「松下電器産業の輸出マーケティング」『経済論叢別冊　調査と研究（京
　　　都大学）』第 17 号，1999 年，1 ページ。
（13）経済産業省『経済白書　2013 年版』，2013 年，25 ページ。以下の経済産業省
　　　ホームページよりダウンロード可（http://www.meti.go.jp/report/tsuhaku2013/
　　　2013honbun_p/index.html　2018 年 3 月 28 日現在）および，松浦寿幸・早川和伸
　　　「ミクロ・データによるグローバルの進展と生産性に関する研究の展望」，2010 年
　　　（http://www.meti.go.jp/report/tsuhaku2013/2013honbun_p/pdf/2013_00-bunken.
　　　pdf　2018 年 3 月 28 日現在）
（14）吉原英樹『国際経営（第 4 版）』有斐閣，2015 年，125 ページ。
（15）山倉，前掲書，98 ページ。
（16）ストップフォード，前掲邦訳書，36 ページ。
（17）加護野忠男「職能別事業部制と内部市場」『国民経済雑誌』Vol.167, Issue 2, 1993
　　　年，37 ページ。
（18）パナソニック社ホームページ（https://www.panasonic.com/jp/corporate/history/
　　　konosuke-matsushita/053.html　2018 年 4 月 13 日現在）

第 3 章　グローバル組織の発展過程　45

(19) 長谷川信次「国際経営組織」吉原英樹・白木三秀・新宅純二郎・浅川和宏編著
『ケースに学ぶ国際経営』有斐閣，2013 年，67 ページ。

(20) ストップフォード，前掲邦訳書，45 〜 46 ページ。

(21) 長谷川，前掲書，66 ページ。

(22) 同上書，66 ページ。

(23) ストップフォード，前掲邦訳書，40 ページ。

(24) 王輝「マトリックス組織の復活とその管理の仕組みについての考察」『NUCB
journal of economics and information science』Vol.48, Issue2, 2004 年，309 ページ。

(25) 同上書，312 ページ。

(26) 同上書，318 〜 319 ページ。

(27) 今井雅和・清水さゆり「グローバル企業における地域統括会社についての考察」
『高崎経済大学論集』Vol.43, issue2, 2000 年，47 ページ。

(28) 王，前掲書，311 ページ。

(29) 同上書，319 ページ。

(30) 今井・清水，前掲書，48 ページ。

(31) JETRO『アジア大洋州地域における日系企業の地域統括機能調査報告書』，2016
年，4 ページ。

(32) 今井・清水，前掲書，48 ページ。

(33) 三菱東京 UFJ 銀行　国際業務部『BTMU Global Business Insight Asia & Oceania』，
2013 年，1 ページ。以下ホームページよりダウンロード可（http://www.bk.mufg.
jp/report/aseantopics/AW20130920.pdf　2018 年 4 月 12 日現在）

(34) 森樹男『日本企業の地域戦略と組織—地域統括本社制についての理論的・実証的
研究—』文眞堂，2003 年，62 〜 66 ページ。

(35) 今井・清水，前掲書，48 〜 49 ページ。および奥村惠一「中国における日系地域統
括会社の意義，機能，および組織」『立正経営論集』第 37 巻，第 2 号，2005 年，
154 ページ，森，前掲書，42 〜 43 ページ。

(36) 奥村，前掲書，154 ページ。

(37) JETRO，前掲書，7 〜 8 ページ。

(38) 三菱東京 UFJ 銀行，前掲書，2 〜 3 ページ。

(39) JETRO，前掲書，9 〜 11 ページ。

(40) Asics 社ホームページ（https://corp.asics.com/jp/career/recruit/business/global
2018 年 4 月 16 日現在）

(41) 日本電算株式会社ホームページ（http://www.nidec.com/ja-JP/ir/management/
strategy/?prt=1 および http://www.nidec.com/~/media/nidec-com/ir/library/earnings/
archive/pdf/2018/Q3_1.pdf　2018 年 4 月 16 日現在）

(42) 日経ビジネス「『永守 Way』も変える日本電産の『新グローバル化』（http://

business.nikkeibp.co.jp/article/opinion/20150324/279106/　2018 年 4 月 20 日現在）

(43) JETRO，前掲書，103 ページ。

(44) 森，前掲書，208 ～ 215 ページ。

(45) 山倉，前掲書，99 ページ。

◆参考文献◆

今井雅和・清水さゆり「グローバル企業における地域統括会社についての考察」『高崎
　経済大学論集』Vol.43，issue2，2000 年，45 ～ 56 ページ。

王輝「マトリックス組織の復活とその管理の仕組みについての考察」『NUCB journal of
　economics and information science』Vol.48，Issue2，2004 年，309 ～ 321 ページ。

奥村恵一「中国における日系地域統括会社の意義，機能，および組織」『立正経営論集』
　第 37 巻，第 2 号，2005 年，151 ～ 225 ページ。

加護野忠男「職能別事業部制と内部市場」『国民経済雑誌』Vol.167，Issue 2，1993 年，
　35 ～ 52 ページ。

近藤文男「松下電器産業の輸出マーケティング」『経済論叢別冊　調査と研究（京都大
　学)』第 17 号，1999 年，1 ～ 22 ページ。

長谷川信次「国際経営組織」吉原英樹・白木三秀・新宅純二郎・浅川和宏編著『ケース
　に学ぶ国際経営』有斐閣，2013 年，53 ～ 77 ページ。

森樹男『日本企業の地域戦略と組織―地域統括本社制についての理論的・実証的研究―』
　文眞堂，2003 年。

山倉健嗣「国際戦略経営論の構成」『横浜経営研究』第 33 巻，第 4 号，2012 年，93 ～
　103 ページ。

吉原英樹『国際経営（第 4 版)』有斐閣，2015 年。

Stopford, John M. and Louis T. Wells, Jr., *Managing The Multinational Enterprise*, Basic
　Books Inc., New York, 1972.（山崎清訳『多国籍企業の組織と所有政策　グローバル
　構造を超えて』ダイヤモンド社，1976 年）

第4章
国際経営とグローバル人材の育成

第1節　日本企業を取り巻く国際経営環境の変化

1．海外派遣者（とその候補者）の状況

　少子高齢化が進行する中，若年労働力人口も減少傾向にあり，日本からの派遣者の平均年齢が上昇し，その派遣期間も長期化している。一方，国際ビジネスでの活躍が期待される若手世代には，海外での勤務や海外留学を敬遠する動きがあり，「海外で働きたいとは思わない」と回答する新入社員が増加している。また国際ビジネスで重要なスキルである英語力の国別ランキングも，日本は下位に低迷している。

2．新興国の経済発展と市場としての重要性の増大

　中国，ASEAN，インドなどの新興国で中間層や富裕層が増加し，耐久消費財やサービス商品市場での新興国の重要性が増大している。現地の嗜好・ニーズに合った製品・サービスの提供や現地のビジネス慣行・文化への理解，政府・業界等との関係強化や人脈の重要性が増している。

3．企業のグローバル競争の激化

　新興国での企業間競争は，従来と異なり，日本企業は欧米企業ばかりでなく，韓国・中国等のアジアの有力企業との競合となっている。

　このような競争環境下，国籍を問わず有能なグローバル人材を獲得し活用す

48

るニーズが高まっている。

第2節　国際人的資源管理とグローバル人材の育成

1．国際経営と国際人的資源管理

　人材育成は，①人事計画，②採用・選抜・配置，③教育訓練，④業績評価，⑤処遇・報酬，⑥労使関係，⑦企業内コミュニケーション等からなる人的資源管理の一部である。グローバル人材育成は，多様な特徴を有する国で事業を行う国際経営の一部門である国際人的資源管理に属する。国際人的資源管理は，企業が活動する国（現地受入国，本国，その他の国），従業員のタイプ（現地受入国従業員：host-country nationals HCNs，本国従業員：parent-country nationals PCNs，第三国従業員：third-country nationals TCNs）に人的資源管理の諸機能という3次元を組み込んだモデルとして示される（図表4－1）。

　国際人的資源管理は，企業の国際化の発展段階や経営者の志向性と関連するとされる。このように国際人的資源管理に唯一最善の方法があるのではなく，

図表4－1　国際人的資源管理の領域

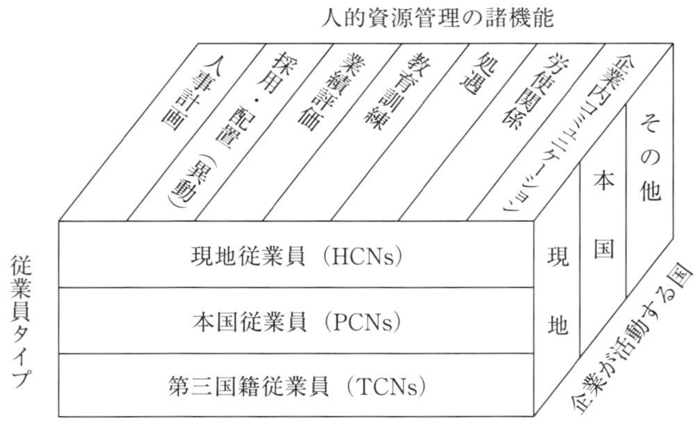

人的資源管理の諸機能

出所：江夏健一他編『シリーズ国際ビジネス（1）国際ビジネス入門（第2版）』中央経済社，180ページ。

状況に応じて適切な国際人的資源管理を実施すべきという国際人的資源管理の
コンティンジェンシー・アプローチという考え方がある。

（1）企業のグローバル化の発展段階

　本社経営者の海外子会社に対する定性的な姿勢基準によって，ヒーナンと
パールミュッターは，企業のグローバル化の発展段階を以下のように類型別に
提示した。

本国（国内）志向（Ethnocentric）：海外子会社の重要な意思決定はすべて親会
　　社が中央集権的に行い，各子会社はその決定に従うのみで，本国至上主義の
　　段階である。
現地志向（Polycentric）：重要で戦略的な決定は親会社が行うが，現地のルー
　　ティン的決定は現地社員に任せようという姿勢である。
地域志向（Regiocentric）：主要な決定権限も地域本社に下ろされ，地域内の子
　　会社は相互依存と地域への帰属意識を高めることになる。
世界志向（Geocentric）：親会社と世界中の子会社群とが良きパートナー関係に
　　あり，重要な決定はそれらの協議によって行われる。

　本国志向 → 現地志向 → 地域志向 → 世界志向と発展するのが一般的と考え
られているので，EPRG プロファイルと呼ばれている。

（2）国際化の進展と国際人的資源管理

　EPRG のうち，①本国志向，②現地志向，③世界志向それぞれにふさわしい
国際人的資源管理について見る。

①　本国志向の段階では，本社から海外にマネジャーを派遣することによっ
　　て海外子会社のマネジメントを行うため，コントロールや調整を強化で
　　きる。一方，重要なマネジメント職の多くが本国からの赴任者で占めら
　　れているので，現地従業員のキャリアは現地組織の一定レベルまでに制

約される。このため、現地従業員のモティベーションの低下や離職率の上昇、生産性の低下が生じやすい。
② 現地志向の段階では、海外子会社のマネジメント職およびトップに現地人が就いているため、人的資源管理も現地のやり方で行われ、人と制度の現地化がなされる。海外子会社内のコミュニケーションがよくなり、現地従業員のキャリアは海外子会社の上層部まで拡大する。一方、本社とのコミュニケーションや調整が困難になる。現地従業員のキャリアは拡大されるが、依然として組織内に限定される。国際的なキャリアや多国籍企業の幹部を目指す者には、魅力が乏しい。
③ 世界志向の段階では、グローバルに最適な人材配置を目指し、国籍にかかわらず、能力に応じたグローバルな人材配置を行う。さまざまな海外子会社の従業員が必要に応じて多国籍企業の組織内を移動し、能力をフルに発揮できるように、評価・処遇・昇進のグローバル・スタンダードを構築し、国籍にかかわらず平等に人材開発プログラムを提供する必要がある。

企業の国際化が進展し、海外拠点に重要な経営資源が蓄積されると、その資源をいかに活用し、再配分できるかが優位性構築のカギとなる。人的資源も、従来の本社から子会社への一方向の移動から、子会社から本社、子会社から別の子会社への移動へと変化する（ホイール型からネットワーク型へ）。海外人材の国際移動には、専門能力をもつ現地社員を本社や別の海外子会社に派遣してビ

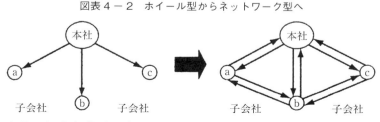

図表4－2 ホイール型からネットワーク型へ

出所：石田英夫『国際人事』中央経済社，1997年，2ページ。

ジネス・ニーズの充足や組織学習の促進を目指すものなどがある。

このような戦略的ニーズが高まると，世界志向的な人的資源管理アプローチがふさわしい。日本企業も海外市場や海外拠点の重要性が高まるにつれ，日本人中心の国際経営に限界が出てきている。しかし，日本企業は海外子会社に対する本社のコントロールが強く，経営の現地化や海外人材の活用が遅れているとされている[1]。

２．グローバルに統合された人事制度

国際経営において，多様な国籍や文化的背景を有する人々を「統合」し，その協同を促進するには次の２つの要件を満たす必要がある。第１の要件は「価値観」の共有化による信頼関係の構築である。「価値観」の共有化を図るプロセスは「社会化」と呼ばれ，「価値観」の共有化がグローバル接着剤として機能し，組織メンバーの「規範的統合」（精神面の一体化）がもたらされる。価値観の共有化には経営理念の浸透・普及が有効である。第２の要件は「人材活用のグローバル最適化」に向け，有能人材をグローバルな視点で育成・評価・配置することである。そのためには，「グローバルに統合された人事制度」を構築し，「制度的統合」を図る必要がある。

グローバルに統合された人事制度には，以下のような（1）世界統一のグレード制度および評価制度・報酬制度を作り，（2）有能人材をグローバルに発掘・登録する仕組みを整備し，（3）グローバル人材育成プログラムと情報共有化の仕組みが必要である。

（1）世界統一のグレード制度および評価制度・報酬制度

国際人的資源管理の「制度的統合」の出発点は，本社が従業員を国籍や勤務地にかかわらず共通の基準で格付けすることにある。世界的に最も普及しているグレード制度は，職務の大きさをベースにした「職務等級制度」である。職務等級制度は，当該多国籍企業内における職務やポジションの相対的重要度（序列）を明らかにするもので，採用・評価・育成・昇進・職歴開発制度（Career

図表4-3 国際人的資源管理における「制度的統合」のフレームワーク

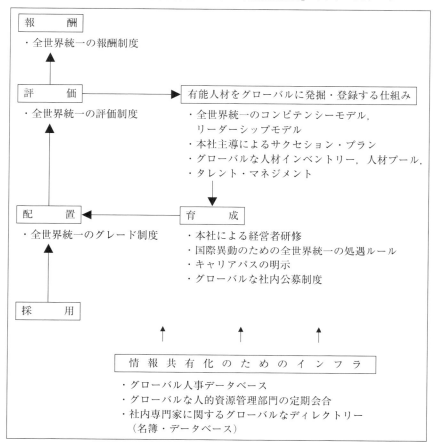

出所：古沢昌之『グローバル人的資源管理論』白桃書房，2008年，137ページ。

Development Program) のような人的資源管理の諸機能の統一的運用の土台となる。こうした世界統一の職務等級制度を構築することにより，世界中のポジションや従業員を共通の基準で比較することができ，グローバルに一元化された人的資源管理が可能となる。

　さらに，グローバル最適の人材活用を実現するには，少なくとも一定等級以

上のホワイトカラー人材について評価制度や報酬制度の世界統一を図る必要がある。世界共通の評価・報酬制度は，当該企業内において何が評価され，処遇にどのように結びつくかについてのメッセージをグローバルに発信することになる。また，評価制度の統一は，国籍や勤務地が異なる従業員の能力や成果を客観的に相対評価することが可能となる。

（2）有能人材をグローバルに発掘・登録する仕組み

　世界中に分散する多様な人材をグローバル最適の視点で活用するには，「ハイポテンシャル」や「経営後継者」といった人材をグローバルに発掘する仕組みが必要である。世界統一のコンピテンシーモデルやリーダーシップモデルが提示され，それらが選抜の際の重要指標となる。こうして世界中から発掘された有能人材は，氏名が本社に登録されサクセッション・プランや人材インベントリー（プール）などの施策と連動して育成・活用が図られる。

（3）グローバル人材育成プログラムと情報共有化の仕組み

　各国子会社および地域統括会社を通して発掘されたハイポテンシャルや経営後継者に対して，個別の育成プログラムが立案される。育成方法には Off-JT と OJT がある。Off-JT には，コーポレート・ユニバーシティで開催される経営者研修がある。ここでは，ビジネス・スクールレベルの座学教育が実施され，経営トップが提示する経営課題に対してアクション・ラーニングが行われることもある。研修には，世界中のハイポテンシャルや経営後継者だけでなく，本社の経営幹部も参加することが多いので，参加者にとってグローバルなネットワークを作る機会となる。OJT では，国や事業の枠を越えた人事異動が重要である。企業文化の吸収と人的ネットワークの形成に資すると考えられる。海外子会社の現地従業員も応募できる制度を導入している企業もある。現地従業員のチャレンジ精神を喚起する手段ともなる。

　ハイポテンシャルや経営後継者についてグローバル人材育成プログラムが実施されるためには，人事考課・評価，キャリア履歴，希望などに関する情報が

グローバルな人事データベースに蓄積され，人材の活用や育成に利用されることが必要である。さらに，本社・海外子会社の人的資源管理部門の責任者・管理者による会合や，社内の特定分野の専門家の名簿・データベースを整備している企業もある[2]。

3. 先進的グローバル企業の事例：IBM

グローバル人材育成プログラムを実施している先進企業の例として，IBMを取り上げる。IBMはアメリカに本社を置き，世界175カ国以上で事業を展開するグローバル企業である。IBMの人材制度がグローバル人材制度に必要な（1），（2），（3）を備えているか見たい。

（1）IBMのグレード制度および評価制度・報酬制度

IBMで1997年，グローバルな職務等級制度（Broad Banding）が導入された。これは世界統一基準でジョブサイズの社内ベンチマーキングを行い，それをベースに世界中の35万人のIBM従業員を14段階の世界共通のグレードに格付けた。一般従業員は1～10，エグゼクティブはD～Aのバンドが設けられている。

世界共通の評価制度PBC（Personal Business Commitment）がある。PBCでは「ビジネスへの貢献」，「自身の能力開発」，「部下育成と組織力の向上（管理職のみ）」の各要素について，上司と部下が話し合って目標を設定し，その達成度が評価される。

（2）IBMの有能人材をグローバルに発掘・登録する仕組み

IBMでは経営上の重要なポストに就く能力を有すると判断される人材（Executive Resources：ER）を，グローバルベースで早期に発掘・選抜・育成するER Managementが設けられている。ERの選抜には，当該人材の上司がノミネートし，それを上司の上司が承認する。ER Managementでは，リーダーとしての成功要因等を抽出したIBMリーダーシップコンピテンシーが重要な役割を果たす。

第4章　国際経営とグローバル人材の育成　55

（3）IBM のグローバル人材育成プログラムと情報共有化の仕組み

　ER には個人別の人材開発プログラムが提示される。Off-JT よりも OJT に重きを置いた計画が立案される。職種や国境を越えた異動を通して，経営能力の向上，異文化理解の向上と視野の拡大，さらにはグローバルな人的ネットワークの形成を図ることが重視されている。

　世界中の IBM 従業員が，自分のスキルやキャリアを登録した人材データである CV（curriculum vitae）Wizard がある。CV Wizard は，国境を越えたプロジェクトチームを編成する際，適任者をグローバルに検索するツールとして用いられる[3]。

　IBM の人材制度は，グローバル人材制度に必要な（1），（2），（3）を備えていると言える。

　グローバル・マネジャーおよび多国籍企業の幹部育成において，海外赴任は最も効果的な戦略の1つと考えられている。しかし，海外勤務させればグローバル・マネジャーになれるわけではない。どのような任務をいつ与えるべきか，学習を促進するべく何をするか等，組織は個人の経験に対して大きな影響力をもつ。その経験をどう解釈し，何を学びとるかは，個人の主観的な解釈に委ねられる。長期的なキャリアの流れの中に海外で働いていることの意味づけができているかどうかは，個人の成長，企業のグローバル・マネジャー育成双方の観点から重要である。

　キャリアを歩む本人が直接経験したことに対する意味づけあるいは解釈を，主観的キャリアと呼ぶ。客観的なキャリア（通った学校，経験した仕事等）に対して，キャリア経験に対する本人の反応・達成感・キャリア満足といった主観的な思いである。海外勤務，海外子会社のマネジャーや社長への昇格，グローバルな異動，本国への逆出向といった客観的なキャリアだけでなく，それを本人がどのように解釈し，どのような意味を引き出したかが重要である。幹部候補やミドル層に対して，自己発見や経験からの振り返りを重視したリーダーシップ開発プログラムを導入する多国籍企業が現われつつある[4]。

56

第3節　日本企業におけるグローバル人材育成

1．日本企業における国際経営の現状

　世界的に先進的なグローバル企業の人材育成を見たが，日本企業におけるグローバル人材育成の現状はどうであろうか。

　一條和生氏と野村総合研究所グローバルマネジメント研究チームが2016年1月〜2月に実施した「日本企業のグローバル経営に対する課題意識」調査から見たい[5]。対象企業は，売上高100億円以上かつ海外売上高比率10％以上の上場企業で，その企業の経営企画担当の役員または担当部門長にアンケートを送付した。送付数987社，有効回答数158社（回収率16％）である。調査項目は7分野（戦略面，組織面，経営システム面，人材活用面，技能・スキル・コミュニケーション面，文化・風土面，価値観・経営理念面），計66項目である。

　平均達成度が高い要件上位15件の2位に「グローバルで統一された強固な理念・ビジョンがある」が入っている。この項目は，多様な国籍や文化的背景を有する人々を「統合」し，その協同を促進する2つの要件のうちの「価値観の共有化」に有効である経営理念の浸透・普及が達成できていることを示している。「グローバルに統合された人事制度」に関連するものは4つある。3位「日本人の経営トップが海外勤務経験を有している」，8位「日本人取締役・執行役員のうち，海外勤務経験がある人間が多い」，9位「中途社員でも重要ポストにつける人事がなされている」，12位「現地拠点のトップ層への外国人登用が進んでいる」である。

　一方，重要度と達成度のギャップが大きい要件上位15件中「グローバルに統合された人事制度」に関連するものが8件を占めている。具体的には3位「グローバルに最優秀な人材を引き付けられる魅力ある処遇体系になっている」，6位「グローバル規模で幹部候補を育成する仕組み・プログラムが整備されている」，8位「グローバル人材を育成するための教育・研修制度が充実している」，10位「グローバル規模で幹部候補を選抜する仕組み・プログラムが整備され

第 4 章　国際経営とグローバル人材の育成　57

図表 4 - 4　平均達成度が高い要件トップ 15

No.	カテゴリー	項　目	達成度
1	⑦価値観・経営理念	全社員が理解できるように，理念・ビジョンを具体的な表現で表している	3.92
2	⑦価値観・経営理念	グローバルで統一された強固な理念・ビジョンがある	3.87
3	④人材活用	日本人の経営トップが海外勤務経験を有している	3.74
4	⑥文化・風土	世界中の幹部が一堂に会して議論するような機会が定期的に開催されている	3.73
5	①戦略	グローバルで製品・サービスの品質基準を統一している	3.57
6	①戦略	グローバルで製品・サービスの仕様を統一している	3.53
7	②組織	組織全体としての役割分担・意思決定メカニズムが明確である	3.51
8	④人材活用	日本人取締役・執行役員のうち，海外勤務経験がある人間が多い	3.47
9	③経営システム（人事）	中途社員でも重要ポストにつける人事がなされている	3.46
10	⑥文化・風土	組織間のコンフリクト，調整事項は経営トップ自らが意思決定している	3.45
11	①戦略	海外でもオーガニックグロースを実現している	3.39
12	④人材活用	現地拠点のトップ層への外国人登用が進んでいる	3.38
13	①戦略	各国に合わせて製品・サービスの仕様を設定している	3.35
14	③経営システム（IT・リスク等）	コンプライアンス等，レピュテーションに関するリスク管理体制が整備されている	3.34
15	②組織	研究開発機能の集約化，集権化により，効率的に研究開発を推進している	3.32

出所：一條和生他編『グローバル・ビジネス・マネジメント』中央経済社，2017 年，79
　　　ページ。

ている」，12 位「グローバル規模で幹部候補よりも下の階層を対象とするタレントマネジメントの仕組みが整備されている」，13 位「グローバルに統一的な人事制度が整備されている」，14 位「グローバルで業績評価体系を統一してい

図表 4 - 5　重要度と達成度のギャップが大きい要件トップ 15

No.	カテゴリー	項　目	ギャップ
1	③経営システム（IT・リスク等）	タイムリーに世界中の経営状況が把握できる経営管理システムが整備されている	1.88
2	③経営システム（IT・リスク等）	グローバルの拠点同士が情報を共有し，また比較ができるプラットフォームがある	1.82
3	③経営システム（人事）	グローバルに最優秀な人材を引き付けられる魅力ある処遇体系になっている	1.72
4	③経営システム（IT・リスク等）	グローバルレベルで情報システムの標準化・統一化が進められている	1.70
5	③経営システム（IT・リスク等）	グローバルで，拠点間の知識・ノウハウを移転・統合している	1.63
6	③経営システム（人事）	グローバル規模で幹部候補を育成する仕組み・プログラムが整備されている	1.56
7	③経営システム（IT・リスク等）	グローバルにナレッジマネジメントの動きを促進する専門チームがある	1.55
8	⑤技能・スキル・コミュニケーション	グローバル人材を育成するための教育・研修制度が充実している	1.53
9	④人材活用	性別の多様性が大きい（女性の登用・活用が進んでいる）	1.50
10	③経営システム（人事）	グローバル規模で幹部候補を選抜する仕組み・プログラムが整備されている	1.46
11	⑥文化・風土	競合の海外企業と比較しても，意思決定のスピードは速い	1.42
12	③経営システム（人事）	グローバル規模で幹部候補よりも下の階層を対象とするタレントマネジメントの仕組みが整備されている	1.39
13	③経営システム（人事）	グローバルに統一的な人事制度が整備されている	1.38
14	③経営システム（人事）	グローバルで業績評価体系を統一している	1.28
15	④人材活用	幹部候補以外の人材にも多様な活躍機会を与え，モチベーションを高めている	1.22

出所：同，図表 4 - 4，77 ページ。

る」，15 位「幹部候補以外の人材にも多様な活躍機会を与え，モチベーションを高めている」，である。15 位を除きすべてグローバル規模での仕組み・プログラムである。日本企業は，グローバルな人材活用・人材育成の重要性は理解

第4章　国際経営とグローバル人材の育成　59

していて手を付けている企業も多いが，達成度が低いというのが現実である。

　日本企業の現地従業員に対する人的資源管理は，基本的に海外拠点任せの傾向が強く，日本人派遣者中心で，現地人を経営者や管理者に登用するケースが少ない（ガラスの天井，発展空間の狭さ，人の現地化の遅れ）。欧米企業との比較では，日本企業の海外拠点は第三国籍人材の活用が少なく，日本人派遣者と現地人のみの二国籍企業の傾向が強い。

　また，経営理念の徹底や浸透が不十分で，本社と海外拠点の人事評価の基準や報酬制度，研修制度等が統一・整合されておらず，非日本人の有能者を採用しても定着率が低い，活用がなされていない。さらに，本社の国際化が遅れていて，海外派遣者の最大の問題は，日本本社の現地への理解不足であるといわれている。

　しかし，最近の傾向として，海外ビジネスの重要度が大きい大手多国籍企業を中心に，よりグローバルな観点から有能人材を育成・活用しようとする企業が増加し，欧米先進的多国籍企業の諸制度や仕組みを導入したり，日本人以外を海外拠点のみならず本社のトップに就任させる動きも見られる[6]。

2．日本企業におけるグローバル人材育成の特徴

　以上のような問題がなぜ起こるのか。海外で認識された日本的人的資源管理の特徴は次のとおりである。

①　人材フローの違い　日本企業は，長期雇用を前提とした長期競争を行っているため，短期的に差をつける必要がない。また，内部昇進を前提としているため，組織内の階層の壁を，従業員は強く意識しない。逆に，長期雇用や内部昇進の前提がない海外の場合，長期的インセンティブは通用せず，従業員はより良い転職先があれば転職してしまう。長期雇用を前提としない場合，費用を回収できない可能性があるため，積極的な能力育成への投資をしない。このため海外ではホワイトカラーに対しては，短期的に差が出るインセンティブが用いられる。

図表 4 − 6　J（日本）型と F（外国）型の職務観と組織編成モデル

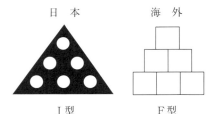

出所：安室憲一編著『新グローバル経営論』白桃書房，2007 年，166 ページ。

② 職務概念の違い　日本人の職務観は柔軟で融通性があるのに対し，現地人は職務を明確で固定的なものと考えている。日本企業特有な J 型組織では，従業員に周囲の状況を見ながら，互いをカバーする自発性と弾力性が期待される。日本国内では，それらを可能にするよう従業員を育成してきたため機能させることができるが，海外では，現地人がそのような育成プロセスを経ていないことが現地化に向けた障害となる。

③ コミュニケーション構造の違い　コミュニケーションにおける言語の部分をコンテントと呼び，その裏側にある考え方の枠組み，その場の雰囲気，価値観，言外の意味や含蓄をコンテクストと呼ぶ。どの国でも通常のコミュニケーションでは，コンテントとともにコンテクストのやりとりも行っている。しかし，コンテントとコンテクストの割合は，国によって違うと考えられている。コミュニケーションにおいて，コンテクストの割合が小さい文化を低コンテクスト文化と呼び，コンテクストの割合が大きい文化を高コンテクスト文化と呼ぶ。低コンテクスト文化の場合，コンテクストとして共有している部分が少ないため，できるだけ多くのことを言語として表出することが求められる。これに対して高コンテクスト文化では，何もかも言語に表出せず，いちいち言われなくとも気を回すことが美徳とされる。

欧米諸国は，日本と比べて低コンテクスト文化だと考えられている。他のア

第4章　国際経営とグローバル人材の育成　61

ジア諸国も，ビジネスでは日本と比べて低コンテクストだと理解されている。また，たとえ高コンテクスト文化同士であっても，コンテクストを共有していない同士がコミュニケーションを行うためには，低コンテクストのコミュニケーションを行う必要がある。そこで，海外でビジネスを行うには，低コンテクストのコミュニケーションを行わなければならない。現地従業員とコミュニケーションをとる際には，日本では一々口に出して言う必要のないことまで，明確に伝えることが必要となる。

　以上のような特徴をもつ日本的な国際人的資源管理は，海外製造拠点におけるブルーカラー従業員に対しては，日本的慣行の強みが指摘されている。それらは雇用の安定，積極的な教育訓練，多能工化，情報の共有であり，これらの基盤に人材の内部化（内部育成・内部昇進），柔軟な職務観，人的資源の重視，平等主義がある。一方，海外のホワイトカラーや経営幹部には，ブルーカラーに有効な内部育成・内部昇進，そして結果的に生じる欧米企業よりも遅い昇進が，アジアでも欧米でも敬遠されている。また，日本企業ではホワイトカラーもゼネラリスト志向であるが，海外のホワイトカラーは専門職能を重視するスペシャリスト志向である。日本的な人的資源管理と海外のホワイトカラーのキャリア志向性とは相容れない状況であり，日本企業が本国志向を脱して世界志向の人材育成に移行するネックとなっている[7]。

3．日本企業におけるグローバル人材育成の方向性

　それでは今後，日本企業においてグローバル人材はどのように育成すべきか，方向性は次のとおりである。

（1）外国人ホワイトカラーに受け入れられる一元化した人的資源管理

　今後，外国人，日本人という複線的な人事施策でなく，社内における国際基準的な一元化された制度設計の下で，評価や人事処遇について対処する必要がある。これまでの日本企業においては，日本人派遣者と現地国マネジャーの処遇格差が問題点として指摘されていた。今後，グローバルな統合的な人材活用

の枠組みの中で，適材適所の人事施策を実施することにより，グローバル企業として人材の全体最適化を実現することが重要である。

　一方で，国・地域に合わせたプログラムのカスタマイズも必要である。国際基準と個別的なカスタマイズは背反するようであるが，国際基準部分と個別国・地域部分との区別を明確にすることにより，サムスンの地域専門家制度が効果を上げているように，より的確に各国において必要とされるグローバル人材育成に向けたプログラム開発をすべきである[8]。

（2）日本人派遣者に有効な育成策

　日本企業に外国人ホワイトカラーが増えたとしても，短期的には日本人派遣者が重要なことは変わらない。今まで国内ではミドルマネジメントである日本人派遣者の多くは，海外派遣に伴いトップマネジメントに就任していた。ミドルマネジメントとトップマネジメントとの間には，役割と責任において大きな違いが存在する。海外派遣者は，子会社の統制，本社との調整，本社からの技術・経営ノウハウの移転，後継者の育成という使命が与えられている。合弁の場合は，そのうえにパートナーとも折り合いをつけなくてはならない。このような複雑な状況の中で，適切な意思決定ができる人物を育成しなければならない。海外派遣者の育成には，経営理念の体得とテクニカル・スキルの保有を前提として，グローバル・マインドセットの確認・獲得，グローバル・リーダーシップ訓練が必要である。海外オペレーションを預かるグローバル人材の育成は，短期の事前訓練で育成されるものではなく，数年以上にわたるキャリア開発の一環として計画され，実施されるべきものである[9]。

　さらに，文化的コンピテンシーの獲得も必要である。（1）で見たように，国際基準部分と個別国・地域部分を橋渡しするのにサムスンの地域専門家制度が効果を上げているが，それは地域専門家が文化的コンピテンシーを有しているからである。異文化経営の現場において職務に従事するグローバル人材は，異質性のマネジメントをするために文化的コンピテンシーの獲得は不可欠の訓練項目である。

（3）内なる国際化

　海外子会社人材の国際移動を根付かせていくためには，国際人的資源管理システムの構築とともに，外国人人材にとっても国際的なキャリアが重要であることを示すことが必要である。たとえば，マネジメント上層部に本国以外の出身者が入っていることや，経営トップが人材の多国籍化を主導することである。また，外国人人材がどこに赴任しても，言語や文化の壁を越えて能力を発揮できる環境づくりが求められる。日本企業では，国内の職場の国際化，内なる国際化が課題である。

第4節　おわりに

　経済同友会は「経済成長の実現に向けたグローバル人財市場の構築を目指す人財開国を」の中で，日本企業のグローバル化の3つのタイプを次のように提示している。

タイプ1：日本主導型グローバル展開タイプ　日本独自の価値観・理念を強く
　持ち，日本本社が中心となって現地をマネジメントしていく形でグローバル
　展開初期に多く見られるもの
タイプ2：日本主導型グローバル連携タイプ　日本本社が中心となるものの，
　本社と現地が連携しながらグローバル最適を意識して現地化が進化していく形
タイプ3：無国籍型グローバル連携タイプ　日本中心という発想がなく，日本
　も世界の1つの地域と見なし，国を区別せず，ある意味無国籍化した上で各
　国が連携していく形

　経済同友会は，「注意すべきは，組織のグローバル化のタイプに優劣をつけることは意味がないことである。むしろ重要な点は，自社の経営・事業戦略を見極め，それに見合った組織タイプを選択していくことである」としている。
　グローバル統合と現地適応のバランスや具体的なあり方は，各企業の特性やトップの意志，国際展開の歴史や段階，各拠点の資本構成のあり方によって違

いがあるが，最も重要なことは，企業の戦略と人事の方針・制度が整合したものであることである。また本社の国際化は，各種取り組みを下支えする基盤として重要である[10]。

【注】

（1）山田奈緒子「国際人的資源管理」江夏健一・桑名義晴編著『理論とケースで学ぶ　国際ビジネス（三訂版）』同文舘出版，2012年，150〜151ページ。

（2）古沢昌之『グローバル人的資源管理論―「規範的統合」と「制度的統合」による人材マネジメント』白桃書房，2008年，136〜142ページ。

（3）古沢，同上書，234〜238ページ。

（4）山田奈緒子「国際人的資源管理戦略」江夏健一・太田正孝・藤井健編著『シリーズ国際ビジネス（1）国際ビジネス入門（第2版）』中央経済社，2013年，188〜190ページ。

（5）一條和生・野村総合研究所グローバルマネジメント研究チーム『グローバル・ビジネス・マネジメント―経営進化に向けた日本企業への処方箋』中央経済社，2017年，41〜82ページ。

（6）平賀富一「人的資源管理・人材開発」藤澤武史・伊田昌弘編著『新多国籍企業経営管理論』文眞堂，2015年，127〜128ページ。

（7）山田奈緒子（江夏健一・桑名義晴編著），152ページ。

（8）永井裕久「日本企業におけるグローバル人材育成システムの構築に向けて」『日本労働研究雑誌』2012年6月号，26〜27ページ。

（9）白木三秀「国際人的資源管理・シーメンスのケース」吉原英樹他編著『ケースに学ぶ国際経営』有斐閣，2013年，152〜153ページ。

（10）平賀，前掲書，138ページ。

◆参考文献◆

一條和生・野村総合研究所グローバルマネジメント研究チーム『グローバル・ビジネス・マネジメント―経営進化に向けた日本企業への処方箋』中央経済社，2017年。

キャメル・ヤマモト『グローバル人材マネジメント論・日本企業の国際化と人材活用』東洋経済新報社，2006年。

白木三秀「国際人的資源管理・シーメンスのケース」吉原英樹他編著『ケースに学ぶ国際経営』有斐閣，2013年。

永井裕久「日本企業におけるグローバル人材育成システムの構築に向けて」『日本労働

研究雑誌』2012 年 6 月号。

花田直美・森治仁「AI 時代における IBM の人材マネジメント，特集　国際人材：グローバル経営の革新」『世界経済評論』2018 年 3/4 月号，国際貿易投資研究所。

平賀富一「人的資源管理・人材開発」藤澤武史・伊田昌弘編著『新多国籍企業経営管理論』文眞堂，2015 年。

古沢昌之『グローバル人的資源管理論―「規範的統合」と「制度的統合」による人材マネジメント』白桃書房，2008 年。

ヘイ・コンサルティング・グループ編著『グローバル人事　課題と現実　先進企業に学ぶ具体策』日本経団連出版，2007 年。

安室憲一編著『新グローバル経営論』白桃書房，2007 年。

山田奈緒子「国際人的資源管理」江夏健一・桑名義晴編著『理論とケースで学ぶ　国際ビジネス（三訂版）』同文舘出版，2012 年。

山田奈緒子「国際人的資源管理戦略」江夏健一・太田正孝・藤井健編著『シリーズ国際ビジネス（1）国際ビジネス入門（第 2 版）』中央経済社，2013 年。

吉原英樹『国際経営第 4 版』有斐閣，2015 年。

第5章
経営管理手法の国際移転

第1節　はじめに

　多国籍企業の国際的展開において，経営管理手法は本国からの完全移転（標準化）と進出地域での応用という2パターンの方法で展開される。国際経営の初期段階，つまり，海外生産が増えつつある段階においては，経営管理手法は本国から移転されることが多かった。なぜならば，国際経営の初期段階の海外拠点は本国拠点の付属であるという認識が，多くの企業では強かったからである。

　その後，海外拠点の多様性を見つめなおす，国際経営の成熟化段階においても，生産・販売という面では，本国からの経営管理手法の移転が多くの企業で行われている。ただし，研究開発部門の国際化においては，現地主導の経営管理手法がとられ，多様な考え方の融合が実践されている。

　本章では主に，生産・販売に関わる海外拠点への経営管理手法の移転について考察していく。主な分析対象は，日本企業と米国企業の多国籍化である。1970年代以前の日本企業の国際化は，輸出中心であった。この時点で，経営管理手法の国際移転という課題は顕著ではなかった。当時，販売ルートを先進国に整えていた日本企業は，おもにライセンス契約で海外の市場に日本製品を卸していたにすぎなかったので，販売に関する経営管理は，日本と同様の考えのもと行われていた。その後，生産の多国籍化が進み，その段階での経営管理手法の国際移転が日本企業の大きな課題となった。1980年代後半以降，日本

製品が世界市場を席巻し，その生産の現場では，日本企業独自の経営管理手法
がとられていた。

　トヨタ自動車とゼネラルモーターズ（GM）の合弁企業である NUMMI の生
産工場では，GM の 2 倍の生産性を発揮した。その背景にはトヨタ自動車の生
産設備，生産管理，組織風土がある。これらのトヨタの強みが，不効率であっ
たアメリカの自動車メーカーを救った。1990 年代になり，世界の工場そして
消費地として中国が注目されるようになった。中国へ進出した日本企業の経営
管理手法は，従来のままに，日本と同様の考え方に基づいていた。なぜ日系企
業の経営管理方式は海外でも強さを発揮できるのか。このような問題意識のも
と，本章では，日本の生産システムの合理性，日本的経営の普遍性，日本的生
産（品質）技術の優秀さを中心に考察する。その後，経営管理手法に関する集
権化と分権化について論じていこう。その前に，日本企業より一歩先に多国籍
化を進めていたアメリカ企業の生産システムと国際展開の関連性について考察
しよう。

第 2 節　フォード社の生産管理システム

1．製品の標準化と規模の経済

　本節では生産システムの標準化が国際経営に与えた影響について，チャンド
ラー（Chandler, A. D. Jr）の議論を中心に説明していくことにする。

　大量生産体制の構築と多国籍企業の拡大の関係性は，次のように説明するこ
とができる。資本主義市場経済の枠組みの中で，持続的に強まってゆく生産の
合理化は，20 世紀に入り，一方で科学技術，他方で運輸，通信（産業基盤）と
の間の増幅する相互作用によって強力に高められていった。その相互作用が，
大量生産体制の決定的な構成要素としての製品の標準化を促進し，国境を越
えて拡がる多国籍企業の形成を促進させた[1]。このように，資本，科学技術，
産業基盤の相互作用が，20 世紀初頭の多国籍企業の隆盛に影響を与えた。こ
のようなプロセスの中で注目すべきは，製品の標準化である。

チャンドラー（Chandler, A. D. Jr.）は，製品の標準化について次のように述べている。「資本集約的産業においては，生産技術により労働集約的産業におけるよりも，規模の経済性が発揮された。すなわち，生産数量が増すにつれて産出物単位あたりのコストがより低下する。したがって，資本集約的な，大バッチないし連続工程技術において最小有効規模で操業する大規模工場は，労働集約的技術における場合と比べて，小さな工場でより大きなコスト優位を有する」[2] という指摘は，規模の経済性を説明している。

さらに，チャンドラーは，同じ中間財や中間的なプロセスが異なる最終生産物を作ることを可能にする生産システムが，著しいコストの減少をもたらすことを指摘している。このコストの減少は，範囲の経済性によるものである。「真の大量生産とは，これまでのどの方法よりも多様にわたる製品を作ることであって一様な製品を作ることではない。つまり，何よりも，多種多様な製品が組み立てられるために，標準化された部品が作られなければならない。」[3] つまり，大量生産の目的は統一製品を大量に製造することだけでなく，統一され，規格化された部品や中間工程を，各製品間で共同利用しながら多品種製品を効率的に生産することでもある。

遠隔地への地理的拡大によって，この競争優位を継続的に活用する方法が，対外投資（企業の多国籍化）である[4]。ゆえに，多国籍企業は規模と範囲の経済性から生じる競争優位によって，国内のみならず海外においても支配的企業としての地位を維持していると考えることができる。このような，多国籍化と生産システムの関係性をフォード社の例で検討しよう。

2．Ｔ型フォード—その生産の合理性

フォード社は，大量生産の生産システムを確立し，そのシステムを世界の拠点に移転していった[5]。当初，フォード社において大量生産で生産される車種はＴ型車と呼ばれる大衆車のみであり，Ｔ型車のデザインは意図的に単純なままにされた。ここには，規模の経済性を発揮させ，自動車に余計な付加価値をつけることを避けて，コスト削減と低価格を追求するフォード社の姿勢が

第5章　経営管理手法の国際移転　69

見えてくる。大量生産では，自動式あるいは半自動式機械工具だけでなく，ますます専門化された単一目的の機械装置が分業を反映して出現した。この機械化は，労働を単純なものにし，熟練労働を不要にした。さらに，機械化は，合理的な治具，組立用位置決め，部品検査用標準計測システムの発展によって，部品互換性の達成に貢献した。自動車の組立てに注目すると，移動式組立ラインの導入が特徴的である。その最初の例が，マグネットフライホール（マグネット発電機をビルトインしたはずみ車）による組立ラインだった。労働者は，マグネットフライホールを滑らせる前に，工程のわずかな部分を完成させるように指示された。さらに，このシステムは改められ，前もって決められたスピードでマグネットフライホールを動かすチェーンが導入された。このシステムは，速すぎる人のペースを落とし，遅い人のペースを速める効果をもっていた。

　しかし，この移動式組立ラインでの仕事は，機械が指図するリズムに従って，繰り返しナットを締めるという退屈な仕事であった。この仕事は，労働者の，フォード社で働く気持ちを後退させる強力な要因となった。労働者の転職率の高さは，生産計画を不安定なものにし，フォード社にとってマイナス要因になった。その結果，フォード社は労働者を動機づけるため，当時の国内平均賃金率の2倍を支払うことになった。労働者の労働意欲を高めるための高賃金政策が，フォード社の大量生産を支えた。

　フォード社の大量生産の成果は，加工品の大量複製による製品の低価格化だと言える。大量生産の中心要素は，製品や部品の「標準化」と工具の「機械化」そして，工程の「自動化」である。これらの要素によって支えられていた大量生産は，1900年代初頭，アメリカの新たな産業の萌芽として成功を収めた。さらに，製品や部品の「標準化」は，国内でも海外でも，一定品質の製品の大量提供を可能にした。工具の「機械化」は，熟練労働を不要にして，外国での未熟練労働者の大量受け入れを可能にした。工程の「自動化」は，計画的な，一定時間での生産を効率的に行うことを可能にした。これらの要素によって支えられていた大量生産は，フォード社が外国企業と競争する際に競争優位性になったと考えられる。

70

　1911 年，フォード社は，アメリカで行われていた大量生産方式をイギリスで完全に複製した。マンチェスター州トラフォードパークでは，デトロイトと同じ組み立て技術を使って T 型フォードが組み立てられた。その後，1926 年にドイツ・ベルリンにも組み立て工場が建設された。フォード社は，市場近くに製品を組み立てるプラントを建設し，輸送費を削減し，大規模なエンジン，車体，部品の製造プラントにおいて，規模の経済性を確保しようとした最初の企業となった。フォード社は，1930 年代までにカナダ・オーストラリア・インド・南アフリカ連邦・日本のほかヨーロッパや南米に工場を稼働させていた[(6)]。

３．多様性に応える標準化

　製品の標準化による大量生産は，無数の意匠，生活上の便益や娯楽品を，多くの人々に対して大規模に，低価格で提供した。大量生産は，物質的に豊かでありたいという人々の欲求を満たしたし，現在でも満たしている。標準化された製品とは，単一モデルの製品だけを意味するものではない。それは，外見上や性能上の多様性を作り出そうとし，標準化されたパーツをうまく組み合わせるという設計思想で作られる製品であると考えることができる。このように，標準化を拡大して解釈すると，大量生産が 1950 〜 1960 年代のフォード社の，ヨーロッパ市場における成長を説明することを可能にする。1950 〜 1960 年代，ヨーロッパでは，「耐久消費財を含む一般消費財の売上が伸びて，消費者金融も普及し，余暇の増加に連れて，人々は有効に余暇を楽しむ方法をさがし始めたのである。」[(7)] また，人々は郊外へ居住地を移すようになった。社会生活におけるこれらの変化は，自動車の需要を呼び起こした。

　当時の消費者の欲求は，1900 年代初頭のような，単に自動車をもちたいということだけでなく，その自動車によって生活を豊かにしたいということだった。彼らは，自らの社会生活における嗜好に合った自動車を厳しく選んでいたに違いない。その頃，フォード社は，ヨーロッパ共通市場で多様な好みに応じた車体を設計し，販売の工夫を整えた。1,300 cc から 2,300 cc に及ぶ 5 種類のエンジンを選択できる乗用車「カプリ」が発売された。このように，規模の経

済性と範囲の経済性を追求したフォード社は，ヨーロッパ自動車市場での地位確立を強化した。フォード本社は，イタリアフォードの100％，ベルギー，オランダ，デンマーク，スペインフォードのほぼ60％，フランスフォードの55％，ドイツフォードの58％の株式を取得して，支配権を確保した。また，デンマークフォードを所有することによってスウェーデンとフィンランドの関連会社を間接的に支配し，スペインフォードの支配を通じて，ポルトガルの関連会社を支配下に置いた。このように，フォード社は1950〜1960年代，ヨーロッパ市場で規模を拡大させ，1970年時点での地位は，フォルクスワーゲン，フィアット，ブリティッシュ・レイランドに次いで第4位であった。1950年以降のフォード社の地理的拡大とシェアの拡大は，フォード社が，規模の経済と範囲の経済を兼ね備えた生産基盤を海外で占有的に活用した結果である。

第3節　日本企業のグローバル化と生産システム

1．海外生産の本格的展開

　日本企業のグローバル化は，アメリカ企業に比べ遅れていた。1970年代初頭まで日本企業は，輸出という方法で，海外市場との関係性を維持してきた。固定為替相場制が1971年に終焉し，以後，円高傾向になりつつあった。円高の進行と，貿易摩擦による国家間の軋轢によって，日本企業は海外生産という国際経営の新たな段階に入った。

　1985年のプラザ合意による円高の定着によって，日本企業の国際経営戦略は大きく変化するようになった。1985年以降の円高は急激に進み，その相場に応じて，海外直接投資が増大した。このように海外生産が，国際経営戦略の主役になると，海外生産のメリットを最大限に活かすための経営管理手法の国際的移転が進められるようになった。そして，グローバルな生産拠点の中で，どこで生産するべきかという最適立地の議論が活発になった。最適立地思考に基づく海外生産は，大きく2つに分けられた。それらは，消費地生産と輸出用生産である。消費地生産とは，製品が販売されている市場の近くで生産するこ

72

とを意味する。最適立地のもう1つは，輸出用生産である。アジア等開発途上国の市場規模は大きくないので，そこで規模の経済性を発揮することはむずかしい。そのため，現地市場向けだけではなく，輸出市場に向けて生産する必要がでてきた。そのため，海外工場は，輸出用生産拠点の性格をもつようになった[8]。

この輸出用の生産拠点は，第3国向けの生産を担う拠点と，本国（日本）向けの生産を担う拠点とに2分化していくことになる。海外生産の重要性が増すにつれて，海外での生産規模が増大し，多国籍企業の製造ラインの一部として，重要な部品や材料の製造を内部化し，垂直統合された拠点が増えてきた。さらに，生産される製品や使われている設備も最新鋭になり，日本の工場と同様の機能をもつような海外工場が増えている。さらに，第15章でも述べるように，R&D拠点を備えた海外工場が，多国籍企業のイノベーションセンターとして機能している。従来，日本の親会社が主力工場で，海外の工場は分工場という方針が，日本の多国籍企業の戦略であった。しかし，海外工場の生産規模，生産技術レベルの高度化によって，国内工場の機能を上回る海外拠点が最適立地の方針のもとに，分散するようになった。海外拠点を本工場とし，日本を分工場とする多国籍企業が増えてきた。その方が，コスト面，人材確保の面，そして資源確保の面でメリットを生みだしやすくなったのである。

2．日本的生産システム

海外生産のメリットを活かすため，日本企業は，アメリカ，ヨーロッパ，ASEAN，中国へと進出した。その過程で，日本企業独自の強さを海外で活かすような経営管理手法がとられた。それが，日本的生産システムである。この生産システムは，生産設備，生産管理，現場の組織風土という3つの要素から成り立つ[9]。生産設備は，機械，装置，治具，工具等，生産に必要なハード面の要素である。これらの生産設備を使いこなすための手法が生産管理である。こちらは，ハードに対してソフト面の要素である。そして，現場で働く労働者，技術者，そして管理者が共通して抱く価値観が組織風土である。

生産設備の多くは日本から調達される。その理由の1つは，日本で作る製品と同じ製品を作る場合，当然，日本の工場と同じ生産設備が必要になる。生産設備は品質に大きく影響してくるので，生産設備の日本からの移設が優先される。また，日本から派遣される技術者が工場の管理をする場合も，日本で使っている設備と同じものが海外にあれば，生産管理は日本と海外で共通化される。そのため，無駄な時間やコストが節約される。つまり，生産設備と生産管理は一体となって海外に移転させた方が，生産が効率的になるのである。

　日本企業の工場では，作業工程や品質，在庫に関するデータが作業者にフィードバックされる。その効果は，作業者が自分の仕事の出来具合を確認することができるという点である。生産量が目標に達していなければ，作業者は増産のための工夫をするのである。品質不良のデータがあれば，作業工程のどこに欠陥があるかを作業者自ら探すことができる。このように，管理者と作業者のデータ共有によって，作業プロセスの可視化ができるようになる。データを知ることのできる作業者は，自らの仕事の価値を見つめなおし，改善活動を自発的に行うことができるので，彼らはより意欲的に労働するようになる。

　日本企業の組織風土は，まず，現場の清潔さにあらわれる。整理・整頓・清掃・清潔・躾という5Sが，日本企業の作業現場の基本である。5Sを徹底することで，特に精密機械で作業する現場での品質不良の防止ができる。この5Sが組織風土として定着している日本企業は，海外においても同様に，この風土を守っている。この風土を海外の作業者が受け入れて，作業効率や品質が高まれば，それは組織としての強さとなる。

　以上，日本的生産システムの長所について考察してきた。生産設備の本国からの調達，作業者が自発的に力を発揮する生産管理，そして，清潔な現場を保つ組織風土が，日本企業の生産システムの要素として海外に移転されている。

第４節　日本的経営の特徴

1. 生産現場の基本原理

　日本企業では，多くの職場で幅広い経験を作業者に積ませ，現場でのさまざまな変化に対処できるようなトレーニングが行われている。これは OJT（on the job training）と呼ばれ，作業者の経験豊富さがキャリアアップにつながる仕組みが日本企業では実践されている。この制度は，終身雇用制度と関連している。つまり，作業者が１つの企業内に長くとどまることを前提とした，企業としての作業者への投資が OJT である。この OJT により，作業者は自発的に作業の工夫や改善を行い，現場育ちのリーダーが生まれるのである。そのリーダーは，生産管理において重要な権限をもつことになる。このような現場主義は，裁量権，人員配置，作業方法が現場に任されていることを意味する。この現場主義が，日本の企業経営の基礎をつくりだすとともに，高い生産技術水準を維持する原動力となる。現場で知識を修得した作業者は自らの経験則から，集団として新たな視点を生み出すのである。この集団的改善活動が，QC サークル活動である。

　QC サークル活動は，不良品の削減を目的とした品質改善活動である。生産現場における品質管理を小グループ単位で行うことから，サークルという名称がつけられた。サークル内で意見交換が行われ，職場作業の改善を作業者自ら立案・実行していくことに，QC サークル活動の意義がある。この制度は断片的な試みではなく，日本企業の改善能力向上を目指した全社的な取り組みである。自発的な意見が現場で活かされれば，作業者自身のモチベーションが向上する。そのため，現場作業者を信頼して，彼らに仕事の改善方法等の裁量権を与えることは，日本企業の生産現場における強みとなっている。

　生産上の工夫として，中間在庫削減を目的とするカンバン方式という生産管理手法がある。カンバン方式とは，トヨタ自動車の大野耐一を中心とした生産管理部門によって実践された生産管理手法である。この手法は，必要なものを，

必要なときに，必要な量だけ生産するというジャスト・イン・タイムを実現する手段である。後工程からの生産指示を行う伝達手段として，カンバンが用いられる。現場が極力，中間在庫をもたないことがカンバン方式の目標である。そのため，生産工程での一部の支障が，生産システム全体の停止に影響するというリスクがある。ゆえに，部品供給の安定性や故障原因リスクへの迅速な対応という強さがなければ，カンバン方式は実現しえない。そのために，企業全体として，積極的なリスク意識と失敗に基づく学習意識の高度化が求められる。

2．労務管理上の基本原理

　労務管理上の日本的経営の特徴は，終身雇用制度，年功序列制度といった労務慣行，企業別労働組合，集団的意思決定などの独自の制度である。これらの労務管理に関する日本的経営の特徴を説明しよう。

　終身雇用制度とは，企業に雇用された従業員が経営困難や本人の致命的なミスがない限り，年齢は企業ごとに異なるが，定年まで雇用され続けるという労使間の暗黙の約束である[10]。このような制度が定着している日本企業では，従業員の定期採用が行われており，基本的に4月が高等学校や大学等の卒業者の採用時期である。企業はなぜ終身雇用制度を維持するのか。それは，継続的な雇用により，組織内での熟練形成や組織文化の浸透を可能にするからである。結果的にこの終身雇用制度は，従業員の能力の向上に寄与し，優秀な生産システムの基盤として機能している。

　年功序列制度は，年齢に応じて賃金や役職（職位）が上昇していく人事慣行である。終身雇用制度が維持されているという前提で，年功序列制度が機能している[11]。年功序列制度では，「年」と「功」を基準として，従業員への貢献度合いを評価することが必要になる。つまり，しかるべき能力のある人を能力に応じた職位につけることが実力主義を基礎とした年功序列制度である。この制度は，年を重ねるごとに単純に賃金や職位が上がる制度ではない。このような実力主義を前提とした制度は，労働者の勤労意欲を高め，仕事の効率を高めることになる。終身雇用制度と同様に，年功序列制度は，優秀な生産システム

を支える1つの要素となっている。加えて，目に見える従業員の成果が賃金や職位に反映されることは，職場の人間関係の調和を促す。実力への評価は，従業員皆が納得できる人事考課となっている。

　欧米の労働組合が産業別あるいは職種別に構築されているのに対して，日本では職種に関係なく，企業別に1つの労働組合が形成されている。このような仕組みを企業別労働組合という[12]。日本の労働組合は，産業別労働組合からの直接の関与を受けずに，企業側（資本家）との労働交渉の主体となっている。労使の交渉のプロセスにおいて，欧米では産業別の労働組合が強い力をもっているが，日本では，企業別労働組合が強い交渉力をもっている。このような企業内での労働組合が維持されている理由は，経営トップとの長期的な仲間意識や企業への忠誠心が，従業員の心の中に抱かれているからである。結果として，労資協調体制が日本企業内での労資関係の絆となっている。同じ企業内の労資がお互い信頼しあっているということが，過激な労資間の紛争を抑止している。この制度も，終身雇用制度の派生的な位置づけで，長期的に同じ企業で働くと決めた従業員は，経営トップに無理な要求はしないのである。日本では無駄な紛争がないため，企業のために，純粋に働き，生産技術を磨くという従業員の心が芽生えるのである。

　欧米の経営では，経営トップがあらゆる意思決定をして，組織全体を牽引している。これはトップダウン経営である。これに対して，日本企業の経営では，稟議制に代表される集団的で，全員一致の意思決定方式がとられている[13]。決定原案が下層から上層部へ吸い上げられ，専門部門の管理者が決裁するボトムアップの意思決定が集団的意思決定の流れである。このような意思決定方式を取り入れることによって，意思決定の客観性が保たれ，実行段階の妨害を回避できるというメリットがある。また，この制度では有能で若い従業員の能力を活かすことができるので，若手のモチベーションが向上する。ボトムアップの意思決定方式は，組織機能の分散化を意味しており，権限の委譲，情報の共有によって，企業全体としての価値観や理念が浸透する。その浸透が，無駄な軋轢を生むことなく，生産システムの向上に良い影響を与えている。

第5節　海外拠点の管理手法

1．国際経営の集権化

　ここで考察する多国籍企業の経営組織は，企業内部の事業別や部門別といった細かな組織ではなく，親会社・子会社関係を中心とするネットワーク（マクロ）組織である（図表5－1）。多国籍企業の本国の親会社と子会社は，出資による所有とヒエラルキー的パワー（命令）によって結び付けられていると仮定すると，親会社の目標は，子会社を支配することによって，企業全体としての利益を向上させることだと言える。その時，親会社には情報，資金，人材などの経営資源が集中し，多国籍企業全体の戦略がそこで立案される。

　一方，親会社の支配下にある子会社は，親会社から与えられた技術や人材を利用してゆく。現地の豊富な天然資源や労働力を活かして，大量生産システムの一翼を担うことが子会社に求められる。このような子会社の役割は，競争力のある経営管理手法の排他的な利用とそれによる利潤の獲得であり，経営管理手法による独自性の発揮，つまりローカル企業との調和は，現地子会社に求められていない。なぜなら，経営管理手法を独占的に利用しようとする企業に，現地経営にかんする情報を共有しようとするローカル企業はないからである。このような親会社による子会社の経営管理手法の支配は，ダイバーシティマネジメントに逆行するものである。多国籍企業を親子関係のみで見た場合，経営

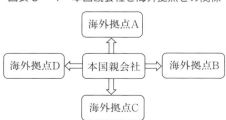

図表5－1　本国親会社と海外拠点との関係

（注）矢印は経営管理手法の移転の流れを示す。

組織は図表5－1のような，経営資源の移動の一方的な単純形態となる。このモデルでは，親会社と子会社の取引は資本関係と命令関係で縛られた，完全な内部組織取引と言える。親会社－子会社以外の経営組織は，市場組織である。

２．現地適合への課題

　これまでの議論では，多国籍企業の組織内と組織外は明確に分けることができた。しかし実際，多国籍企業の組織間ネットワークを明確に内と外に分けることができるだろうか。多国籍企業は，組織の内と内，内と外で交換関係を結んでいる。交換関係とは，「相互利益のために２者もしくはそれ以上の行為者の間で，資源の移動にかんする取引」[14] からなる。資源には，「何らかの付加価値活動やサービスまたは商品」[15] も含まれる。資源とは，生産要素のみならず，生産技術，マーケティング技術，製品開発力，人材，資金そして，経営管理手法を含んでいる。

　多国籍企業全体を M 社とし，A 国の海外子会社をユニット A とする。各国ユニットは，その国ごとに「何らかの特定の交換関係のタイプごとに特異な組織セット」[16] を有している。ユニット A は，親会社以外にその国特有の得意先と交換関係がある。その得意先とは，サプライヤー（S_A）・バイヤー（B_A）・提携企業（L_A）・フランチャイズ契約企業（F_A）である。ユニット A とこれらの取引先とのつながりを，組織セット A と呼ぶ。組織セットは，交換関係と資源移動で結びついている。各国ユニットが，それぞれの交換関係に基づいて，組織セットを形成している。M 社全体に目を向けてみる。M 社のさまざまなユニットのさまざまな組織セットのそれぞれ（たとえば，サプライヤー S_A）が，交換関係と資源移動を通じて相互に結びついている。たとえば，A 国の供給サプライヤー S_A が B 国でもユニット B に部品供給を行っているケースは，国境を越えた外部ネットワークと呼ばれる。国境を越えたユニットと組織セット間，ユニット間の交換関係と資源移動の結びつきが，外部ネットワークである。多国籍企業のマクロ組織を組織間ネットワークとして考えるとき，これまで市場組織と考えられてきた所有・命令関係のない企業や提携企業までもが多国籍

図表5－2　ネットワーク組織での経営管理手法の融合

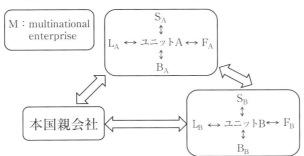

（注）矢印は経営管理手法の移転の流れを示す。

企業の内部組織となる（図表5－2）。このようなネットワーク組織においては，経営管理手法は本国から海外へ一方通行で移転されるのみではなく，海外で評価できる経営管理手法は本国でも共有されうるのである。

第6節　おわりに

　日本的経営の終身雇用制度，年功序列制度，企業内労働組合，集団的意思決定という諸特徴は，日本企業特有の制度であり，この制度が必ずしも海外拠点に移転され，良い方向に適用されるとは限らない。ただし，日本企業の生産システムの優秀さや品質の維持，不良品の削減のための工夫は，海外拠点においても適用されうる。なぜならば，日本企業の生産システムは合理的で，海外に多くの拠点をもつ多国籍企業で最優先されるべき経営管理手法だからである。さらに，製品の標準化という工夫も日本企業の得意技である。どこでも，同じ品質で，同じ機能の製品をつくることで，規模の経済性が生まれる。拠点ごとに，異なる品質で，異なる機能の製品をつくるようであれば，規模の経済性は発揮されない。これまで，日本から経営管理手法を移転する方が効率的であるという議論が大勢であった。しかし，海外の拠点でも，好ましい経営管理手法が根づいていることにも配慮しなければならない。第5節で考察したように，海外

80

拠点の良い方式を逆に日本にもち帰ってくるという思考があっても良いだろう。多国籍企業は多くの拠点をもっていることが強みなので，その強みを活かすという意味から，本国と海外拠点の経営管理方式の融合の可能性が期待できる。

【注】

（ 1 ） Teichova, A. "Multinationals in Perspective", in Teichova, A., Lévy-Leboyer, M. & Nussbaum, H. (ed.), *Multinational Enterprise in Historical Perspective*, Cambridge University Press, 1986.（鮎澤成男・渋谷将・竹村孝雄監訳『歴史のなかの多国籍企業：国際事業活動の展開と世界経済』中央大学出版部，1991年，515ページ）

（ 2 ） Chandler, A. D. Jr. "Technological and Organizational Underpinnings of Modern Industrial Multinational Enterprise: The Dynamics of Competitive Advantage" in Teichova, A, Lévy-Leboyer, M. & Nussbaum, H. (ed.), *Multinational Enterprise in Historical Perspective*, Cambridge University Press, 1986.（同上邦訳，42ページ）

（ 3 ） Drucker, P. F., *The Practice of Management*, Harper & Brothers, 1954.（現代経営研究会訳『現代の経営』ダイヤモンド社，1987年，135ページ）

（ 4 ） 同邦訳，30ページ。

（ 5 ） フォード社の生産システムについて，Batchelor, R., *Henry Ford: Mass Production, Modernism and Design*, Manchester Univ. Press, 1994.（楠井敏朗・大橋陽訳『フォーディズム：大量生産と20世紀の産業・文化』日本経済評論社，1998年）を参照した。

（ 6 ） Chandler, A. D. Jr, *Scale and Scope: The Dynamics of Industrial Capitalism*, Harvard University Press, 1990.（安部悦生・川辺信雄他訳『スケールアンドスコープ：経営力発展の国際比較』有斐閣，1993年，175ページ）

（ 7 ） Sundelson, J. W, "U.S. Automotive Investments Abroad", in Kindleberger, C. P. (ed.), *The International Corporation*, M.I.T. Press, 1970.（藤原武平太・和田和訳『多国籍企業その理論と行動』日本生産性本部，1972年，262ページ）

（ 8 ） 吉原英樹『国際経営』有斐閣アルマ，2003年，113ページ。

（ 9 ） 同上書，119ページ。

（10） 江夏健一・首藤信彦『多国籍企業論』八千代出版，1994年，279ページ。

（11） 同上書，279ページ。

（12） 同上書，280ページ。

（13） 同上書，280ページ。

（14） Cook, K. S., "Exchange and Power in Networks of Interorganizational Relations", *Sociological Quarterly*, 18, 1977, p.64.

第 5 章　経営管理手法の国際移転　81

(15) *Ibid*, p.64.
(16) Ghoshal, S. & C. A. Bartlett., "The Multinational Corporation as an Interorganiza-tional Network", in Ghoshal, S., D. E. Westney (ed.), *Organization Theory and the Multinational Corporation*, Macmillan, 1993.（江夏健一監訳『組織理論と多国籍企業』文眞堂，1998 年，104 ページ）

◆参考文献◆

江夏健一・首藤信彦『多国籍企業論』八千代出版，1994 年。

吉原英樹『国際経営』有斐閣アルマ，2003 年。

Batchelor, R., *Henry Ford: Mass Production, Modernism and Design*, Manchester Univ. Press, 1994.（楠井敏朗・大橋陽訳『フォーディズム：大量生産と 20 世紀の産業・文化』日本経済評論社，1998 年）

Chandler, A. D. Jr. "Technological and Organizational Underpinnings of Modern Indus-trial Multinational Enterprise: The Dynamics of Competitive Advantage" in Teicho-va, A, Lévy-Leboyer, M. & Nussbaum, H. (eds.), *Multinational Enterprise in Historical Perspective*, Cambridge University Press, 1986.（鮎澤成男・渋谷将・竹村孝雄監訳『歴史のなかの多国籍企業：国際事業活動の展開と世界経済』中央大学出版部，1991 年）

Chandler, A. D. Jr, *Scale and Scope: The Dynamics of Industrial Capitalism*, Harvard University Press, 1990.（安部悦生・川辺信雄他訳『スケールアンドスコープ：経営力発展の国際比較』有斐閣，1993 年）

Cook, K. S., "Exchange and Power in Networks of Interorganizational Relations", *Sociological Quarterly,* 18, 1977.

Drucker, P. F., *The Practice of Management*, Harper & Brothers, 1954.（現代経営研究会訳『現代の経営』ダイヤモンド社，1987 年，135 ページ）

Ghoshal, S. & C. A. Bartlett., "The Multinational Corporation as an Interorganizational Network", in Ghoshal, S., D. E. Westney (ed.), *Organization Theory and the Multina-tional Corporation*, Macmillan, 1993.（江夏健一監訳『組織理論と多国籍企業』文眞堂，1998 年，104 ページ）

Sundelson, J. W, "U.S.Automotive Investments Abroad", in Kindleberger, C. P. (ed.), *The International Corporation*, M.I.T. Press, 1970.（藤原武平太・和田和訳『多国籍企業その理論と行動』日本生産性本部，1972 年）

Teichova, A. "Multinationals in Perspective", in Teichova, A., Lévy-Leboyer, M. & Nussbaum, H. (eds.), *Multinational Enterprise in Historical Perspective*, Cambridge University Press, 1986.（鮎澤成男・渋谷将・竹村孝雄監訳『歴史のなかの多国籍企業：国際事業活動の展開と世界経済』中央大学出版部，1991 年，515 ページ）

第6章
国際経営の立地展開と多国籍化
―メコン地域における拠点立地環境の実査から―[1]

第1節　はじめに

　企業が国境を越えて国外拠点の立地を推進する場合，さまざまな要因がある。新規設立の場合はインフラストラクチャー（交通，通信，エネルギー）の整備の状況，ホスト国の政府の外資政策（所得税や関税などの税制，出資比率，認可手続き，取締役の現地人比率，現地従業員の雇用，制限業種等），教育水準（識字率，初等教育，高等教育制度），英語の通用性，治安などである。

　本章ではメコン地域諸国（ベトナム，ラオス，カンボジア，タイ，ミャンマー）を事例として，外資企業の立地環境を概観する。この地域では2015年に，ASEAN地域の自由貿易化を大きく促進させるAEC（ASEAN経済共同体）として経済交流の緊密化が進展している。また，北方に国境を接している中国との陸上，海上貿易が，それぞれの国の国民経済に大きく影響を与えている。まさしく国境を超えた企業の「クロスボーダー」の活動が今後，非常に活発になっていくと予想される。日系企業の視点から見ると，この地域は人件費が急速に上昇し，また競争環境が厳しくなる中国やタイを補完する拠点を構築しようとする戦略，すなわち「チャイナプラスワン」の対象地域でもある。

　本章では3つの視点から立地環境を概観する。まず，第1に生産分業に関わる陸上交通網についてである。第2に消費の拡大と流通面でのサプライチェーンの展開，そして第3に立地展開に関する政策の変化についてである。

第6章　国際経営の立地展開と多国籍化　83

第2節　生産分業に関わる陸上交通網

1．東西経済回廊（ベトナム・ダナン市～ラオス・サバナケット市区間）の交通環境と企業進出

　ベトナム中部の中心都市，ダナンとラオス中部の中心都市，サバナケットを結ぶエリアである「東西経済回廊」（最終的にはミャンマー南部のモーラミャインまでを連結する国際道路である）が結ぶ地域は，2015年を目途に関税削減を主とする自由貿易体制のシステムが完成する。ASEAN諸国域内の自由貿易協定，AFTA（アセアン自由貿易地域）の今後において，機械製品（特に輸送関連機器）の生産中心拠点として存在感を高めるタイと大市場の中国を結ぶ物流の「動脈」の1つである。筆者は2014年から2018年にかけて，そのビジネス環境の実態調査を周辺地域の企業へのインタビューを含めて実施した。

　日系企業の視点から見ると，この地域は人件費が急速に上昇し，また競争環境が厳しくなる中国やタイを補完する拠点を構築しようとする戦略，すなわち「チャイナプラスワン」の対象地域でもある。企業の進出地域は，生産コスト，競争状況，そして災害，政治的安定度などを勘案，検討し，決定される。この文脈で，メコン地域を中心に製造企業の投資が積極化しているのである[2]。2003年タイ・アユタヤ県に進出した機械部品メーカーに，同社のアジア展開の略史について伺ったところによると，同社は最も早く進出したマレーシア工場（シャーアラム，1988年）から始め，中国工場（東莞，1996年），香港販売拠点（1996年），タイ工場（アユタヤ，2003年）という海外展開をしてきたという。しかし，増値税（付加価値税）還付の優遇制度の廃止，コスト上昇，過当競争による価格転嫁の難しさがあり，工場維持ができなくなったことにより，中国工場は2009年に閉鎖した。この結果，現在，同社にとっての「チャイナプラスワン」の役割を果たすのはタイ工場となっている。タイには日本の最終組み立てメーカーが非常に多く進出しているため，系列を超えた取引の大きなチャンスがあることが魅力であるという[3]。

メコン地域の主なクロスボーダー道路網

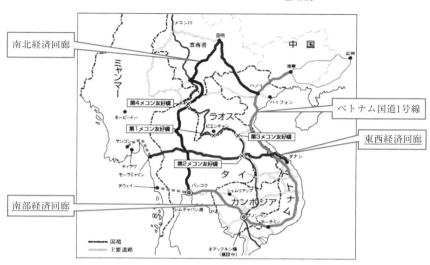

出所：https://www.nna.jp/news/show/208909（2017.3.18 閲覧）に筆者加筆。

　タイは長年，多くの日系企業が進出し，生産，販売のネットワークに関して多くの蓄積，資産がある。取引先も多く，これを生かす形で，タイにおいて商流を発展させようとする企業は多く存在する。ただし，コストの上昇は急テンポで進んでおり，持続的な経営を目指すにあたっては，隣接するラオス，カンボジアへの生産分業という形態での展開がより重要な意味をもつようになる。

　「東西経済回廊」は，アセアン諸国の経済統合が本格化する中で，最終的には大陸部アセアン諸国であるベトナム，ラオス，タイ，ミャンマーを結ぶ国際道路である。実際にバスをチャーターして走行すると，かかった時間は片道約500キロメートルをダナンからサバナケットへの往路12時間，サバナケットからダナンへの復路11時間であった。コンテナ貨物を搭載するトラックならば，もう1時間程度，短縮可能と思われる。まず，ダナンから南シナ海に沿って走るベトナムの国道1号線を北上すると，3時間程で沿海の主要都市ドンハ市内にはいる。途中で経路上にある古都・フエ市内にはいるが，そこを通らず

第 6 章　国際経営の立地展開と多国籍化　85

写真 1　ベトナム・国道 1 号線の拡張工事

出所：筆者撮影。

にショートカットするバイパスを通って，このドンハ市で西へ進路をとれば，国道 9 号線，この道路が日本政府の経済協力も関わっている「東西経済回廊」（ラオス，ベトナム双方において「9 号線」と呼ばれている）の出発点である[4]。ダナンからドンハというベトナム国内の国道 1 号線の区間は，片側 1 車線を片側 2 車線に拡張する工事が盛んに行われている。現在は，多くのオートバイと大中小の車両が混在して走行し，その交通量に比べて路幅が狭い。そのため，速度制限が存在する。ラオス国内（ラオスの国道 9 号線）にはいると速度制限はないが，山岳地帯が多く，片道 1 車線で路肩が狭く，生活道路ともなっているため，状態のよい区間でも最高時速 70 キロ～ 80 キロで走らざるを得ない。「東西経済回廊」はこうした「物理的な制約」のため，通常の自動車専用道路や高速道路のような走りはできない。これが現在のところ，運送時間を短縮する上でのネックになっている。

　一部の外資系運送会社が定期便を走らせているものの，多くのトラック輸送会社は契約ベースの不定期便の運送サービスになっていると言われる[5]。ベトナム―ラオス国境周辺の回廊の道路上では，コンテナを積んだトラックとしばしば遭遇し，それほど頻度は高くないが日系の物流会社のものもあった。一部の区間が未舗装あるいは表面アスファルトが剥げ落ちて，穴になっているも

写真2　東西経済回廊上（ラオス領内）にある「道の駅」。日本の協力で設置。

出所：筆者撮影。

のもあり，スピードを落とさざるを得ない。この「回廊」のラオス国内区間は，日本のODAによる整備がなされたという経緯もあり，沿線には日本式の「道の駅」もある。ベトナムのラオバオ―ラオスのデンサワンで分けられている両国の国境からは，西進すること約5時間でラオスのサバナケット市に入る距離である。サバナケット市の地元大手物流業者（本社はラオスのビエンチャン市）の支店長によると，電子部品，機械部品もダナン―サバナケット間を運搬されており，荷主には日系企業もあるという[6]。

東西経済回廊で交差するベトナムとラオスの国境周辺地域に，製造企業の蓄積が次第に形成されつつある。国境をはさんでベトナム側にはラオバオSECA（特別経済・商業地域），ラオス側にはデンサワン特別経済区が設置されている。ここでは，この地域に進出する企業に企業所得税の減免，土地リース代の免除期間の延長などの恩典が均霑されているからである。この結果，現在はラオバオSECAにはベトナムの国内企業だけでなく，タイ，中国から外資企業が進出し，ホテル，レストラン，自動車販売，食品加工などの事業が展開されている。調査当時，見た限りでは日系企業は見当たらなかった。石田（2010）によると，進出企業のうち圧倒的に多いのがベトナム資本，次いでタイ資本，中国資本となっている。

第6章　国際経営の立地展開と多国籍化　87

写真3　ラオバオ特別経済・商業地域のホテル・ショッピングエリア

出所：筆者撮影。

　ラオス側のデンサワン特別経済区において，川田 (2011) は欧州系のアパレルメーカーが進出し，製品をベトナム経由で米国市場に輸出するビジネスモデルを検討していることを報告している。石田，川田とも日系企業については触れていないが，これは進出していないためと推測される。筆者も2014年9月訪問時には，ここに進出している日系企業を見つけることはできなかった。周辺住民や小規模なトレーダー等による国境を超える人や物資が多いためか，国境付近では多くの無許可とみられる両替商が路上で声をかけてくる。また国境の土産物屋では，タイバーツ表示のタイからの日用雑貨も多く見かけられた。

　ここで生産される製品は，国境の近いタイ側への出荷分だけでなく，500キロメートル以上はなれたベトナム・ダナン港への出荷分も少しずつ多くなっているという[7]。ちなみにサバナケットからダナンまでの行程は，ラオス領内が約250キロ，ベトナム領内が約250キロメートル。合計約500キロメートルである。既存工場を活用しながら，労働集約的な工程だけを低コスト地域に移転して，コストメリットを享受しようとすれば，メコン諸国でこうした陸送による物流ルートは大きな可能性を秘めている。現在，日系企業の間で，タイ拠点の労働集約的な生産工程を切り離してラオスやカンボジアに分工場として移す例は，まだそれほど多くないようであるが，すでに述べたように他の物流経

図表 6 - 1　サワン・セノ経済特区工業団地の国別進出企業（2014 年 9 月現在）

進出企業の国籍	企業数（社）
ラオス企業	15
タイ企業	9
日系企業	7
その他	9
合　計	40

（注）複数国の親会社からの出資を受けて設立された企業は，出資
　　　比率の多い国の企業とした。
出所：サワン・セノ経済特区工業団地管理事務所インタビューに
　　　より筆者作成。

路の整備も広がっており，選択肢が拡大すれば，この動きは着実に進んでゆく
と思われる。

　「東西経済回廊」のラオス国内における終点のサバナケット市はメコン川に
面した都市であり，市内の経済特別区となっている工業団地（ワン・セノ経済特
区工業団地）の国別進出企業には近年，日本企業の工場進出も次第に進んでい
る。メコン川で区切られている対岸は，タイ東北部の主要都市のムクダハン市
である。メコン河川国境を結ぶ日本の経済援助によって建設された第二友好橋
を渡って，ムクダハンから西進するとタイ北部を横断し，さらに直進すると最
終的にはミャンマーに到達する。また，ムクダハンから左折（南下）し，タイ
北部を縦断すれば，タイの一大工業地帯，東部臨海地域のレムチャバンやラヨ
ン方面に到達するという位置関係である。

　物流網の整備が進んでいるのは東西経済回廊だけではない。サバナケット市
の運輸局によると，ベトナムに貨物を出す物流網でも，東西経済回廊以外の
ルートを利用する荷主も出てきている[8]。そのうち最も利用されつつあるの
が，東西経済回廊の北側にほぼ平行して走る「ラオス国道 12 号線」，「ラオス
国道 8 号線」のルートや，メコン川沿いに南北に走る「ラオス国道 13 号線」
を利用するルートである。前者はタイ北東部から，直接ベトナム北部の首都ハ
ノイに抜け，さらには中国の広州を目指すものである。また，後者はタイ東北

部の主要都市，ウドンタニからラオスの首都・ビエンチャンを通って，まっすぐに北に向かって中国の雲南省の省都・昆明に抜けるルートである。これらは中国が整備支援を行う「南北経済回廊」に連結する道路である。東西経済回廊による東西の物流ルートとは別に現実味を帯びているのが，こうした南北の物流ルートである。中国企業やメコン諸国の企業等はこうした「国道12号線」，「国道13号線」という南北ルートをうまく活用しているといわれる[9]。実際，ベトナム・ダナン港湾局へのインタビューによると，現在のところ，東西経済回廊等の陸上経路を通ってダナン港から海外にシッピングされる貨物は，ベトナムからシッピングされるラオス関係全体の貨物の2％ほどに過ぎないという[10]。東西経済回廊がまだ「優先的に」選択される主要な物流ルートにはなっていないということも，残念ながら現実の一面として捉えておかなければならない。

さらに「国道12号線」の北に並行して走る「国道8号線」はサバナケットの北方の町タケークから北東に伸び，ダナンと首都ハノイの中間地点周辺にあるビンにてベトナムの1号線に合流し，そのまま北上して首都ハノイ，そしてベトナム第3にして北部ベトナムの最大の国際港，ハイフォンからシッピングするルートである。ラオスのタケークからベトナム国道1号線上の都市，ビン

写真4　サバナケット市のトラックヤードに停車中の長距離コンテナトラック
（オーストラリア資本の名前が入ったコンテナを積んでいる）

出所：筆者撮影。

まで抜けるにはラオスの「国道13号線」と「国道8号線」を通ればよく，こちらがハノイ方面，ハイフォン方面を通って，国外への輸出をするためには所要時間が短いという。川田（2011）は，サバナケットから東西経済回廊を使ってハノイに荷を運んだ場合（890分）よりも，この「国道13号線」＋「国道8号線」ルートを走行した場合（615分）の方が275分も早くハノイに到着するということを報告している[11]。

　日系の物流企業がすでにラオスに現地子会社を設立し，タイ―ラオス―ベトナムの配送事業を少しずつではあるが担っていることもまた事実であるが，今後，確実に「主要な物流ルート」として存在感を増していくためにはこうしたルートへの着目も必要であろう。

２．南部経済回廊（ベトナム・ホーチミン市～カンボジア・プノンペン市区間）の交通状況と企業進出

　東西経済回廊と同様に注目を集めている南のクロスボーダー地域にある「南部経済回廊」は，ベトナム最大の商業都市，ホーチミンシティとカンボジアの首都，プノンペンを結ぶ主要幹線である。ベトナム側の国道22号線，カンボジア側の国道1号線がモクバイ（ベトナム側の国境の町）とバベット（カンボジア側の国境の町）で連結している。ホーチミン市からプノンペンに向かう国際長距離バスのルートである国道22号線から国境を越えて，カンボジア側の国道1号線に入る。税関検査については，白石（2010）によると「カンボジア側にあるマンハッタン経済特別区（以下経済特区と称す）向けの貨物は国境ゲートで税関検査を受けずに通過し，経済特区内にある駐在する担当者から検査を受ける」，「プノンペン向けのトラックの場合は国境ゲートで税関検査を受けずに目的地に直行し到着後にプノンペンの税関による検査を受ける」などいくつかのパターンがあるらしい。

　カンボジア側のバベットにでると，目の前に多くのカジノホテルが並ぶ。多くが漢字でもホテル名や広告を表示している。中国人観光客が落とすマネーを期待していると考えられるが，付近のガソリンスタンドや小規模商店では米ド

写真 5 国境付近のトラックと国際長距離バス（ベトナム側）

出所：筆者撮影。

写真 6 国境で林立するカジノホテル群（カンボジア側）

出所：筆者撮影。

ルのほかにベトナム・ドンが使える。建設中のホテルもあり，カジノ需要は今後も拡大すると見込んでいるようだ。

　カンボジア側の国道 1 号線は片側 1 車線である。片側 2 車線あるベトナム側の 22 号線よりも狭いが，路側帯が広いため，先を急ぐ車両が先行車両を追い越しても特に危険は感じない。ただ，生活道路ともなっているため，家畜を運ぶ農業車両やオートバイ，そして歩行者が混在する道路状況であり，家畜の横断などに遭遇した場合，減速は必要である。こうしたことがなければ，全般的に交通量は少ないため，郊外区間では時速 90 キロ〜 100 キロの速度で走行で

きる。ところどころにTOTALのガソリンスタンドがあり，給油にも問題ない。
「東西経済回廊」（ダナン～サバナケット区間）よりも舗装状況はよく，揺れも少
ない。この区間は電子・電気部品の運搬にも耐えうる。

　国境からプノンペンに向かい，低湿地帯に建設された国道1号線を西へスバ
イリエン州（国境）～プレイベン州～カンダール州と走行する。なお，この周
辺区間は低湿地帯が多く，今後，拡幅工事を行う場合は難工事になりそうであ
る。プレイベン州からカンダール州に入るときにメコン川を渡河するが，こ
こで日本のODAで建設された巨大なつり橋「ネアンルック橋」[12]をわたり，
3時間ほどでプノンペン市内に到着する。2015年にこの橋が完成する以前は，
このメコン川の渡し舟を待って，渡河するほかはなかったが，完成した現在で
はそのまま車両でスムーズに数分で渡河できる。

　タイとベトナムを最終的に結ぶこの回廊上には，図表6－2のように経済特
区（SEZ＝ここでは工業団地的な機能も包括している）の設立が増えている。むしろ，
ホーチミンシティに拠点を多く有している日系企業の間では「南部経済回廊」
のほうが「東西経済回廊」以上に注目を集めている。このルート上のSEZは，
表に見られるように主なものだけでも7カ所あり，入居企業数も60社近くに
も達している。筆者はこのうち，プノンペン経済特区を訪問し，インタビュー

図表6－2　「南部経済回廊」沿線のSEZと進出日系企業数

SEZ名	位置	日系企業数（社）
プノンペン	プノンペン市	36
シアヌークビルポート	シアヌークビル市	1
シアヌークビル	シアヌークビル市	2
マンハッタン	ベトナム南部国境	1
タイセン	ベトナム南部国境	15
コッコン	タイ南部国境	2
ポイペト	タイ中部国境	0

出所：廣畑伸雄「カンボジアに進出する日系中小企業の立地要因」，アジア
　　　経営学会第21回全国研究発表大会報告（2014年9月14日）。

第6章　国際経営の立地展開と多国籍化　93

を行った[13]。経済特区内の工業団地は，後述するように運営会社そのものに
日系の資本が入っており，その影響で日系企業が数多く立地していた。

　プノンペンのSEZ（特別経済区）内の工業団地（マレーシア資本，日本資本）に
進出している前述の日系精密部品メーカーを訪問したところ，同工場ではタイ
工場から部品を輸入し，カンボジアで労働集約的な工程を仕上げ，製品をタイ
に出荷していた。人材も周辺国家の既存工場から派遣されており，それまでの
蓄積を生かした形で運営が行われている。2014年2月に筆者が訪問した時に
は，工場内はタイ工場からタイ人職長が多く派遣されていた[14]。工程管理や
品質管理は，同社の長年のタイ製造拠点で得た手法で行っているように見え
た。ここで仕上げられた加工工程（あるいは部品）は整備された陸路等を通って，
タイのアセンブリー工場（本工場）に供給される。また，当工場の部材はすべ
てタイから調達している。同工場は20年のタイ工場のノウハウを集結し，加
えてカンボジアの状況を加味して工場運営を行っていると言えよう。工場では
初等教育，チームワーク教育などを徹底して教育し，さらに成績優秀者には家
族を招待して表彰するなど従業員参加のイベントを設け，従業員の慰労にも意
を用いている。こうした工場運営の努力が実を結び，生産性は次第に高くなっ
ている。従業員の初等教育にも注力した工場で，地域での評判も良いようであ
る。従業員寮完備で，運営スタッフは日本人13人，タイ工場からの派遣スタ
ッフ13人で管理・運営している[15]。また，近接した日系児童用品メーカーの
工場では，生産担当幹部はすべて中国から派遣されていた。これは中国での生
産経験を生かしているものである。

　同工業団地は今後，部品製造などで技術力のある日系の中小企業の進出にも
期待感を示していた。一般に工業団地内への工場立地は，地代の高さにより，
中小企業が進出する時には敬遠されることも多かったが，最近の工業団地では
小面積でかつ，すでに工場建屋が出来上がっている区画を賃貸で貸し出すいわ
ゆる「レンタル工場」も一般化してきている。技術をもつ中小企業，すなわち
裾野産業を誘致しようとするものである。レンタル工場は，土地の選定などに
伴う進出までの手続きが簡単で，進出してからも工業団地の管理会社から提供

される付帯サポートも期待できるため，工業団地への入居は進むことになろう。ただし，土地の賃貸料がより安く，採用後にせっかく時間をかけて育成した労働者を工業団地内の近隣工場から引き抜かれる心配も要らない，離れた一般用地に工場を立地する中小企業もある。ベトナム南部においてはこのような現地進出を行い，成功している中小企業も散見される[16]。

　ここ数年，サポーティングインダストリーを担う機械部品分野の中小企業も確実に増えているという。ベトナム政府もこうした日本の中小企業の誘致に注力してきている。中小企業の誘致に焦点を絞ったベトナム資本の工業団地運営会社の幹部が来日し，日本各地の商工会議所に営業活動を行うことも珍しいことではなくなっている。日本のコンサルタントと提携し，日本企業のニーズを工業団地運営に反映させ，誘致活動を行っているところも多い。タイ国内で2カ所の工業団地を所有・運営しているタイのAMTAグループもベトナムに2カ所の工業団地を開発・所有しているが，タイ国内で所有・運営するアマタナコーン工業団地（タイ・チョンブリ県），アマタシティ工業団地（タイ・ラヨン県）とも日系企業が多く進出しており，ベトナムでの工業団地はこうしたタイ進出の日系企業のベトナム分工場や，日本からベトナムに子会社を設立しようとする日本企業の需要にこたえようとするものでもある[17]。

　カンボジアやラオスでも，さまざまな優遇措置を均霑する「経済特区」を設置し，その中に工業団地を建設して，外資企業を誘致しようとする動きが急ピッチで進んでいる。日系資本が多数進出していったタイの日系企業や中国の日系アセンブリー工場の分工場の立地場所として，次第に注目を集めだしている。

　この地域で最も労働コストが低廉なのはラオス，カンボジア，ミャンマーであるが，このうちラオスの主要都市はメコン川を挟んで対岸のタイ国境近接地周辺に立地するところが多い。国内の交通網の整備が遅れていたとしても，ラオスのように国境が近接している都市に立地すれば，原材料・部品を運ぶトラックはすぐにタイやベトナムのより整備された道路区間を走ることになる。ラオス，タイ，ベトナムではすでにトラックを変えずに国境を超える運転許可証が発行されており，タイにおいては中国からの車両もタイ，中国双方のナン

第6章 国際経営の立地展開と多国籍化 95

バーを掲げながら走っている。製造工程の安い労働コスト（ラオス，カンボジア）と整備された物流網が，メコン地域の経済統合によって，製造業の生産性を向上させている。当該地域への機械部品などの分工場という形での展開も少しずつであるが，進むと考えられる。

第3節　消費の拡大と流通面でのサプライチェーンの展開

　経済発展に伴う都市化は中間層を形成し，消費を刺激する。中国政府が現在行っている政策である。メコン諸国では，中国のように潤沢な地方および中央政府の財政により不動産投資で「都市」を全国に人為的に建設するというわけにはいかず，中国のように消費が劇的に増えるということは考えにくいかもしれない。実際にベトナムの場合，中核都市といえるのはハノイ，ダナン，ホーチミンシティの3市に限られている[18]。こうした都市内部での経済格差は，都市と地方の経済格差よりも大きく，都市住民は「ハイグレードの製品・サービスを新しい流通・マーケティングを通じて求める」高所得層および上位中間層と「日常必需品を低価格で求める」低所得層まできわめて幅広い。この結果，「高級小売店」と「青空市場や家族経営の零細店舗」まで大局的なチャネルが併存する。一方，日中働きづくめで夜，買い物をする人々から夜，余暇を楽しむために消費する人々など，多様な消費行動がみられるようになり，24時間営業の店舗が多くできるようになっている。

　伝統的な「青空市場や家族経営の零細店舗」で購買する消費者に対し，中間層の上位に位置する消費者は「先進国的な」消費行動を始めつつある。彼らはSNSの影響で世界の流行や健康に敏感である。また，消費行動において，人と異なる自らのアイデンティティを追求する傾向がある。すなわち，海外の流行では日本文化，韓流，欧米文化のブームに対する関心が強く，健康の志向が強くなりつつある。いわゆる「食の安心，安全」のために価格を二の次にする傾向が出てきた。この背景には，これまでベトナムに大量に輸入されてきた中国からの輸入食材への不信があるという。タイではすでに広範な中間層が形成

写真7　ラオスの伝統的な商店の店先

出所：筆者撮影。

されつつあり，こうした消費者は先進国メーカーが供給する国際的な人気ブランドの購買への嗜好を強めている。日系の加工食品を例にとれば，タイではキリンビバレッジの人気清涼飲料水である「生茶」，「午後の紅茶」，サントリーの健康飲料水「ダカラ」，「ビタミンウォーター」等が，2000年代から現地委託生産で投入されている。サービス業のブランドについても，定食の「大戸屋」，チャンポンの「リンガーハット」，ハンバーガーの「モスバーガー」，シュークリームの「ビアードパパ」もチェーンレストランとして展開されている[19]。

　また，上位の中間層は新しい流通・マーケティングに対する関心も強い。Value for Money（「価値に見合った物・サービス」を求める）の考え方が次第に浸透し，高価であってもグレードの高い物の購買，購買に良質なサービスや体験が伴う消費を求め始めている。チン（2014）によると，インターネットを通じたネット購買は買い物に対する時間の節約という側面もあるが，日用品以外の買回り品になると，一応はリアルな売り場で現物をいったんチェックした後で，ネット購買をするなど，百貨店，総合スーパー等のリアルな売り場も依然として購買プロセスとして組み込まれている。さらに最近は，購買プロセスに付帯する「体験」に価値を見出すという消費者も出てきた。先進国ではすでにこうした上位中間層をターゲットにしてインターネット購買に対応するため，

第6章　国際経営の立地展開と多国籍化　97

写真8　サバナケット市にあるショッピングモール。
　　　ただし，テナントはまだあまり入っていない。

出所：筆者撮影。

リアル購買の売り場でのイベント，試着コーナー，消費文化発信のコーナーを充実させているが，先進国の流通資本が進出する中でメコン地域でも，こうした「新しい流通・マーケティング」が普及していくことは確実である。タイ華人系資本の小売流通グループは，タイに隣接するラオス，カンボジア，ミャンマーなど先進国の流通企業に先駆けて，あるいはそれらを買収しながら展開を始めている。メコン地域にもそれを求める上位の中間層が出現しつつある。

　他方，メコン地域ではまだ，全体的に家族だけで経営する規模の小さい小売店（伝統的販売店舗）が流通チャネルに占める割合が圧倒的に多く，近代的販売店舗（SM，GMS，モール，コンビニエンスストア等）は限定的である。アジアにおける伝統的販売店舗数と近代的販売店舗の割合は，図表6－3のとおりとなっている。特にベトナムは，伝統的販売店の店舗数を近代的販売店（SM，GMS，モール，コンビニエンスストア等）の店舗数と比べた比率をみると大きく遅れている（図表6－3）。ベトナムではWTO加盟後（2007）には外資の流通業の進出認可規制が大きく緩和され，それが近代的販売店舗の増加につながってきた。進出形式の緩和により，代理店，卸，小売，フランチャイズ等が可能になり，出資制限の緩和により，2009年1月1日からは100％外資小売企業も

図表 6 － 3　人口100万人当たりの店舗の比率

国名	伝統的販売店舗：近代的販売店舗		(B)／(A)（%）
	(A)	(B)	
ベトナム	6,000	： 10	0.2
タイ	5,000	： 130	2.6
中国	4,000	： 160	4.0
マレーシア	2,000	： 210	10.5
インドネシア	12,000	： 65	0.5
フィリピン	8,000	： 40	0.5
韓国	2,000	： 850	42.5

出所：チン・トイ・フン「ベトナム消費市場の現状とその諸特徴―各種
　　　資料から―」（専修大学アジア産業研究センター公開シンポジウ
　　　ム「アジア消費市場のフロンティア」2014年11月15日）報告資
　　　料より筆者作成。

認められた。筆者はベトナムのいわゆるコンビニエンスストア（CVS）に行っ
てみたが，現地資本，韓国資本のCVSが先兵を切って展開している。特に積
極的なのは韓国系ロッテのロッテマートであり，ハノイ店，ダナン店，ホーチ
ミンに合計10店舗を有している。同社は最近ベトナムの地場資本と合弁解消
し，独自色の強い経営を加速させようとしているようだ。

　欧米系ではドイツ系のメトロ（ハノイ），日系資本ではイオン（ホーチミン，
プノンペン等），高島屋（ホーチミン，2015年）が展開している。タイでは外資系
製造企業の誘致で都市化されたアユタヤ，チョンブリ，ラヨン等に外資系流通
業が大挙進出し，消費を喚起させた。今では多くの国内外の資本による日系，
欧米系のSM（スーパーマーケット），GMS（総合スーパー）が多く見られるよう
になってきた。また，タイの華人系資本である流通グループが主要な経済回
廊の整備と都市化を見据えて，店舗展開を進めている。中国では，すでにSM
（スーパーマーケット），GMS（総合スーパー），モール，コンビニエンスストア，
家電量販店，SPA等，先進国並みの多様な近代的流通チャネルが国内各地の
主要都市に展開されており[20]，メコン諸国でも規模とスピードの差はあれ，

第6章　国際経営の立地展開と多国籍化　99

写真9　外資系企業が多く進出するタイ・アユタヤの外資系 GMS
（フランス系の「ビッグC」，現在はタイ華人系資本に買収されている）

出所：筆者撮影。

こうした方向に向かうことはほぼ確実であると思われる。Le Thi Lan Huong (2014) は，ベトナムでは大企業のみならず，中小企業においても事業におけるブランド，流通チャネル，マーケティングの重要性の認識が高まっていることを紹介している。

第4節　立地展開に関する政策の変化

　外資企業の立地に影響する現地政府の外資政策や誘致活動にも注目すべき変化が起こっている。タイ政府は2015年1月より，投資優遇政策を従来のゾーン制から重点産業を指定して優遇する制度に改めた。すなわち，過疎地に立地する外資企業に多くの優遇を均霑するという従来の政策から，高度な技術やノウハウを伴う業種において直接投資を行う外資企業に優遇を均霑するという政策への転換である。ベトナム政府も技術をもった裾野産業の育成が産業の高度化につながるとの認識から，日本をはじめとする部品メーカーに誘致活動を強化している。タイは2000年代からのタクシン派と非タクシン派の抗争の結果，軍事政権になっているものの，安定した外資企業への誘致政策を行っており，

外資企業から不満がでることは比較的少ない。

　タイに外資企業が直接投資しようとする場合，その窓口の行政機関，タイ投資委員会（Board of Investment：BOI）にアクセスする必要があるが，その能力は高く評価されている。BOIは工業省直轄の組織であり，外国企業からの直接投資だけでなく，国内企業の大型投資についても促進，調整，相談を行う。第二次世界大戦後，タイでは必要不可欠な日用品が不足し，それに対応するために政府の方針で国営企業が多く設立されたが，その効果はなかなかでなかった。そのため，タイ政府は方針の大転換を行い，外国企業の誘致によってこの問題を解決しようとした。1954年の「工業サポート案」に端を発し，その実施のために設立（1965年）されたのが，BOIである。

　BOIの活動は大きく2つに分類される。「企業の競争力強化」と「企業の運営サポート」である。前者は投資優遇制度の制定・規律，外国企業の投資認可，外国人企業家・技術者などの人的資源の受け入れ許可，外国企業の土地所有・使用の許可など許認可機関としての役割であり，後者はタイの投資環境に関する情報提供，アドバイス，市場調査のサポート，外国企業と現地企業のマッチング，海外のビジネス機関とタイの関係機関とのネットワーキングの支援など進出促進・サポート機関としての役割である[21]。このBOIの外資政策が，2015年1月1日に大きく変化した。以前の制度（129の投資奨励業種に対して3年から8年の法人税免除やそれ以外の優遇措置が均需され，そのうえで国土を首都バンコクに近い方から3つのゾーンに分類し，バンコク周辺に立地する新たに投資する企業には優遇措置の均需が最も少なく，バンコクから離れた立地をすればするほど，より大きい優遇措置が均需されるという制度）を全面的に変更し，新奨励業種として10種類の分野に分けて，それぞれに優遇の恩典を与えるという新制度を施行した（図表6－4）[22]。

　ベトナムは社会主義で，政策の決定過程に対する不透明さが指摘されることがしばしばあるものの，日本企業の視点からみれば，その外資政策の運営面は高く評価されている。日本政府とベトナム政府の間で，2003年4月に「日越共同イニシアチブ」が設置されている。これはベトナムが外資企業に対する投

第6章　国際経営の立地展開と多国籍化　101

図表6−4　タイ・BOI の新投資奨励対象業種

| インフラ，ロジスティクス |
| 基幹産業（鉄鋼，石油化学，機械） |
| 医療機械，科学機器 |
| 再生可能エネルギー，環境サービス |
| ビジネス支援サービス（研究開発等） |
| 高度基盤技術（バイオテクノロジー） |
| 食品，農産品加工 |
| ホスピタリティー，ウエルネス（老人介護施設など） |
| 自動車，輸送機器 |
| 電子・電気機器 |

出所：円真耶子「新興国 ABC ─タイ，投資奨励策改正に
　　　取り組む」，日経産業新聞 2014 年 5 月 19 日付。

資環境を改善するために実施すべき内容を「行動計画」として認定し，両国で
取り上げて，とりまとめ，その改善施策に関わる進捗評価を両国で行うもので
ある。まず，在ベトナム商工会議所が，投資環境の改善要望を日本政府やその
関係機関に提出し，行動計画を作成する。その計画を日本側がベトナムの関係
省庁と調整し，両国の合同委員会のもとで合意の最終の行動計画とし，その実
施をベトナム政府が行ってゆく。その実施のための側面支援（経済援助，技術援
助等）を日本政府が行う，というものである。たとえば「ストライキが増えて
いる」，「インフラ整備の不足」，「裾野産業の未成熟」といった投資環境上の日
本企業からの指摘は，このシステムを通じて公式にベトナム政府に伝えられ，
改善案が協議される。このシステムに基づいて，ベトナムの日本人商工会議所
はこれまでさまざまな投資環境問題について，ベトナム政府に意見を上申して
きている。最近では「日越共同イニシアチブ」における 2012 年 11 月の官民会
合で，投資環境上の解決すべき問題として協議されていた改善項目 70 項目の
うち，61 項目が改善された[23]。

　カンボジアは，経済特別区（SEZ）へ製造業が進出する限りにおいては，明

102

確なインセンティブができつつある。現在，製造業限定で SEZ 法があり，3年〜9年間は 100%法人税が免除されている。通常税率 20%が，この間，0%になる。卸売業，小売・サービス業については優遇措置は明確ではないが，現実にすでに日系，欧米系の GMS（総合スーパー）やチェーンレストランが進出し始めており，政策面での投資環境に大きな問題は，これまでのところないと推察される。また，ラオスでは製造業に外資系企業が投資した場合，5年〜10年間は 24%の法人税が免除され，サービス業でも 2年〜10年間，同じく法人税が免除される。その後の税率もそれぞれ 8%，10%に抑えられる。実際の運用面でも，進出企業などへのインタビューから伺う限り，個別進出案件ごとの審査を柔軟に行っているようである[24]。

第5節　おわりに

中国，タイ等，日本のモノづくりに不可欠となってきた地域でコスト上昇圧力が高まっている。それらの国々の内需のための製品を，そこで引き続き製造することには合理性が残っているにしても，第三国への輸出という意味ではかつてほど魅力はなくなっている。特にコストの上昇や優遇措置の撤廃・変更や政治リスクの高い中国においては，製造業にとってのその投資環境の魅力が失われてきている。これに代わって，工場立地の有力候補として見直されてきたのがベトナムであり，ミャンマーである。また，中国やタイの本工場に付随する分工場の立地として，ラオスとカンボジアに注目が集まっている。陸上国境，河川国境によって区切られているこれらの諸国の貿易自由化，すなわち，経済統合をさらに推進するためには，陸上交通路がきわめて重要である。

この陸上国境を結ぶ交通インフラの整備については，1990 年代からアジア開発銀行が GMS（グレーター・メコン・サブリージョン）として研究と地域発展の可能性の提唱を行ってきており，それに基づいて関係各国が交通，エネルギーなどのインフラ整備に資金的，人的，技術的な支援を行ってきた。日本も 1980 年代からタイ，ラオス，1990 年代からベトナム，カンボジア，そして

2010 年代からミャンマーに多くの資金的，技術的，人的支援を行ってきた[25]。今年はそれが AEC の完成とともに佳境に入っている。特にベトナムは，2015 年に 1 つの完成をみた ASEAN 自由貿易地域（AFTA），すなわち AEC において，自由化が進むメコン地域の物的，人的資源の物流の中心的国家となる期待が高まっている。ラオス，カンボジアと長い陸上国境をもつベトナムは，さらにはタイ北部を通過してミャンマーや人口 2 億人のバングラデシュ，12 億人のインド市場（特に北東部の中心都市コルカタ周辺）とつながるからである。これは海路に依存するマレー半島，マラッカ海峡を通過せずに，きめ細かい小口物流をも可能にする起点・終点として発展が期待できるということである。

　進出する企業の側にとっては，低コストや優遇措置だけに依存した進出地域選択をしているわけではなく，身近な大消費地の存在や多数の取引先の集積も大きな魅力である。過去には，賃金等のコストは安いが，十分に進出先の消費市場が発展せず，その後，賃金上昇に伴い外資系企業の撤退が起きたアジアの地域もあった。中長期に現地に定着した事業を行うためには，進出先の消費市場発展の可能性もきわめて重要である。

　メコン地域については，インフラの整備が進めばこの経路上には密な生産拠点，物流・保管拠点を形成することができ，その結果，都市化と消費市場の形成が続くと思われる。ベトナムのハノイ，ホーチミンシティ，タイのレムチャバン，ラヨンは言うまでもなく，これまでも国際物流，投資の要衝として注目されてきた。これに伴い周辺地域も都市化していくと思われる[26]。

　さらに高度な製造業の誘致を目指すタイでは，外資企業を誘致するにあたっての考え方を，従来の雇用拡大を通じた地方活性化や貧困削減のための優遇から，国際競争力を向上させる企業への優遇へと変えてきている。

【注】

（1）本稿は専修大学「専修商学論集」（2015 年 7 月）および同（2017 年 7 月），日本機械輸出組合会員誌（2017 年 4 月）等，筆者が 2014 年〜 2018 年に投稿あるいは報告した原稿を統合し，大幅に加筆修正したものである。

（2）小林守「ベトナムの投資環境への視角―日系企業の進出動向とローカル企業の現状及び課題―」大西勝明編著『日本産業のグローバル化とアジア』文理閣，2015a年 1 月所収。

（3）タイに進出している日系企業へのインタビュー（2015 年 2 月）。

（4）1970 年代，北ベトナム政府が南ベトナム反政府軍に物資を供給するために利用した山間部の道路，いわゆる「ホーチミンルート」が整備されたものと言われている。

（5）ダナンの日系物流会社インタビュー（2018 年 3 月）。

（6）ダナン市の日系物流会社へのインタビュー（2014 年 9 月 5 日）。

（7）サバナケット市の地場物流企業へのインタビュー（2014 年 9 月 8 日）。

（8）サバナケット市政府運輸局長へのインタビュー（2014 年 9 月 8 日）およびダナン市トラック運送協会会長インタビュー（2018 年 3 月）による。

（9）「中老運輸通道之変―従十多天縮短到 3 天，従単線路変為多線路」，老撾商業資訊 26 ～ 27 ページ，2014 年 7 月。

（10）ダナン港副港湾長へのインタビュー（2014 年 9 月 5 日）。

（11）川田敦相『メコン広域経済圏―インフラ開発で一体開発―』勁草書房，2011 年，168 ～ 169 ページ。

（12）通称「つばさ橋」。日本の ODA による支援が行われている。

（13）プノンペン経済特区運営管理会社へのインタビュー（2014 年 2 月）。

（14）プノンペン経済特別区の日系電子部品メーカーへのインタビュー（2014 年 2 月 16 日）。

（15）プノンペン経済特別区の日系電子部品メーカーへのインタビューによると，カンボジアのポルポト政権時代の影響で，初等教育はまだ十分に行き届いていない。これは生産性にも影響するとして，この工場では工場内で一定時間を割り当てて，基礎教育も行っている（2014 年 2 月 16 日）。

（16）ホーチミン市の日系中小企業へのインタビュー（2014 年 2 月 16 日）。

（17）タイに進出している日系企業へのインタビュー（2015 年 2 月）。

（18）グエン・ティ・タン・トゥイ「現代ベトナムにおける人口移動の要因と地域間格差」『東京経済大学会誌』経済学 279 号，2013 年 12 月，139 ～ 158 ページによると，この 3 市のみが純流入ベースで人口増加がみられるという。

（19）川田，前掲書，136 ページ。

（20）楊陽「中国消費市場の変化による小売り業態の多様化」『専修社会科学論集』第 42 号，2014 年 3 月，33 ～ 57 ページ。

（21）タイの BOI と類似する機関は ASEAN 各国にもある。

（22）以前の政策は，地方経済を活性化するために投資を遠隔地に呼び込もうとする意図があった。

（23）日本経済新聞 2012 年 11 月 25 日付　7 面。

(24)「現地政府に裨益するようなビジネスモデルであれば，ラオス政府は柔軟に外国資
　　本を受け入れる」，「現地政府に影響力のある人脈にアクセスできれば柔軟に外国
　　資本を受け入れる」等の声が，現地でビジネスを行っている日本人から聞こえて
　　いる（2014年2月インタビュー）。
(25)ミャンマーについては，1980年代にすでに多くのODAを日本政府が実施してい
　　たが，1988年の民主化運動の弾圧と軍事政権成立により，約20年間，ほぼ支援を
　　中断していた。筆者は1984年〜1986年までミャンマー（当時ビルマ）に対する
　　日本政府の円借款を担当したことがある。

◆参考文献◆

石田正美編『メコン地域国境経済をみる』アジア経済研究所，2010年。

川田敦相『メコン広域経済圏―インフラ開発で一体開発―』勁草書房，2011年。

グエン・ティ・タン・トゥイ「現代ベトナムにおける人口移動の要因と地域間格差」『東
　京経済大学会誌』経済学279号，2013年12月。

小林守・久野康成公認会計士事務所・（株）東京コンサルティングファーム『ベトナムの
　投資・会社法・会計税務・労務』TCG出版，2011年。

小林守「東南アジアの経営環境―インドネシア，タイ，ベトナムを中心として―」『専
　修ビジネスレビュー』VOL.7，No.1，専修大学商学研究所，2012年。

小林守「東アジアの投資環境の展開と企業―WTO加盟前後における中国とベトナムの
　投資環境を中心として―」『商学論集』専修大学学会，2013年。

小林守「ベトナムの投資環境と日系企業の操業動向」『専修ビジネスレビュー』Vol.8，
　No.1，2013年。

小林守「ベトナムの投資環境への視角―日系企業の進出動向とローカル企業の現状及び
　課題―」大西勝明編著『日本産業のグローバル化とアジア』文理閣，2015年a所収。

小林守「メコン地域のクロスボーダー生産分業の展望について―東西経済回廊の現状を
　中心として―」『専修ビジネスレビュー』VOL.10，No.1，専修大学商学研究所，2015
　年b。

JETRO・ハノイ「2013年ベトナム一般概況〜数字で見るベトナム経済〜」JETRO・ハ
　ノイ，2013年。

JETRO「カンボジア経済特区（SEZ）マップ」日本貿易振興機構，2015年。

白石昌也「南部経済回廊―モクバイ＝パペット国境ゲート」石田正美『メコン地域国境
　経済をみる』アジア経済研究所，2010年所収。

チン・トイ・フン「ベトナム消費市場の現状とその諸特徴―各種資料から―」，専修
　大学アジア産業センター公開シンポジウム「アジア消費市場のフロンティア」，
　2014年11月15日報告資料。

陳立平「中国の消費環境と小売企業の経営革新」，専修大学アジア産業センター公

開シンポジウム「アジア消費市場のフロンティア」，2014年11月15日報告資料。

日本機械輸出組合「インドシナ半島における投資・物流環境の現状と事業機会」日本機械輸出組合，2008年。

日本貿易振興機構ホームページ「海外ビジネス情報」（www.jetro.go.jp/indexj.html）。

廣畑伸雄「カンボジアに進出する日系中小企業の立地要因」，アジア経営学会第21回全国研究発表大会，2014年9月14日報告資料。

円真耶子「新興国ABC —タイ，投資奨励策改正に取り組む」『日経産業新聞』2014年5月19日付。

三菱総合研究所「大メコン圏の一角として注目を集めるカンボジア」『MRIマンスリーレビュー』，2013年。

楊陽「中国消費市場の変化による小売り業態の多様化」『専修社会科学論集』第42号，2014年3月。

「中老運輸通道之変—従十多天縮短到3天，従単線路変為多線路」老撾商業資訊，2014年7月。

Derek Maitland, *Insider's Vietnam, Laos, Cambodia Guide*, Greory's Publishing Company, 1995.

Le Thi Lan Huong, *SME's Competitiveness in Vietnam, August 6, 2011.*（専修大学商学研究所シンポジウム講演資料）

Le Thi Lan Huong「ベトナムにおける中小企業の競争力」『専修ビジネスレビュー』Vol.9, No.1, 専修大学商学研究所，2014年3月（邦訳；佐原太一郎）。

Tran Thi Van Hoa, *Businjess environment in Vietnam, August 6, 2011.*（専修大学商学研究所シンポジウム講演資料）

Tran Thi Van Hoa「2013年におけるベトナム企業のビジネス環境と課題」『専修ビジネスレビュー』Vol.9, No.1, 専修大学商学研究所，2014年（邦訳；佐原太一郎）。

Tran Thi Van Hoa, Le Thi Lan Huong, *Current Business in Vietnam, March 7, 2014.*（専修大学・川崎商工会議所国際シンポジウム講演資料）

第7章
グローバル・マーケティング戦略

第1節　グローバル・マーケティングの概念

　本章の目的は，グローバル・マーケティング戦略について論じることである。グローバル・マーケティングの研究は，貿易論，国際経営論，国際ビジネス論，多国籍企業論などと関連しているが，マーケティング研究の一領域であることは，確かである。

　まず，そもそもマーケティングとは何かから論じることとする。マーケティングとは，本来，企業による対市場活動というのが，一般的な理解である。簡単に言えば，売れる仕組みづくりということができる。対市場活動としてのマーケティングにおいて基本的な枠組みは，誰（Who）に対して，何（What）を，どのように（How）ということである。そこで重要なことは，(1) 場を読む，(2) 差別化を図るということがある。

　マーケティングを考える場合，誰が行うかという主体の側面と，何を扱うかという客体の側面と，どこで行うかという空間の側面の3つを考えることができる。グローバル・マーケティングは，まさに空間の側面と考えることができる。丸谷（2015）は，それまでのマーケティングは企業活動の空間的拡大に対応する形で普及し，輸出マーケティング → 国際マーケティング → グローバル・マーケティングと進展していき，グローバル・マーケティングは企業活動の空間的拡大がグローバル化と呼ばれるようになった1990年代以降に普及した概念であると述べている（1ページ）。

図表7-1 国際化からグローバル化へ

	国際化	グローバル化
相違点	2国間以上 国境の意識 国籍が基本 国際貿易	多国間 国境の無意識 無国籍あるいは超国籍化 グローバル・ビジネス
共通点	国内から国外に機会を求める	

出所：吉岡秀輝「グローバル・マーケティング論の基礎」金
弘錫・美藤信也・吉岡秀樹・田中敬幸『新流通・マー
ケティング入門』成山堂書店，2017年，87ページ。

　グローバル（Global）とは，英語の辞書では，一般的に，「地球全体の，全世界の」などと訳されるが，しばしば，国際化と同義に用いられることがある。吉岡（2017）は，国際化もグローバル化も，国内だけでなく国外にも機会を求めるという共通点はあるが，最大の相違点は，国境意識のもち方にあるとし，図表7-1のようにまとめている（87ページ）。

　では，グローバル・マーケティングとは何か。大石（2017）によれば，グローバル・マーケティングとは，「国際マーケティングの現代的な姿であり，企業がグローバルな（地球的）視野で国内市場も世界市場の一部と見なし，国境を越えて同時に意思決定しなければならないマーケティング」であるとしている（2～3ページ）。

　本章は，大石の考え方を取り入れることとし，グローバル・マーケティング戦略を論じることとする。なお，本文中の引用文献の中で，「国際マーケティング」と表記しているものは，そのまま引用し，「国際マーケティング」とした。

第2節　グローバル・マーケティング戦略の枠組み

　前節で，グローバル・マーケティングは，マーケティングの一領域であると述べたが，グローバル・マーケティング戦略について貿易論，国際経営論，国際ビジネス論，多国籍企業論などとの関連も考慮しながらも基本的には，現代

のマーケティング理論に則って，論じることにする。

　筆者は，現代のマーケティング理論は，マネジリアル・マーケティングない
しマーケティング・マネジメントを土台として，その上に，ソーシャル・マー
ケティングが積み上がり，そして，戦略的マーケティングが積み上がり，さら
に関係性マーケティングが積み上がるというような重層構造になっていると考
える。

　丸谷（2015）は，「現在の企業活動の空間的拡大に対応した戦略的マーケテ
ィング及びマーケティング・マネジメント」すなわち「企業活動のグローバル
化に対応した戦略的マーケティング及びマーケティング・マネジメント」のこ
とをグローバル・マーケティングであるとした（2ページ）。

　本章は，前述したように，現代マーケティング理論に則って論じることから，
丸谷と同様の考え方で論を進めることとする。戦略的マーケティングとマーケ
ティング・マネジメントの関係については，後述するように，戦略的マーケテ
ィングは，市場を軸とした経営戦略論であり，企業戦略ならびに事業戦略とい
う経営戦略論の課題が，マーケティングの課題として包含されたものといえ
る。つまりマーケティング・マネジメントを包含したものと考える。

　まずは，マーケティングの一体系としてのグローバル・マーケティングにお
いて，基礎となるマーケティング・マネジメントと戦略的マーケティングにつ
いて述べることとする。

1．マーケティング・マネジメント

　企業による対市場としてのマーケティングは，その組織のマネジメントを行
う管理者によって管理されなければならない。そこにマーケティング・マネジ
メントの考え方が生まれてくる。通常，マネジメントは，"人々をして物事を
うまくなさしめること"と理解されている。そして，このマネジメントの仕事
を担当する人が，マネジャーないしは管理者である。ここでマーケティング・
マネジメントの概念を簡単に整理すると，マーケティング・マネジメントと
いうのは，"マネジャーないしは管理者が，マーケティング担当者をして市場

活動をうまくなさしめること"ということができる。コトラー（Kotler, P.）ら（2016）は，マーケティング・マネジメントを「標的市場を選び出し，それらと有益な関係を作る技術（art）と科学（science）」と定義している（33ページ）。では，マーケティング・マネジメントの体系とはどのようなものであろうか。ここでは，マネジメント研究の学派の1つである管理過程の考え方を応用することとする。クーンツ（Koontz, H.）ら（1964）は，管理機能あるいは管理要素として①計画化，②組織化，③人事化，④指揮，⑤統制の5つをあげている（訳書56ページ）。が，本章においては，計画 → 実行 → 統制のマネジメントサイクルを意識し，便宜的に①計画化，②組織化，③統制の3つに集約し，上に述べた人事化，指揮は，一括して組織化の中に含めることとする。計画化，組織化，統制という管理機能（要素）は，連続的なプロセスとして展開されるので管理過程と呼ばれる。そして，そのプロセスの最後の統制という機能は，フィードバックされて計画機能に結びつけられることになる[1]。以上，計画化，組織化，統制の3つの機能をマーケティングプロセスと考えると，マーケティング・マネジメントプロセスは，マーケティング計画化 → マーケティング組織化 → マーケティング統制という流れであり，マーケティング計画化の内容としては，①マーケティング環境の分析 → ②マーケティング目標の設定 → ③標的市場の選定 → ④マーケティング・ミックスの構築からなる。それぞれを簡単に説明すると次のようになる。

① マーケティング環境分析

企業が存続・維持・発展するためには，企業を取り巻く環境に的確に適合することが重要なポイントである。環境は，企業を取り巻く外部環境と企業の経営資源であるヒト，モノ，カネ，情報に代表される内部環境の2つに分けられ，そこで行われなければならない活動として，マーケティング環境分析がある。環境分析には，一般的に外部環境分析と内部環境分析がある。

第7章　グローバル・マーケティング戦略　111

② マーケティング目標

　一般的には，売上高，利益率，市場シェアなどの具体的目標がかかげられる。

③ 標的市場の選定

　マーケティング環境分析を踏まえて，マーケティング目標を設定し，次に行わなければならないことは，標的市場の選定である。つまり，市場全体を何らかの細分化基準によって分割し（セグメンテーション），そこから対象となる層を決め（ターゲティング），その自らのポジションを定める（ポジショニング）という方法が重要であり，それは，Segmentation，Targeting，Positioning の頭文字をとり，STP と呼ばれる手法である。

④ マーケティング・ミックスの策定

　標的市場が選定され，ポジショニングが終われば，次に具体的に，当初のマーケティング目標を達成するためには何をすれば良いのかということが課題となる。つまり，マーケティング・ミックス（marketing mix）の策定である。マーケティング・ミックスとは，マーケティング目標を達成するために，マーケティングの活動領域である製品（product），価格（price），チャネル（place），プロモーション（promotion）の組み合わせを意味する。

　以上であるが，標的市場の選定とマーケティング・ミックスの策定が，マーケティング・マネジメントの中心課題となる。

　計画段階が終わると次に実行段階となるが，実際には，組織化を図ってマーケティングを実行することから，ここではマーケティング組織化として考えるが，マーケティング組織化は，大別すると，組織編成，人員配置，指揮の3つの領域に分かれる。組織編成とは，マーケティングを実際に実施するための組織を構築することであり，人員配置とは，業務遂行に必要な人員数とその決定であり，従業員の採用，教育，訓練により，従業員を業務遂行にふさわしく形成し，各組織部門に配属することであり，指揮とは，マーケティング業務の実施を有効にするためには従業員を指揮することが必要になり，これには権限と

責任の委譲，従業員間の調整，従業員のモラールのための動機づけ，意思伝達活動などがある。

　実行段階が終わると，最後に統制段階となる。マーケティング統制とは目標，戦略，業績などを評価，検討することであり，この統制のための評価検討のプロセスは通常，業績測定 → 差異分析 → 是正措置の3段階からなる。業績測定とは，完了した業務について事実を収集し，これを記録，報告することであり，差異分析とは，実際の業績と計画または目標とを比較し，そこに差異が生じた場合，いかなる要因が原因となっているのかを分析する。是正措置とは，差異分析，業績評価に基づいて，次期の計画達成のために業務を改善したり調整したりすることである。

2．戦略的マーケティング

　前項で，マーケティング・マネジメントについて述べたが，そこでの主要なテーマは，標的市場の選定とマーケティング・ミックスの策定であった。これらがまさに従来のマーケティング戦略であった。1970年代中頃から，マーケティングの領域において，従来のマーケティング戦略にとどまらず，その内容が大きく拡大された戦略的マーケティングが登場してきた。嶋口充輝ら（1995）は，戦略的マーケティングを，市場問題を中心に組織的立場から戦略的方向付けと経営資源配分を計画する試みとして捉え，さらに「このような戦略的マーケティングの役割からすれば，従来のマーケティング・マネジメント戦略の流れや努力は，いまや戦略的マーケティングに統合・吸収され，調整・秩序づけられていくことになる」と述べている（40～41ページ）。

　戦略的マーケティングとマーケティング戦略の違いを，戦略レベルに求めることができる。通常，企業の戦略レベルとしては，企業戦略と事業戦略と機能分野別戦略の3つのレベルが存在する。企業戦略は，経営戦略の階層構造の中で最も上位に位置し，企業が全体として将来的に継続して利益を獲得し，存続・成長していくという目的をもった全社的レベルの戦略であり，その主たる内容として，企業が活動すべき事業領域を選択すること，また活動を通じて獲

第7章　グローバル・マーケティング戦略　113

得すべき経営諸資源（ヒト，モノ，カネ，および情報）を明確にすることである。次に事業戦略とは，事業部あるいは戦略的事業単位（Strategic Business Unit：SBU）が担当している事業，すなわち，特定の産業ないし市場分野でいかに競争するかということが焦点となり，競争企業との対抗関係が最も重要な問題となっている。そこで，一般に競争戦略と呼ばれている。そして，機能分野別戦略であるが，企業は，それぞれの機能においてさまざまな目的をもっている。機能分野別戦略の主たる内容としては，機能別の経営諸資源の利用ないし蓄積の方法と，その資源を企業戦略および事業別戦略に結びつける方法である。企業の購買・技術・製造・販売・経理財務・人事といった諸機能分野別の戦略であり，伝統的なマーケティング・マネジメントでのマーケティング戦略は，このレベルの戦略であるといわれている。戦略的マーケティングは，市場を軸とした経営戦略論であり，企業戦略ならびに事業戦略という経営戦略論の課題が，マーケティングの課題として包含されたものと言える。つまりマーケティング・マネジメントを包含したものと考える。

3．グローバル・マーケティング戦略の枠組み

以上，マーケティング・マネジメントと戦略的マーケティングについて論じてきたが，次に，グローバル・マーケティング戦略の枠組みについて考えることとする。

馬場（2015）は，伝統的な国際マーケティングについて，「異なる経営環境下で，いかにしてマーケティングを行うか」がその基本的問題意識であるとし，伝統的な国際マーケティング戦略策定のプロセスについて，現地における国際マーケティング活動を実施するための上位の戦略的意思決定と，マーケティング・ミックスに関わるより具体的な意思決定に分け，次のように説明している（70～71ページ）。

戦略的意思決定として，まず，国際マーケティング・リサーチによって，海外市場の評価を行い，次に，国際市場を切り分け（国際市場細分化），自社の資源と勘案して標的を定め（ターゲティング），標的となる消費者の心理に自社ブ

ランドを植え付け（ポジショニング），その後，輸出，ライセンシング，合弁，提携，完全子会社の設立など，どのような形態で現地市場に参入するかを決定する。これら３つの段階（国際マーケティングリサーチ → 国際市場細分化 → 国際市場参入）が行われると，マーケティング・ミックスに関するより具体的な意思決定が行われる。なお，馬場は，単なる経営環境の異質性のみならず，その変化ないし動態性をもディシプリンの中心に置く必要があるとし，より動態的な視点で国際マーケティングを捉え直さねばならないと述べている（71 ページ）。

　丸谷（2016）は，グローバル・マーケティングを戦略的マーケティングとローカル・マーケティングに分け，グローバル・マーケティングは，「①企業理念・企業ドメインの決定，②環境分析，③参入市場の決定，④グローバル市場参入戦略，⑤グローバル統合・調整」の５つに分けられ，ローカル・マーケティングは，国別マーケティングであるとした（36 ～ 41 ページ）。

　本章は，この丸谷（2016）の枠組みにしたがって，グローバル・マーケティング戦略について論じることとするが，最後のグローバル統合・調整については，調整戦略の要である標準化戦略と適応化戦略について述べることとする。

第３節　グローバル・マーケティング戦略の内容

１．企業理念・企業ドメインの決定

　ここでは，いわば，戦略の出発点である企業理念と企業ドメインの決定について考えることとする。

　大石（2017）によれば，海外で事業活動を始めようとするときには，当然，どの地域に進出するのかを決めなければならず，そのためにはグローバル・マーケティング・リサーチも必要になるが，その前に，まず押さえておかなければならないのは，ビジネスを展開する意味は何か。自分たちは本当に海外で求められているのか。これらの点を考える時にポイントになるのが，確固たる「理念」や存在価値があるかどうかであると述べている（14 ページ）。つまり，企業理念と企業ドメインの決定が重要であるということである。

丸谷（2016）によれば，企業理念とは「企業の方向性を規定する概念の一つであり，企業の未来像を示すビジョン，企業使命を示すミッションを実現するための哲学であり，企業理念に基づき組織文化を踏まえて行動指針が構築されている」（26 ページ）ものとし，また，企業ドメインとは，「企業の主要生存領域のことであり，当該企業が自社の資源を踏まえて長期的視座に立って，どのように社会の中で成長していくのかということを示している」（26 ページ）ものとしている。

２．環境分析

　次に，環境分析であるが，企業が存続・維持・発展するためには，企業を取り巻く環境に的確に適応することが重要なポイントである。環境は，企業を取り巻く外部環境と，企業の経営資源であるヒト，モノ，カネ，情報に代表される内部環境の２つに分けられる。そこで行われなければならない活動として，マーケティング環境分析がある。環境分析には，一般的に外部環境分析と内部環境分析があり，環境を分析する手法として SWOT 分析がある。

（1）外部環境
　外部環境には，マクロ環境とミクロ環境がある。
　①　マクロ環境
　　人口統計学的環境，経済環境，制度環境，技術環境，社会・文化環境，自然環境から構成される，企業にとって間接的な環境であり，統制不可能な環境のことである。
　②　ミクロ環境
　　市場（消費者），競合他社，流通業者，供給業者などから構成される企業と直接関わりのある環境である。

（2）内部環境
　生産能力，研究開発力，人材，購買力，組織文化などから構成される。

（3）SWOT 分析

　環境分析には，外部環境分析と内部環境分析の2つがある。外部環境分析には，企業を取り巻く環境に存在する機会（Opportunities）と脅威の分析があり，内部分析には，企業自身が有する相対的な強み（Strengths）と弱み（Weaknesses）の分析がある。この分析を通じて，環境の中から何が脅威となり，何が機会となるかをつかみ出して，さらに自社のもっている強みと弱みを見極めることができるようになる。そして，優れた戦略というものは，市場機会をとらえて自社の強みを生かしていけるような戦略，脅威を押さえて自社の弱みをカバーできるような戦略であるということになる。

３．グローバル・マーケティング・リサーチ

　海外進出が決定したのであれば，最初にしなければならないのが，グローバル・マーケティング・リサーチである。マルホトラ（Malhotra, N. K.）（2010）によれば，マーケティング・リサーチとは，「マーケティングにおける問題と機会の認識と解決に関する意思決定をより良くする目的のために情報を体系的，客観的に認識し，収集し，分析し，普及させ，利用する」（39ページ）ものであるとしているが，特にグローバル・マーケティング・リサーチでは，収集した情報をもとに，まず世界のどの地域・国に進出するのかという点を絞り込むことが必要になる。小田部とヘルセン（Kotabe, M. and Helsen, K.）（2008）は，グローバル市場でリサーチを行う際の手順も，国内で行うリサーチと原則的にはほぼ同じであるとし，グローバル市場のリサーチの手順を次のようにしている（訳書117ページ）。

　①リサーチ問題を定義する → ②リサーチデザインを開発する → ③情報に対する必要性を判断する → ④データ（2次データ，1次データ）を収集する → ⑤データを分析し，結果を解釈する → ⑥調査の発見物を報告し，発表する

　そして，彼らは，企業がグローバル・マーケティング・リサーチの場面で直面する主要な問題を次のようにあげている（118ページ）。

1．環境の違いによって，リサーチ・デザインが複雑になる。

2．2次データがない，もしくは不正確である。

3．1次データの収集に，時間と費用がかかる。

4．各国でのリサーチ活動を，調整しなければならない。

5．各国の調査を，比較できるようにすることが難しい。

　大石（2017）は，企業がマーケティング・リサーチをする目的は，種々の情報を収集して分析し，マーケティングをはじめとするさまざまな戦略を考え，実行していくためであるとし，「特にグローバル・マーケティング・リサーチでは収集した情報をもとに，まず世界のどの地域・国に進出するのかという点を繰り込むことが必要になる」と述べ（58〜59ページ），そのポイントとしては，①市場のことが何もわからないので，本当にその市場に参入できるのかの実現可能性を探るためのリサーチであるフィージビリティスタディと仮説検証を繰り返して市場を理解する，②市場の絞り込みでも優先すべきは企業の意思，③日本はもっとマーケティングリサーチに経営資源を投入すべきであるとしている（72ページ）。

4．参入市場の決定

　マーケティング・リサーチを行った後に，参入市場を決定することになる。リサーチに基づいて，自社が進出する地域について，最終的には誰に，何を，どのようにマーケティングしていくのかを決めなければならない。そこで重要になるのが，先に述べた STP である。

　先述したように STP とは，市場全体を何らかの細分化基準によって分割し（セグメンテーション），そこから対象となる層を決め（ターゲティング），その自らのポジションを定める（ポジショニング）という方法であり，Segmentation，Targeting，Positioning の頭文字をとり，STP と呼ばれる手法である。

（1）市場細分化（セグメンテーション），ターゲティング，ポジショニング

　市場細分化（セグメンテーション，Segmentation）とは，市場全体を何らかの細分化基準によって分割することである。分割されたそれぞれの市場は，市場セグメントと呼ばれる。市場細分化にあって重要なことは，各市場間は，基本的には異質である一方，同一の市場セグメント内はある程度，同質的な需要から構成されていることである。市場細分化基準としては，地理的変数，デモグラフィック変数，サイコグラフィック変数などがあげられる。

　市場細分化が終われば，企業は，その市場にある1つ以上の市場セグメントに参入することを検討する。つまり標的市場の選定である。コトラー（Kotler）ら（2010）によれば，標的市場に対するマーケティングには，無差別マーケティング，差別化マーケティング，集中マーケティングという3つの考え方がある。それぞれ説明すると次のようになる（225 ～ 229 ページ）。

　①　無差別マーケティング

　　　人々のニーズの何が異なっているかということより，何が共通しているかということに焦点を合わせ，市場セグメント間の違いを無視し，単一の提供物で市場全体に対応しようとする考え方であり，企業は，最大多数の購買者に訴求できるような製品をデザインし，マーケティングプログラムを設計する。

　②　差別化マーケティング

　　　企業は，いくつかの市場セグメントを標的にし，それぞれの市場セグメントに対して別個の提供物をデザインしていこうとする考え方である。

　③　集中マーケティング

　　　大きな市場の中で小さなシェアを追うのではなく，1つもしくは少数の市場セグメントまたはニッチ市場の中で大きなシェアを追うという考え方である。

　標的市場が決まれば，それらの市場セグメントの中で，その企業がどのようなポジションを占めたいのかを決めなければならない。つまり，ポジショニン

グである。

以上が STP の説明であるが，この手法を用いて，参入市場の決定について述べることとする。

（2）参入市場の決定

一般的に，参入市場の決定には，2段階のスクリーニングを用いて国単位のセグメンテーションが行われる。つまり，外部環境分析の結果に基づいて，全世界を対象にマクロ分析を行って各国を評価し，参入見込み国を選定し，その後で，ミクロ分析によって，参入見込国への参入可能性を評価し，参入国を決定する。

セグメンテーションによって参入国が決定すれば，それらの参入国の中で，どのようなポジションを占めたいのかを決めなければならない。つまりポジショニングである。丸谷（2016）は，自社が有する経営資源や各国の市場動向などを踏まえて一般的には，次の4つの可能性があるとしている（97〜100ページ）。

① 世界共通ポジショニング（各国共通セグメント方式）で，世界中で共通したセグメントを同一のポジショニングテーマで狙う戦略
② 各国において異なるセグメントを，同一のポジショニングテーマで狙う戦略
③ 世界中で共通したセグメントを，異なるポジショニングテーマで狙う戦略
④ 現地化ポジショニング（国別多様セグメント方式）で，各国において異なるセグメントを異なるポジショニングテーマで狙う戦略

以上，消費者の置かれている状況変化に対応して設定したが，さらに，別のポジショニングとして，ブランドを文化の象徴として位置づけるポジショニングをあげている。

また，諸上（2013）は，上述したコトラーのターゲティングの3つの考え方をセグメンテーションにも適用し，上記の丸谷の指摘した4つのポジショニングのうち各国共通セグメント方式を無差別マーケティング，国別多様セグメン

図表７－２　国際市場細分化戦略の分類

	無差別マーケティング	差別化マーケティング	集中マーケティング
国のクラスター単位	全クラスター共通	クラスター別差別化	特定クラスター集中
国単位	各国共通	国別差別化	特定国集中
国の下位市場単位	各国共通下位市場	国別多様下位市場	特定国下位市場集中

出所：諸上茂登『国際マーケティング講義』同文館出版，2013 年，107 ページ。

ト方式を差別化方式に位置づけて，次のように論じている（105 ～ 108 ページ）。国際マーケティングにおける市場細分化戦略の決定は，グローバル競争が激化した今日，当該企業の世界戦略との関連で策定されるべきものとなっている。コスト競争が激化する中，規模の経済性を効かせるために，標的市場の大きさがますます重要な要因になっている。国境をまたいで類似度の高い下位市場セグメントを共通のターゲットとすることが現実的であることが多くなっている。以上であるが，さらに，諸上・藤沢（2004）に基づいて，国際市場細分化戦略について図表７－２のように分類している（106 ～ 108 ページ）。これは，上述したコトラーの標的市場の選定方法である無差別マーケティング，差別化マーケティング，集中マーケティングと，市場細分化の単位である国のクラスター単位（EU や NAFTA，ASEAN など），国単位，国の下位市場単位に区分したものである。従来の国際マーケティング活動では，明示的ないし暗黙のうちに，国を基本単位とするものが多かったが，現実的には，それらを前提とできないことが多く，国単位の細分化分析よりも，国の下位市場を単位とするより精緻な分析が求められ，今日の国際市場細分化戦略の中心課題は，国の下位市場で識別される複数国市場をどう束ねるかであると述べている（106 ページ）。その束ね方では，図表７－２の最下行に示されている国をまたいで存在する類似した市場セグメントに対して，共通の類似したマーケティング戦略を適用するアプローチである各国下位市場アプローチと，たとえ国によって製品ニーズや顧客層が異なっている場合でも，各国でそれぞれ異なった市場セグメントを狙うことで物的同一製品を販売しようとする国別多様下位市場アプローチが重要であるとしている（106 ～ 108 ページ）。

諸上・藤沢（2004）によれば，このアプローチのどの戦略が採用されるかは，当該企業を取り囲む一般的環境，競争環境，企業の経営目標，経営資源に依存しているとしている（48ページ）。

5．グローバル市場参入戦略

参入市場が決定したら，次に海外市場に参入するときには，どういう参入の仕方をするのかを考えなければならない。ここでは，まず，参入方法の決定基準について述べ，次に参入方式について述べ，最後に撤退戦略について述べることとする。

（1）参入方法の決定基準

まず，参入を決定する際に重要な判断材料となる，参入方法の決定基準について述べることとする。

小田部とヘルセン（2008）によれば，環境固有の外的基準と企業固有の内的基準の2つがあるとしている。外的基準には，①市場規模と成長，②リスク，③政府規制，④競争環境，⑤文化的影響，⑥現地のインフラ（流通システム，物流ネットワーク，コミュニケーション・システムなど）などがある。内的基準では，①企業の目標，②コントロールの必要性，③内的資源，資産，能力，④柔軟性などがある（訳書264〜269ページ）。

参入方法の決定基準は，各企業の状況によって異なると考えるが，上記の小田部とヘルセンの決定基準を基本に，その時点での状況を踏まえて独自の基準を加味することで，より良い判断ができると考える。

（2）参入方式

次に，どのような方法で参入するかという参入方式について述べることとする。

大石（2017）によれば，メーカーを前提に考えると，一般的には，まず商社を通した間接輸出からはじめ，自分たちで貿易実務を行う輸出に携わるように

なり，そこで消費者ニーズを理解してくると，次にはライセンシングでの技術供与や委託生産などの形で，できるだけリスクを減らしながら取引を行い，ある程度，市場規模が大きくなってきたら，新たに工場をつくって進出すること（グリーンフィールドインベストメント）になるとしている（94 ページ）。そして，海外市場に初めて参入する企業にとって最大の課題と言えるのが，販売ルートの確保，すなわちチャネルの構築であり，ポイントとしては，①チャネル確保には M&A も有力な手段，②進出先のターゲットに合わせてチャネル戦略も変化させる，③チャネル戦略をディーラー任せにしないという 3 点を指摘している（144 ページ）。

丸谷（2016）は，参入方式の分類として，①製品を海外で販売する輸出，②生産・販売の権利を現地企業に与えて利益を得るノウハウの提供，③出資を伴う直接投資，④戦略的提携の 4 つに分類している（105 ～ 121 ページ）。この 4 つの分類について説明することとする。

① 輸　出
　輸出には，間接輸出，協同輸出，直接輸出の 3 つがある。
　間接輸出とは，企業が自社の商品を輸出管理会社，輸出エージェント，日本の総合商社などのような独立した仲介業者を通じて，海外市場に販売することである。
　次に，協同輸出とは，自国あるいは，他国のパートナー企業と協定を結び，それらの企業の協力を得て販売を行う方法である。
　最後に，直接輸出とは，企業が自前の輸出部門を構築し，外国市場に販売することである。

② ノウハウの提供
　進出国の事業者の担当する役割によって，ライセンシング，フランチャイジング，契約生産の 3 つに分かれる。
　ライセンシングとは，一種の契約取引で，ライセンサーである企業がライセ

ンシーである国外企業にロイヤルティの支払いと交換に商標，技術ノウハウ，生産プロセス，特許などの所有資産の一部を提供する契約である。

次にフライチャイジングとは，フランチャイザーがフランチャイズ権の被提供者であるフランチャイジーにロイヤルティの支払いと交換にフランチャイザーの事業名や商標，ビジネスモデルやノウハウを，特定の区域で特定の期間に限定して使用する権利を与えることである。

最後に契約生産とは，自社の製品や部品の生産を現地の製造業者に委託することであり，参入する委託元が研究開発，マーケティング，販売およびサービスを担当する。

③　出資を伴う直接投資

ジョイント・ベンチャーと完全所有子会社による参入の2つに分かれる。

まず，ジョイント・ベンチャーであるが，進出先で設立する企業への直接投資を共同で行うもので，現地情報や人脈を多く有する現地企業などと共同出資によって創業した企業のことである。

次に，完全所有子会社であるが，進出先で設立する企業への直接投資を単独で行うもので，現地企業を買収して参入する現地企業買収型と，ゼロから会社を立ち上げるグリーンフィールド型に区分できる。現地企業買収型について重要なことは，買収したい経営資源の明確化であり，その経営資源の価値を見極めることである。また，グリーンフィールド型については，ゼロから立ち上げることから，最も柔軟性の高い参入方式であり，その方式が採用されるのは経営戦略上，不可欠の場合であり，なおかつ進出企業の中に買収候補がいない場合であり，買収候補者との交渉失敗の場合である。

④　戦略的提携

ジョイント・ベンチャーと似た手法に，戦略的提携がある。吉原（2015）によれば，戦略的提携とは，パートナーが経営資源などを共有し継続的な協調関係に入ることであり，国際的な戦略的提携の場合には，日本企業が外国企業と

関係をむすぶとする。そのポイントとして，（a）経営資源として中心となるのは，製品技術や生産技術や管理技術などの技術であり，（b）戦略的提携には，資本関係のある場合とない場合の両方があり，（c）特定の製品，事業，技術，地域などで協調するが，それ以外では競争するという3つのポイントがあることを指摘している（44ページ）。

（3）撤退戦略

　グローバル・マーケティングでは，事業撤退はめずらしいことではない。小田部とヘルセン（2008）は，撤退の理由として，①損失の継続，②不安定さ，③早すぎる参入，④倫理上の問題，⑤熾烈な競争，⑥資源の再配分をあげている（訳書306〜307ページ）。

　そして，撤退の主要な障壁として，丸谷（2016）によれば，①労働者への処遇に必要などの理由でかかる退出に伴う莫大な経費，②進出先での資産放棄の可能性，③他の進出市場の動揺や他の進出候補先の評判などその他の市場への影響，④長期的な市場機会の喪失などをあげている（123ページ）。最後に，小田部とヘルセン（2008）は，撤退の決定を熟慮する際に検討するべき事項として，①当の国外事業を救済する，あらゆる代替案の熟考と評価，②漸進的退出，③顧客の移籍の3つをあげている（訳書309ページ）。

6．標準化戦略と適応化戦略

　グローバル・マーケティングでは，世界標準化と現地適合化という問題が常につきまとう。標準化というのは，自国だけではなくグローバルに同じようなマーケティングを行うことであり，適応化とは国別の差異にあわせてマーケティングを行うことである。

　大石（2017）によれば，世界標準化のメリットとしては，①コスト節約，②世界的イメージの形成，③組織の簡素化／統制の改善，④優れたアイデアの活用，⑤迅速な投資回収，⑥規格統一化，⑦需要創造，があげられ，現地適合化のメリットとしては，①顧客満足の向上，②特定市場での売り上げ増，③戦略

の柔軟性／変化への迅速な対応，④すべての市場で対応可能，⑤現地法人の自社開発品への誇り，⑥現地法人の自主性尊重，⑦現地法人の人材確保・育成である（156ページ）。

　世界標準化と現地適合化については，これまで多くの研究があるが，単純な世界標準化および現地適合化では，いずれも成功しないことである。

　諸上（2012）は，標準化—適応化論争は，近年，状況適合的な標準化—適応化の適正バランス論あるいは両者同時達成の必要性の主張に落ち着いたように見え，その結果，研究者の多くが，それらのバランスのとり方によって経営成果に違いが生ずるはずであるという仮説をもつことになったと述べている（73～74ページ）。また，丸谷（2016）によれば，近年，標準化と適応化の同時達成の議論が進展してきており，①企業ごとの同時達成戦略の類型化，②具体的にマーケティング計画，管理システム，マーケティング理念や基本方針といったより戦略的な部分をどの程度標準化するか，というような問題が取り上げられてきていると指摘している（128～131ページ）。そして，大石（2017）は，①世界標準化と現地適合化は二者択一でなく，長所を融合化させて複合化を図る，②複合化のバランスは企業や時代によっても異なる，③基本は，国内で成功したものを海外に出し現地のニーズに合わせて修正，であるとしている（174ページ）。さらに，複合化の諸方策として，（1）ハイブリッド方策（マーケティング・ミックス（4P）の各要素を世界標準化したり現地適合化したりする），（2）複数パターン方策（世界で活用する製品や広告について複数のパターンを用意し，各子会社にそのいずれかを選ばせる。基本パターンは本社発の場合もあれば，子会社発の場合もある），（3）共通要素方策（中核となる要素は世界標準化し，周辺部分を現地適合化する），（4）共通分母方策（STP の考え方で，各国市場を市場細分化し，それぞれのセグメントをつなぐことで規模の経済を獲得する），（5）SCM 方策（サプライチェーン・マネジメント。バリューチェーン全体を管理することによって，在庫を極小化しつつリードタイムを短縮化することを目的とする。「延期と投機」を効果的に組み合わせ，市場ニーズの変化に対して柔軟かつ適切に対応する）の5つを提示している（173ページ）。

第4節　おわりに

　本章は，グローバル・マーケティングは，マーケティングの一研究領域であるという認識のもとに，現代マーケティング理論の中のマーケティング・マネジメントと戦略的マーケティングの枠組みからなるグローバル・マーケティング戦略の基本的な考え方を論じた。

　具体的な内容としては，①企業理念・企業ドメインの決定，②環境分析，③参入市場の決定，④グローバル市場参入戦略，⑤標準化戦略と適応化戦略について述べた。製品戦略（product），価格戦略（price），チャネル戦略（place），プロモーション戦略（promotion）というマーケティングの活動分野（4p）の詳細には言及せず，いわば，グローバル・マーケティング戦略の森全体に主眼を置いた構成となっているが，組織化については言及しなかった。

　先述したように，現代のマーケティング理論は，マネジリアル・マーケティングないしマーケティング・マネジメントを土台として，その上に，ソーシャル・マーケティングが積み上がり，そして，戦略的マーケティングが積み上がり，さらに関係性マーケティングが積み上がるというような重層構造になっていると考える。本章では，ソーシャル・マーケティングと関係性マーケティングの考え方に則った戦略について論じなかったが，グローバル・マーケティング戦略構築の上では，ソーシャル・マーケティングと関係性マーケティングの考え方は重要であるので，別途，論じたいと考える。

【注】

（1）この考え方は猿渡（1999）に依拠したものであるが，猿渡は，計画化，組織化，統制の枠組をもって，マーケティング管理システムを構築した（63 ～ 122 ページ）。

◆参考文献◆

大石芳裕『実践的グローバル・マーケティング』ミネルヴァ書房，2017年。

角松正雄・大石芳裕編著『国際マーケティング体系』ミネルヴァ書房，1996年。

斉藤保昭『現代マーケティングの論理』成文堂，2015年。

猿渡敏公『マーケティング論の基礎』中央経済社，1999年。

嶋正「国際マーケティング研究の系譜」マーケティング史研究会編『マーケティング研究の展開』同文館出版，2010年，179～198ページ。

嶋口充輝・石井淳蔵『現代マーケティング（新版）』有斐閣，1995年。

嶋口充輝『戦略的マーケティングの論理』誠文堂新光社，1984年。

高井眞編著『グローバル・マーケティングへの進化と課題』同文館，2000年。

日本流通学会監修，大石芳裕・山口由妃子編著『グローバル・マーケティングの新展開』白桃書房，2013年。

馬場一「国際マーケティング戦略」諸上茂登・藤澤武史・嶋正編著『国際ビジネスの新機軸』同文館出版，2015年，63～77ページ。

丸谷雄一郎『グローバル・マーケティング［第5版］』創成社，2015年。

三浦俊彦・丸谷雄一郎・犬飼知徳『グローバル・マーケティング戦略』有斐閣，2017年。

諸上茂登・藤澤武史『グローバル・マーケティング』中央経済社，2004年。

諸上茂登『国際マーケティング論の系譜と新展開』同文館出版，2012年。

諸上茂登『国際マーケティング講義』同文館出版，2013年。

吉岡秀輝「グローバル・マーケティング論の基礎」金弘錫・美藤信也・吉岡秀輝・田中敬幸『新流通・マーケティング入門』成山堂書店，2017年，85～106ページ。

吉原英樹『国際経営』有斐閣，2015年。

Koontz, Harold. Cyril o'Donnell, *Principles of Management-An Analysis of managerial Function-*, Mcgraw-Hill, inc., 1964.（H. クーンツ，C. オドンネル著，大坪檀訳『経営管理の原則1―経営管理と経営計画』ダイヤモンド社，1965年）。

Kotler. P., and Gary Armstrong, *Principles of Marketing: Thirteenth Edition*, Pearson Prentice Hall, 2010.

Kotler. P., and Gary Armstrong, *Principles of Marketing: Sixteenth Edition*, Pearson Education, 2016.

Masaaki Kotabe and Kristiaan Helsen, *Global Marketing Management: Fourth Edition*, John Wiley & Sons, Inc., 2008.（小田部正明／K・ヘルセン著 栗木契監訳『国際マーケティング』碩学舎，2010年）

Malhotra, Naresh, K., *Marketing Research An Applied Orientation: Sixth Edition*, Pearson Education, 2010.

Warren, J. Keegan and Mark C. Green, *Global Marketing: Ninth Edition*, Pearson Education, 2017.

第8章
グローバル・アライアンス戦略

第1節　はじめに

　企業が自社の競争優位を獲得する方法の1つとして，アライアンス（alliance：「提携」）が用いられるようになって久しい。たとえば，飲料産業に属するキリン・ビバレッジ株式会社とダイドードリンコ株式会社はアライアンスを締結し，2016年4月より自動販売機（以下，自販機）において，両社主力商品の相互販売を開始した[1]。アライアンスが行われるのは国内企業間だけではなく，グローバルな規模で行われることも多い。上記キリン・ビバレッジをグループ会社にもつキリンホールディングスは，アメリカのコカ・コーラグループとのアライアンスを協議している[2]。

　アライアンスの件数が増加している背景には，国内外市場の競争が激化していることが一因としてあげられる。それは，もちろん日本にとっても例外ではない。日本は国土面積こそ広大ではないが，世界第3位の市場を有する。したがって，特に近年，日本へ進出する海外の企業が増加している。具体的には，2016年末の対日直接投資残高が27兆8,404億円となり，GDPに対する比率は初めて5%台となった[3]。冒頭の事例に出てきた企業が属する飲料産業の国内市場では，コカ・コーラ社がそのシェアの23.4%を占めている[4]。次いで，2位がサントリーホールディングス，3位アサヒグループホールディングス，4位伊藤園社，5位キリンホールディングスと日本企業が続いている[5]。同じ飲料のコーヒー市場でも，日本国内はスイスのネスレ社が32.2%のシェアを獲

得している[6]。このように，すでに日本国内で高いシェアを獲得している外資系企業も多く，国内市場といえども，必ずしも日本企業が優位に立っているわけではない。

　他方，既知のように日本企業も海外で競争を繰り広げている。2016年の日本の対外直接投資は，前年比24.3％増の1,696億ドルで過去最高を記録し，2016年度の日本企業の海外売上高比率は56.5％と高水準が続いている[7]。たとえば，日本食にはかかせない調味料であるしょうゆのメーカーであるキッコーマン社は，すでにその売上の59％が海外からである[8]。国内化粧品産業トップの資生堂社もまた，海外は57.1％（中国14.3％，米国14.0％，欧州12.8％，他16％）となっている[9]。

　インターネットの発達や輸送コストの削減，各種輸出入規制の緩和傾向により，以前と比較して企業の海外進出は容易になってきた。それは，企業に機会と脅威を与える。すなわち，上記の事例にみられるように，中核である自国市場を外資系企業に奪われる脅威と海外市場を獲得する機会である。ただし，キリンホールディングス社とコカ・コーラ社，キリン・ビバレッジ社とダイドー社の例にみられるように，ライバル企業は必ずしも真っ向からシェアや売上を競う相手とは限らない。アライアンスという方法を用い，ときに企業は市場でシェア争いを繰り広げながらも，研究開発や物流，生産，販売といった側面でライバル企業と協調的な関係を築くこともある。

　ますますグローバルな規模での戦略が競争優位の確立に重要な意味をもつ中，アライアンスは，どのような意義をもつのだろうか。本章においては，グローバル・アライアンスの特徴や目的，課題そして理論的背景について事例を混じえながら解説する。

第2節　グローバル・アライアンスとは

　グローバルな規模での競争が激化してきた要因として，前節であげたように企業の海外進出が以前と比較し容易になってきたことがあげられる。また，主

な先進国の国内市場は成熟化し，情報通信革命の影響により製品ライフサイクルは短期化し，研究開発費も増大している。グローバル・アライアンスは，このような経営環境下において，企業が必要な資源やスキルといったものをタイムリーに他者から得，補完する手段の1つになっている。

　しかし，このアライアンスに基づいた企業間関係は永続的なものではない。アライアンスに基づく関係は，特定の目的を達成するために，アライアンスを結んだ企業間で定められた特定の期間にのみ実施される。したがって，目的が達成されれば，あるいは目的が達成できないと判断されればアライアンスは解消される。

　冒頭の事例では，何を目的として両社がアライアンスを結んだと考えられるだろうか。国内の清涼飲料水市場において自販機は，売上の約3割を占めるなど重要な意味をもっている。キリン社とダイドー社の場合は，このアライアンスにより，ダイドー社とキリン社の主力4商品をどちらの自販機でも買えるようになった。どちらの自販機でもお互いの主力商品を買えることにより，販路を拡大したり，自販機売上の増加や消費者との接点を増やすことによりブランド力を向上させたりすることが可能になる[10]。

　例に示されているように，アライアンスは独立した企業間で行われるものである。アライアンスを通じ協働している間も，それぞれの独立性は保たれている。前節の事例においては2社間，同業種間であるが，それ以上の数の企業間で行われることも，異業種間で行われることももちろんある。前記したように，市場においてはライバル関係にある企業間において，アライアンスが結ばれることも珍しくない。市場では苛烈なシェア争いを繰り広げる一方，別の部分においてはアライアンスを締結し協力関係を築くこともしばしば見受けられるようになってきた。

　なぜ，このように企業は単独で行動するのではなく，他企業とのアライアンスを選択するのだろうか。特に現在，グローバルに活動する企業は，1企業単独ですべてのオペレーションをこなすのは困難であるためである。多国籍企業は，ありとあらゆる国や地域に点在する拠点間で，経営資源の配置や調整を行

うことになる。その場合,「自社の優位性を活かしながら,一方では他社の資源を提携により補完し,有効に活用していく戦略的な視座が不可欠になっている」と言える[11]。

市場の状況を例にとると,前記したように,グローバル企業の主な母国である先進国の市場は競争環境が厳しく,市場は成熟化し消費者は飽きやすく,技術開発の速度の速さから自社商品の代替品も生まれやすい。企業は競争優位を維持するために,次々と新たな製品やサービスの開発を行わなければならない。

特に,デジタル化の進展により,技術革新のスピード化が進み,顧客ニーズの変化も早まる中,製品のライフサイクルは短縮化の一途をたどっている。ものづくり白書 2016 年版によれば,産業によって差があるものの,製造業においては 10 年前と比較し,「長くなっている」より「短くなっている」と答えた企業の方が多い。特に,電気機械,化学工業はその割合が高かった。ライフサイクルの短縮化の理由として最も多かったのは,やはり「顧客や市場のニーズの変化が速い」という回答であり,続いて「技術革新のスピードが早く,製品の技術が陳腐化しやすい」「業界が過当競争に陥っている」などがあげられている[12]。

すべての産業が等しくこのような状況下にあるわけではないが,日高（1998）は製造業の中でも自動車産業を例にあげながら,アライアンスという戦略的な選択肢は,「従来のように企業がそれぞれ個別に開発競争と技術革新を同時並行的に進めるのではなく,企業の境界を越えて,さらには自動車産業という垣根を越えた部分での広範囲に渡る協働関係を基盤として解決の方向を模索することが何より重要になる」と指摘している[13]。

それは,自動運転の開発をめぐる企業間関係の変化に具体的に表れている。自動運転とは,現在ドライバー（人間）が行っているさまざまな運転操作を,人間に代わりシステム（機械）が行うことである[14]。カメラの映像や音波などセンサーから集まる膨大なデータを瞬時に処理するため,AI が重要である。そのため,メーカーは従来のような自動車メーカー間,あるいはメーカーと部

品企業間における研究開発だけではなく，インテル社やクアルコム社のような半導体関連企業やグーグル社，DeNA 社，百度社といった IT 企業とアライアンスを結び，新技術の獲得を図っている[15]。

第3節　アライアンスの種類と目的

　本節においては，アライアンスの種類と目的について，研究開発，製造，販売という３つの側面に分けてみていく。その後，航空産業におけるアライアンスの短いケースを紹介する。なぜなら，前節およびこの３つの側面は主に製造業を想定した議論であるためである。しかしながら，グローバル・アライアンスは非製造業においても今や必要不可欠な戦略的選択肢となっている[16]。

　まず，研究開発におけるアライアンスの主な目的は，新技術の獲得とリスク分散である。新たな技術の獲得は，企業の成長に大きく貢献する。しかし，新技術に関わる知識やノウハウ，情報のすべてを１つの企業が有しているわけではない。そこで，アライアンスを結んだ他社や研究機関等をパートナーとし，企業間で相互に学習しながら知識を創造するのである[17]。前節の最後にみた自動運転の技術開発は，ここに該当する事例でもある。従来の自動車に関わる技術だけでは，自動運転の技術開発を効率的に行うことができない。したがって，自動車部品メーカーではなく半導体や IT 産業の企業とアライアンスを結んだのである。

　学習プロセスを通じて創られる知識には，２種類ある。暗黙知と形式知がある。暗黙知とは，言語や文章で表すのが難しい主観的な知識である。熟練工のもつノウハウなどが例にあげられよう。形式知とは，言語や文章で表現される客観的な知識で，データベースやマニュアルなどで量的にはかることができる知識である[18]。特に前者の知識獲得は難しく，学習が効果的に行われるかどうかがキーとなる。

　そもそも，企業が相互に学習しあうというのはどのような意味だろうか。学

習といっても，アライアンスを通じ行われる学習は，単に個人が机上や作業場で行うもとのは異なるものの，組織の構成員である個人によって行われることに違いはない。ただし，その個人が学習し得られた知識や情報は個人の中に蓄積し活用されるだけではなく，組織を構成する他の個人によっても共有，評価，統合され，組織学習に置換される。それによって，組織的知識がはじめて集合的に形成される[19]。

　しかし，ただ知識が得られただけでは，企業の競争優位には結びつかない。アライアンスを通じて開発された技術，あるいは創造された新たな知識やスキルを，迅速に製品の付加価値として転換し事業化するというプロセスをいかに効果的に効率的に行えるかもまた，重要である[20]。

　さらに，研究開発は莫大な開発費用がかかるものの，必ずしもそれが市場で受け入れられるとは限らないため，大きなリスクを負うことになる[21]。そこで，アライアンスを締結した他社と共同開発を行うことにより，研究開発を効果的に行うだけではなく，そのリスクや費用を分散させることもできる。簡単にいえば，同じ技術を開発しようとするA社とB社がいた場合，A社とB社がそれぞれ同じような研究所を作り同じような設備を買い揃えるよりも，それぞれが出資し1つの研究所を作れば，両社は半額の出資で済むということである。

　実際，企業はどれほど研究開発費を費やしているのだろうか。たとえば，トヨタ自動車社は売上高28兆4,031億円に対し，研究開発費は1兆556億円で日本最大を誇る。次点はホンダ社で7,198億円（売上高：14兆6,011円），3位は同じく自動車メーカーの日産自動車社で5,319億円（同：12兆1,895億円）であった[22]。むろん，売上高も日本屈指の企業であるため相対的に研究開発費も大きくなることはいなめないが，同産業は前節に若干示したように，新たな技術の獲得が今後の産業や市場の主導権争いに直結するため，このような額となろう。なお，上位には，エレクトロニクス産業，製薬企業が続いている。

　次に，製造においては，たとえば，OEM（Original Equipment Manufacturer）供給，セカンド・ソーシング，部品規格協定，製品組立および検査の協定など

134

があげられる[23]。これまで多くの日本の製造業企業にみられたように，1企業が原材料調達からアフターサービスに至るまですべてを自社内で行う垂直一貫統合型ではなく，サプライチェーンの生産部分を，あるいは生産の一部分を他社に委託したり共同で行ったりする際，アライアンスを締結することがある。これにより，コスト削減，効率性を高められる。

　今や Apple 社や Nike 社のように自社工場をもたない企業もある[24]。製造について外部に委託せず自力で行う場合，統合による経済効率は高いものの，工場の余剰能力に対してペナルティを負うなどのリスクもある。具体的には，自社で工場を運営していると，需要が少ないときでもその工場の固定費や人件費は払わなくてはならないといったマイナスがあるということである。製造を委託する場合には，その逆のことが考えられる[25]。現在，工場をもたない企業や製造に特化した企業といったようにさまざまなタイプの企業が誕生し，企業間関係は以前と比較し格段に複雑化したと言える。

　最後に，販売におけるアライアンスについて説明する。販売におけるアライアンスのタイプとしては，購買契約，販売代理契約，サービス契約などがあげられている[26]。国内外への販路の拡大や商品・サービスの品質向上，同提供の迅速化などがその目的として考えられる[27]。

　また，近年は，新興国，途上国市場へのアプローチ方法としても，アライアンスが選ばれることもある。JETRO（Japan External Trade Organization：日本貿易振興機構）(2015) は，市場として有望でありながらまだ開拓の余地がある国を「クリティカルマス市場」とし分析している。具体的には，ブラジル，インド，メキシコ，トルコ，ナイジェリア，コロンビア，南アフリカ共和国，エジプト，パキスタン，バングラデシュがあげられている。これらの国の経済成長は速く，たとえばブラジルは 10 年前の 4.1 倍，ナイジェリアは 4.2 倍，トルコは 2.7 倍まで消費規模が拡大した[28]。

　こうした市場は非常に魅力的である反面，従来の主戦場である日米欧の先進国市場とはさまざまな点で異なっている。クリティカルマス市場へ進出する企

業の多くは，その国の法整備の遅れや情報不足といった問題や，その土地の文化や言語の問題を抱えることとなる。特にB to C市場をターゲットとしている場合，未知の販路や顧客開拓などに相当な時間とコストを費やす。したがって，その市場で豊富な経験や知識をもち，政府や他企業とのコネクションはもちろん，販路や顧客開拓において現地企業とのアライアンスは，参入における選択肢の1つとなりうる[29]。

　実際，これから市場拡大が見込まれるインド，ブラジル，トルコ，バングラデシュでは，消費市場獲得を目的とした食品など生活関連型の製造業や非製造業の提携件数割合が高い。また，南ア，コロンビア，エジプトのような日本企業の進出が少ない場合には，地場企業と業務提携を結んで商品・サービス販売を委託するケースが多いと指摘されている[30]。

　以上，3つの段階に分け，アライアンスの種類や目的について説明してきた。それぞれは，主に製造業を基にしている。同時に，大企業を中心とした議論である。しかし，アライアンスは製造業の大企業にのみ与えられた選択肢ではない。

　たとえば，航空産業においては，3つの大きなアライアンスのグループが存在している。ANAが加盟しているスター・アライアンス，JALが加盟しているワン・ワールド，そしてスカイチームである。アライアンスの形態によって協働する内容は異なるが，関係が深化すると，協同広告やチケットの協同販売，空港施設の共有，運行スケジュール調整，フリークエントフライヤープログラムのリンクや路線ネットワークの協同設計，顧客データの共有などまでアライアンス内の航空会社間で行われるようになる[31]。

　この産業は，一般的な製造業よりも規制が厳しい。1995年に公表されたオープンスカイ協定を契機に，輸送力や運賃，参入地点に関する規制緩和が行われ，コードシェアなどの新たな運行形態が認められるようになった[32]。規制緩和や自由化が進んだものの，今なおさまざまな制度的制約がある。そもそも，一口に航空自由化といってもその形態はさまざまである[33]。したがって，一般的には，これまでみてきたような企業のアライアンスとは異なる行動になる。

長期的な戦略目標の共有，利害の共有を含む相互対等な関係の構築，資源の相互補完や相互利益の獲得については共通している。しかし，目的の達成手段や資源の相互補完において，有利なネットワークの構築と拡大が特に重視されている点，そして二国間主義における制限的環境下におけるアライアンスは，単なる企業間の契約ではなく二国間の承認事項になる点が，この産業の特徴と言える[34]。

　さらに，アライアンスは大企業間でのみ行われるものではなく，中小企業間，あるいは中小企業と海外企業間のグローバル・アライアンスもある。経済産業省は，彼らが有する潜在的技術を活用した海外展開を推進するため，JETROを窓口とする投資提携を支援する体制を整備している。その目的は，彼らのもつ潜在的な技術を掘り起こし，外国企業の有する実用化ノウハウ，海外ネットワーク等の優れた経営資源を活用することによって，中堅・中小企業自身の海外事業展開等を推進するためであるとしている[35]。

　今やグローバル・アライアンスは，製造業や大企業はもとより，非製造業や中小企業にとっても重要な経営資源の獲得方法の１つであるが，アライアンス締結後，それをいかに各企業が管理するのかといった点は大きな課題として残っている。アライアンスは多様なメリットを有しており，今後も企業が競争優位を獲得する上で不可欠な選択肢であり続ける一方で，そのマネジメントの困難性を指摘する声もある。特にグローバル・アライアンスの場合，文化や慣習，言語等さまざまな点で異なる国や地域の企業，そして個人がチームを組むことになる。そこでのマネジメントは難しい課題となる[36]。

　桑名（2012）は，マネジメントのプロセスを，アライアンスの形成段階，ガバナンス段階，進化段階の３つに分類し，各段階におけるマネジメントの重要性について指摘している[37]。また，山倉（2013）もアライアンスのマネジメントについて，目標の明確化，提携への資源の十分な投入，責任の明確化，情報の交流，人員配置とキャリア開発，提携の進行の監視などをポイントにあげている[38]。

第4節　内部化理論とグローバル・アライアンス

　本節においては，グローバル・アライアンスの理論的位置づけを確認する。根幹となるのは，内部化理論である。これは，「国境を越えて行われる取引を不完全な市場に任せるのではなく，取引が企業内に内部化される根拠を示すことで多国籍企業の存在理由を明らかにしようとする」理論である[39]。なぜ企業が海外に進出し活動を行うのかという問いに対しては，いくつかの理論が解答している。内部化理論はそのうちの1つである。

　企業が資源や知識，ノウハウを獲得しようとしたとき，自社内で研究開発を行い，それを獲得するか，あるいは外部から調達するかという大きく分けて2つの方法がある。後者の場合，外部市場を利用することになるが，そこは当然，市場原理が働いている。自社が求める資源を有している企業が，情報の非対称性や不確実性を利用して機会主義的行動をとる可能性がある。これを放置すると，取引当事者間での衝突や紛争，関係の解消といったことになりかねない。そこで，取引を市場に委ねるのではなく企業内に取り込む，つまり内部化するのである。内部化されたその取引は，市場原理ではなく企業内の組織原理のもと，指揮命令系統や計画・慣習を通じて調整されるため，外部市場を活用した場合の取引にかかっていた取引コストが削減される[40]。

　では，すべての取引を内部化し，取引コストを削減することが最良であろうか。しかし，内部化すればまったくコストがかからないというわけではない。たとえば，前節の事例にみたように，新興国市場の開拓には，自社内のノウハウの少なさから，現地企業よりもはるかに多くの時間やコストがかかる可能性がある。外部市場で取引するか，内部化するか，どちらの方がコストを節約できるか考慮した結果，内部化が選ばれたとき多国籍企業が誕生する。

　しかしながら，取引相手企業と市場取引を行うのか，それとも取引を内部化するのかといった二択ではなく，第3番目の選択肢が現れた。それが，アライアンスである。アライアンスは，他企業と関係を構築するものであるが，完全

に外部市場に委ねられた取引を行うわけではない。アライアンスの中には，資本関係を有するものとそうでないもの両方のパターンがあるものの，内部化やM&A（merger and acquisition：合併，買収）のように資本関係によって完全に相手先を縛るものではない。独立した企業間において締結された契約に基づき，機会主義を抑制し協働する関係である。それも，限定された期間，特定の戦略的目的をもって形成される企業間関係である。これは，取引相手を統合・支配するよりも安上がりで，時間も節約でき，継続が困難とあれば関係を解消することもできる。したがって，アライアンスとは，外部市場における取引か内部化するかのどちらかに当てはまるわけではなく，市場メカニズムと企業組織のメカニズム双方の利点を組み合わせた中間的な取引形態であると言える[41]。

第5節　おわりに

　本章においては，まず，今日の競争環境に基づき，グローバル・アライアンスとは何か，どのような特徴があるのかを取り上げた。続いて，研究開発，製造，販売という3つの段階に分け，企業は各段階において何を目的にどのようなアライアンスを締結するのかを解説してきた。また，この節においては，アライアンスに関する議論ではあまり取り上げられてこなかった，非製造業におけるアライアンスや中小企業についても若干補足した。第3節においては，増加するアライアンスは何の脈絡もなく誕生したものではなく，内部化理論の議論上に位置づけられていることを確認した。

　目まぐるしく変化する経営環境の中，企業は生き残りとさらなる発展に向け，他国の企業はもちろんライバル企業とさえもアライアンスを結び，競争優位を獲得しようとしている。本章においては，グローバル・アライアンスに関して最低限，説明してきたに過ぎない。今後，アライアンスについては，いっそう多様な取り組みがなされるであろう。このような事例を積み重ね，精緻に議論を深めていく必要がある。

第 8 章 グローバル・アライアンス戦略 139

【注】

（1）キリンビバレッジ株式会社「DyDo と KIRIN の自動販売機どちらでも買える『主力 4 商品を自動販売機で相互販売』〜新たな対象商品でラインアップを強化〜」（https://www.kirin.co.jp/company/news/2017/0306_01.html　2018 年 8 月 16 日現在）。

（2）キリンホールディングス「コカ・コーラグループとの業務提携及び資本提携に関する協議について」IR リリース（http://pdf.irpocket.com/C2503/Wc5N/C8lF/YXGY.pdf　2018 年 3 月 30 日現在）。なお，資本提携については協議を終了したが，業務提携については継続協議していくこととなった。

（3）JETRO『ジェトロ世界貿易投資報告　2017 年版』日本貿易振興機構，2017 年，44 ページ。

（4）JETRO ホームページ（https://www.jetro.go.jp/invest/whyjapan/ch2.html　2018 年 3 月 30 日現在）。

（5）東洋経済新報社『会社四季報　業界地図 2018 年版』，2017 年，161 ページ。

（6）JETRO，前出ホームページ。

（7）JETRO，前掲書，34，39 ページ。

（8）キッコーマンホームページ（https://www.kikkoman.co.jp/ir/lib/oversea.html　2018 年 3 月 30 日現在）。

（9）資生堂ホームページ（http://www.shiseidogroup.jp/company/glance/?rt_bt=second-company-mainmenu_002　2018 年 3 月 30 日現在）。

（10）キリンビバレッジ株式会社，前掲ホームページ（2018 年 3 月 30 日現在）。

（11）德田昭雄『グローバル企業の戦略的提携』ミネルヴァ書房，2000 年，18 ページ。

（12）経済産業省・厚生労働省・文部科学省編『ものづくり白書 2016 年版』経済産業調査会，125 〜 128 ページ。

（13）日髙克平「グローバル・アライアンスの経営—初動環境・深化・相互学習の動態—」長谷川廣編著『日本型経営システムの構造転換』中央大学出版，1998 年，156 ページ。

（14）日産自動車ホームページ（http://www2.nissan.co.jp/AUTONOMOUSDRIVE/01/index.html　2018 年 3 月 26 日現在）。

（15）東洋経済新報社，前掲書，42 〜 43 ページ。

（16）本章では取り上げられなかったが，サービス産業におけるアライアンスについては以下の文献に詳しい。中村裕哲「戦略的提携による海外市場参入」『愛知学院大学論叢 商学研究』Vol.55，Issue1，2014 年，39 〜 76 ページ。

（17）桑名義晴「グローバル・アライアンス戦略のダイナミズム：競争優位の構築の視点から」『桜美林経営研究』Vol.2，2012 年，15 〜 16 ページ。

（18）野中郁次郎「イノベーションの本質　知識創造のリーダーシップ」『学術の動向』Vol.12，Issue 5，2007 年，60 〜 69 ページ。

（19）松行彬子「グループ経営における組織学習と組織間学習」『嘉悦大学研究論集』Vol.44，Issu.2，2002 年，7 ページ。

（20）日高，前掲書，157 ページ。

（21）冨田健司「製薬企業における戦略的提携の効果的マネジメント」『医療と社会』Vol.17，Issue 3，2007 年，285 ページ。

（22）東洋経済オンライン（http://toyokeizai.net/articles/-/166463　2018 年 3 月 30 日現在）。

（23）冨田，前掲書，288 ページ。

（24）ただし，研究開発を目的とした工場は有している。詳細は各社資料を参照のこと。

（25）神原浩年「携帯電話端末業界における製造の外部委託—戦略的意思決定による優位性の獲得—」『赤門マネジメントレビュー』11 巻，7 号，2012 年，433 ～ 437 ページ。

（26）冨田，前掲書，288 ページ。

（27）アクセンチュア株式会社『外国企業と中堅・中小企業の投資提携事例に関する調査』，2017 年，10 ページ。

（28）JETRO『ジェトロ世界貿易投資報告書　2015 年版』日本貿易振興機構，2015 年，68 ～ 69 ページ。

（29）同上書，76 ～ 77 ページ。

（30）同上書，76 ページ。

（31）村上英樹「航空アライアンスの経済効果」『運輸政策研究』Vol.3，No.4，2001 年 winter，42 ～ 44 ページ。

（32）ANA ホールディングス　ホームページ（http://www.anahd.co.jp/company/pickup/pickup_alliance.html　2018 年 3 月 30 日現在）。

（33）三輪英生・花岡伸也「国際航空輸送の自由化の動向と我が国の自由化へ向けた考察」『運輸政策研究』Vo.7，No.1，2004 年 spring，14 ～ 22 ページ。

（34）塩見英治「国際航空の戦略的提携とオープンスカイ」『三田商学研究』Vol.43，Issue 3，2000 年，59 ～ 61 ページ。

（35）経済産業省ホームページ（http://www.meti.go.jp/press/2015/09/20150929003/20150929003.html　2018 年 3 月 30 日現在）。
　　　また，実際に外国企業と投資提携を行った中堅・中小企業の投資事例については，以下にまとめられている。アクセンチュア，前掲書。

（36）冨田，前掲書，285 ページ。

（37）桑名，前掲書，21 ～ 27 ページ。

（38）山倉健嗣「国際戦略経営論の構成」『国際戦略経営論の構成』第 33 巻，第 4 号，2012 年，101 ページ。

（39）長谷川信次「内部化理論」江夏健一・長谷川信次・長谷川礼編著『国際ビジネス理論』中央経済社，2008 年，65 ページ。

（40）同上書，65 〜 82 ページおよび長谷川信次「国際戦略提携とは何か」『日本経営診断学会論集』Vol.2，2002 年，13 〜 23 ページ。

（41）長谷川，同上書，16 〜 22 ページ。

◆参考文献◆

神原浩年「携帯電話端末業界における製造の外部委託—戦略的意思決定による優位性の獲得—」『赤門マネジメントレビュー』11 巻，7 号，2012 年，433 〜 437 ページ。

桑名義晴「グローバル・アライアンス戦略のダイナミズム：競争優位の構築の視点から」『桜美林経営研究』Vol.2，2012 年，15 〜 32 ページ。

塩見英治「国際航空の戦略的提携とオープンスカイ」『三田商学研究』Vol.43，Issue 3，2000 年，53 〜 67 ページ。

徳田昭雄『グローバル企業の戦略的提携』ミネルヴァ書房，2000 年。

冨田健司「製薬企業における戦略的提携の効果的マネジメント」『医療と社会』Vol.17，Issue 3，2007 年，285 〜 314 ページ。

中村裕哲「戦略的提携による海外市場参入」『愛知学院大学論叢 商学研究』Vol.55，Issue1，2014 年，39 〜 76 ページ。

野中郁次郎「イノベーションの本質　知識創造のリーダーシップ」『学術の動向』Vol.12，Issue 5，2007 年，60 〜 69 ページ。

長谷川信次「国際戦略提携とは何か」『日本経営診断学会論集』Vol.2，2002 年，13 〜 23 ページ。

長谷川信次「内部化理論」江夏健一・長谷川信次・長谷川礼編著『国際ビジネス理論』中央経済社，2008 年，65 〜 82 ページ。

日髙克平「グローバル・アライアンスの経営—初動環境・深化・相互学習の動態—」長谷川廣編著『日本型経営システムの構造転換』中央大学出版，1998 年，153 〜 193 ページ。

松行彬子「グループ経営における組織学習と組織間学習」『嘉悦大学研究論集』Vol.44，Issu.2，2002 年，1 〜 17 ページ。

三輪英生・花岡伸也「国際航空輸送の自由化の動向と我が国の自由化へ向けた考察」『運輸政策研究』Vo.7，No.1，2004 年 spring，14 〜 22 ページ。

村上英樹「航空アライアンスの経済効果」『運輸政策研究』Vol.3，No.4，2001 年 winter，42 〜 44 ページ。

山倉健嗣「国際戦略経営論の構成」『国際戦略経営論の構成』第 33 巻，第 4 号，2012 年，425 〜 464 ページ。

第9章
グローバル M&A 戦略

第1節　はじめに

　世界の化学業界では，この数年で大規模な M&A が続き，大手3社による寡占が進みつつある。2017年9月にアメリカのダウ・ケミカルとデュポンが経営統合し，ダウ・デュポンが誕生した。また，2017年6月には，中国化工集団がスイスのシンジェンタを買収した。2016年には，ドイツのバイエルがアメリカのモンサントを7兆4,000億円で買収する合意が成立したが，EU の規制当局の承諾を得るために，バイエルが農薬・種子事業の一部をドイツのBASF に7,800億円で売却することを2017年10月に公表した。アメリカの化学メーカーは激化するグローバル競争の中で，価格競争力をもつ中国企業と技術優位性をもつ EU 企業の板挟みとなり，再編を急いでいる。

　また，2017年9月には，鉄道車両で世界2位のドイツのシーメンスと同3位のフランスのアルストムが鉄道事業を統合すると発表した。中国では，中国北車と中国南車が経営統合して中国中車が発足したが，同社は価格競争力を武器にして新興国での受注競争を有利に展開している。シーメンスとアルストムの事業統合は中国中社への対抗軸の形成を目的とするものである。

　この数年，巨大企業のグローバル再編をもたらすような大規模なクロスボーダー M&A が相次いでいるが，本章では日本企業の海外企業買収について検討する。海外企業の買収で成功している日本企業は37％，失敗は21％といわれ，「既存事業の補完」を目的に買収する企業の成功例が最も多かった[1]。本

第 9 章　グローバル M&A 戦略　143

章第 2 節と第 3 節では，海外 M&A でめざましい成功をおさめている 2 社を取り上げ，その成功の要因について検討する。

第 2 節　成長戦略としてのクロスボーダー M&A

　日本企業のクロスボーダー M&A（国境を越えた企業買収）は，海外企業による日本企業買収（Out-In 型 M&A）よりも，日本企業による海外企業買収（In-Out 型）の方が件数においても金額ベースでもはるかに多いことが知られている。日本企業による海外企業買収を地域別に見るならば，北米，欧州のシェアが 2000 年代には 60％であったのに対し，2010 年代には 50％に低下し，代わってアジアのシェアは同年代に約 33％から約 40％に増加した[2]。日本企業は 2000 年代以降，急成長を遂げるアジア市場への進出を強めていることがわかる。

　日本企業の M&A は，リーマンショック以降の景気低迷を受けて減少していたが，2012 年を境に増加に転じた。その背景には，景気回復とともに高まった株主の経営者に対する成長戦略への圧力，空前の低金利，日本国内市場の縮小などをあげることができる。

　日本企業の In-Out 型 M&A を山本貴之は次のように類型化している[3]。

① 　同業企業の買収による対象国・地域への進出
② 　周辺事業企業の買収による対象国・地域の既存事業の強化
③ 　買収対象企業の優れた技術を獲得，国内を含めグローバルに展開

　この 3 類型のほかに，山本は，数は多くないと断りながらも，「グローバル企業同士の統合」や「海外企業の買収による新規事業への進出」などのタイプもあげている。本章の次節以降で取り上げる日本電産は②と③の両方に該当し，日本たばこは①に該当するということができるが，複数のタイプにまたがるケースも多いと考えられる。

　さらに，山本は，クロスボーダー M&A においては，買収対象企業の文化的・歴史的，そして法規制の相違に注意して買収交渉を進める必要があると

述べている。たとえば，アメリカやヨーロッパにおいては，M&Aについての知識も十分であり，「交渉ではロジックが重視され，事実および定量化された数値をベースに議論が進んでいく[4]」。しかし，買収交渉は条件次第で決まる英・米に対し，企業を家業と考える傾向が強いドイツ・フランス・イタリアなどでは，買収後の経営方針などについても十分な説明が必要である。

他方，東南アジアでの買収交渉においては，日本とは異なる複雑な法規制に注意しなければならないとして，以下の5点をあげている[5]。

① 持ち分割合に関する制限（規制業種に該当する場合）
② 株主構成に関する制限
③ 取締役会構成に関する制限
④ 不動産保有に関する制限
⑤ 国外親会社への配当・金利支払いに関する制限（税務面を含む）

アジアに進出している企業は利益率や成長率が高いというデータもあり，日本企業にとってアジア市場の重要性はますます高まってきている。14億人の人口をもつ中国をはじめ，13億人の人口を有するインドや2億5,000万人の人口を有するインドネシアは，高い成長率を維持しており，日本企業にとってきわめて魅力的な市場である。加えて，2015年のAEC（アセアン経済共同体）の発足に伴って経済的な連携が強固になったアセアン10カ国は，日本企業のサプライチェーンの一環に組み込まれているため，日本企業にとっての重要性はますます高まってきている。アジア地域における企業買収は，多くの日本企業の成長戦略においてきわめて重要な地位を占めており，今後さらにこの地域でのM&Aが増加することになると考えられる。

一方，武田薬品工業が2018年5月に行った，アイルランドの製薬会社シャイアーを6兆8,000億円で買収する提案は世界を驚かせた。武田薬品工業は近年，スイスのナイコメッドやアメリカのミレニアム・ファーマシューティカルズなどの大型買収と創薬ベンチャー企業の買収を繰り返してきた。製薬業界の大型企業買収は，アメリカなどの先進国市場や新興国市場への販路拡大の目

第9章　グローバル M&A 戦略　145

的，そして新技術獲得の目的で，また異なる製品市場への参入などの目的で行われているのに対し，創薬ベンチャー企業の買収は，新薬開発のための技術獲得や，既存技術とのシナジーを追求するための企業買収である。

　人口減少による国内市場の縮小，成長するアジア市場への参入，新技術の獲得，グローバル競争の激化など，さまざまな理由により，日本企業の海外企業買収は，その件数も増加していると同時に，1兆円を超えるような巨額買収が増加している（図表9-1）。

　このように日本企業の海外企業買収は，買収金額が巨額化しているだけでなく，買収件数も増加が続いている。

図表9-1　日本企業による海外企業の買収ランキング（金額順）

		買収年	金額	買取先	事業分野
1	ソフトバンクグループ	2016 年	3 兆 3,000 億円	英アーム・ホールディングス	半導体設計
2	日本たばこ産業	2006 年	2 兆 2,500 億円	英ガラハー	たばこ
3	ソフトバンク	2006 年	1 兆 9,000 億円	英ボーダフォン日本法人	携帯電話
4	ソフトバンク	2012 年	1 兆 8,000 億円	米スプリント・ネクステル	携帯電話
5	サントリーホールディングス	2014 年	1 兆 6,000 億円	米ビーム	蒸留酒
6	伊藤忠商事，チャロン・ポカパン(タイ)	2015 年	1 兆 2,000 億円（資本参加）	中国中信集団	金融など
7	武田薬品工業	2011 年	1 兆 1,080 億円	スイス・ナイコメッド	医薬品
8	NTT ドコモ	2000 年	1 兆 1,000 億円	米 AT&T ワイヤレス	通信・放送
9	日本たばこ産業	1999 年	9,400 兆億円	米 RJR ナビスコ	たばこ
10	武田薬品工業	2008 年	8,900 兆億円	米ミレニアム	医薬品
11	アサヒグループホールディングス	2016 年	8,700 兆億円	英 SAB ミラー傘下の中東欧 5 カ国のビール事業会社	ビール

（注）レコフ調べ。社名は買取当時。金融機関は除く。
出所：『日本経済新聞』2018 年 5 月 8 日。

図表 9 − 2 　日本企業によるクロスボーダー M&A の推移（件数，金額）

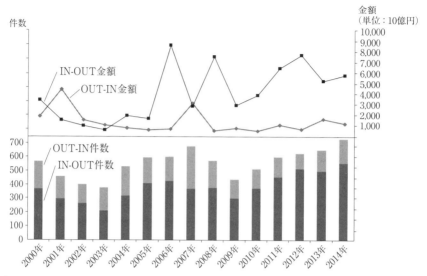

（資料）レコフ調べ。
出所：山本貴之編著『M&A の「新」潮流』エネルギーフォーラム，2016 年，171 ページ。

第 3 節　日本電産の M&A 戦略

　一般に M&A の半分以上は失敗しているといわれる。そのような状況の中で M&A によって会社を成長させ，買収した企業の技術や人材を用いて巧みにシナジーを追求することに成功してきたのが日本電産である。多くの企業が買収後の統合において成果を上げることができず，その結果，企業買収に失敗し，買収価格をはるかに下回る価格で買収企業の売却に追い込まれるのは周知の事実である。日本電産は，買収先企業の技術や人材と自社の技術や人材とを掛け合わせることにより，新製品の開発やイノベーションに活用し，利益率を高めながら持続的に企業を拡大させてきた。ここでは日本電産の M&A を通したシナジー追求とイノベーション創出の方法についてみていくことにする[6]。

　日本電産は 1973 年 7 月に永守重信によって設立された。創業時はモーター

の製造と販売を手掛ける企業であったが，1980年代半ばにパソコンが急速に普及し始めると，ハードディスク用精密モーターの開発に取り組み，パソコン市場の拡大とともに業績が拡大した。徹底したコスト削減，納期短縮，顧客志向をスローガンとした経営により，1988年には大阪証券取引所第2部に上場を果たした。

　日本電産がその経営を特徴づけるM&Aを多用した経営に転ずるのは，1990年代半ばからである。シンポ工業（1995年），トーソク（1997年），三協精機製作所（2003年）など業績が悪化した日本企業を次々と買収し，精密モーターの技術革新を進めていった。その後，日本企業の買収で蓄積したM&Aのノウハウを海外企業の買収に転用していくことになる。すなわち，ヴァレオの車載関連モーター事業（フランス，2006年），ACCの家電用モーター事業（イタリア，2009年），エマソン・エレクトリック（アメリカ，2010年），GPM（ドイツ，2014年），Motortecnica（イタリア，2015年），ECE（イタリア，2016年）など海外企業を積極的に買収した結果，2015年には海外売上高比率は80％超となった。M&Aにおける日本電産のポリシーは，被買収企業の人員削減や資産売却はせず，被買収企業の経営を立て直し，この企業が最高益を更新すると，この子会社の社名に「日本電産」の文字を冠するというものである。これらの買収を通して，ハードディスク用精密モーターから車載・家電・商業・産業用モーターへと多角化も進めた。

　日本電産の売上高は，M&Aを通して，2005年の5,369億円から2010年の1兆1,783億円へと2倍に拡大したが，それだけでなく，この期間のM&Aは，成熟期を迎えた精密小型モーターから車載用モーター，家電・商業・産業用モーターへと軸足を移すためのM&Aであった。精密小型モーターが全売上高に占める割合は，2005年には51％であったが，2015年には38％に低下し，この間に日本電産の事業構造は大きく転換している。今後大きな成長が見込めない成熟事業への依存度を減らし，成長が期待される事業への投資を拡大しなければ会社の成長は実現できないが，2010年頃からの海外企業の買収は，日本電産の事業構造の転換を目的に進められていたことがわかる。

　自動車のEVシフトや自動運転車の開発，IoTの発展など産業や社会の大き

図表 9－3 日本電産の業績推移と主な買収企業

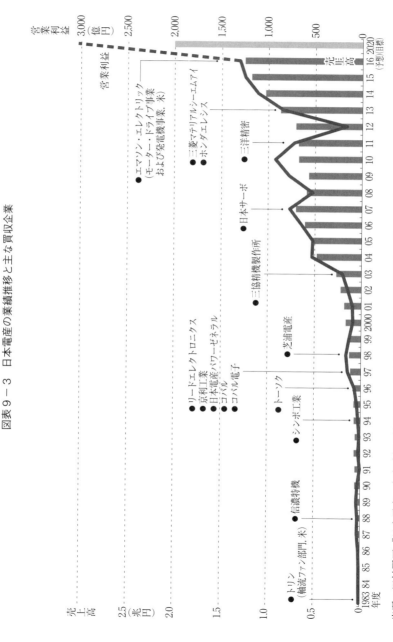

出所：田村賢司『日本電産 永守重信が社員に言い続けた仕事の勝ち方』日経BP社、2017年、260～261ページ。

な発展の流れを予測し，自社の事業構造を成長する事業に向けて転換する目標を明確にし，そのために自社に足りない経営資源を M&A によって獲得していこうとする戦略である。近年の日本電産の M&A は，海外企業の買収を進めることによってグローバル化を図ることと，他社の経営資源を獲得することによって新事業を創造する方向で進められている。その際に，かつて国内企業で培ってきた，経営難に陥った企業を買収し，経営効率の高い企業へと再建する経営ノウハウが活用される。たとえば，2014 年に買収した，エンジンなどに冷却水や潤滑油を供給するポンプの製造で欧州最大手である，ドイツの GPMでは買収後，利益率が 2 倍に上昇した[7]。

永守会長には日本電産の経営で実践してきた経営哲学があるが，買収した海外企業でも彼独自の経営哲学を実践している。たとえば，「井戸掘り経営」「千切り経営」「家計簿経営」などである[8]。「井戸掘り経営」は，経営課題等の改善・解決は，そのアイデアが出るまで徹底し続けるということである。「千切り経営」は，どんな難題でも小さく分けて対処すれば必ず解決できるという考え方である。また，「家計簿経営」は，収支管理を徹底すれば必ず利益を出せるというものである。

このような単純で明快な指針は，従業員にとって非常にわかりやすいものであるため，全従業員が共有することが容易である。日本で成功した経営哲学は，文化の異なる海外企業の従業員にとっても，その単純明快さの故に，容易に受容され功を奏したと考えられる。

また，永守会長が新事業を創造する際の指針である「3 新」も，日本電産グループの従業員に深く浸透している。「3 新」は永守イズムの 1 つで，「新製品」「新市場」「新顧客」を追求して成長を目指すという指針である[9]。

近年，日本電産では買収した海外子会社が自律的に新事業創造を進めるようになってきている。2010 年に日本電産が買収したアメリカのエマソン・エレクトリック社のモーター事業部門である日本電産モーター（以下，NMC）は，2015 年にフロリダ州の KB エレクトロニクス（以下，KB）の買収を主導した。日本電産は 2015 年にイタリアの E・M・G エレクトロメカニカを買収，2016 年

にはエマソンのモータードライブ事業と発電機事業を1,225億円で買収した。エマソンの2つの事業を買収した狙いは，この2つの事業がフランスやイギリスの拠点を中心にもつネットワークにあった。日本電産によるこれらの買収を主導したのはNMCであり，手薄だった販路や技術の獲得を目的とするものであった。NMCは，日本電産の家電・商業・産業用モーター事業全体をまとめた事業の部門本社として，事業拡大の戦略を立案・実行する役割を担いつつある[10]。

　しかし，単に買収した子会社の自律性を高めるだけでは経営資源が分散し，求心力が働かなくなってしまう。日本電産は，日本，アメリカ，ヨーロッパ，中東，アフリカ，中国，アジアにそれぞれ地域統括会社を置き，これに機能別の管理責任者がグローバルに責任を負うマトリックス組織を構築することによって管理し，求心力を得ることに成功している。すなわち，各国に分散した子会社群の縦割りの組織に，グローバルに異なる機能を担う横串を通してクロス・ファンクショナル・チーム（以下，CFT）を形成することによって，グループ全体の意思統一を図っている。たとえば，「グローバルPMI（Post Merger Integration）推進統括本部」は，海外子会社幹部に対して永守哲学を浸透させることにより収益改革を進め，「グローバルビジネス統括本部」はグループ子会社全体のシナジーを追求することを目指し，「グローバル購買統括本部」はグローバルな最適購買を目指し，「生産技術研究所」はグローバルに生産技術の底上げ，一体化を目指している[11]。

　CFTはもともと日本電産で採用されていた管理手法であるから，現在のCFTはそれをグローバル規模で実践していることになる。横串組織は世界中の子会社群がもつ経営資源を結合して新事業を創出する原動力になっている。

　パソコン用ハードディスクに用いられる精密小型モーター事業によって会社を急成長させてきた日本電産であるが，パソコン分野の成熟化に伴い，精密小型モーターの需要は近年頭打ちとなっている。この市場変化を見越して，日本電産は20年以上前からM&Aを通した事業構造の転換を図ってきた。新たな事業の柱に据えているのは車載事業と家電・商業・産業用事業である。日本電産はこの2つの分野で新事業を次々に創出しているが，そこで大きな力を発揮

しているのが，買収した企業同士の技術を結合して新しい技術や製品を生み出す開発力である。たとえば無人搬送車（AGV）を手がけていた日本電産シンポ（1994年に買収したシンポ工業から名称変更）にNMC（2010年に買収したエマソン・エレクトリックのモーター事業が前身）の技術を結合し，次世代AGV用駆動装置を開発している[12]。また，車載事業分野では，日本電産のモーターと日本電産エレシス（2014年に買収したホンダエレシスから名称変更）との技術結合から生まれた電動パワーステアリング用モーターの開発などをあげることができる。さらに，センサーの優れた技術をもつ日本電産エレシスとカメラ技術をもつ日本電産コパル（前身は1997年に買収したコパル電子）の技術を結合して，自動ブレーキなどの運転支援システム開発を進めている。

また，家電分野においては，日本電産がパソコン用精密小型モーターで培ってきた高度な技術が力を発揮している。アジア新興国では中間層の増大に伴い，高級な家電が普及しつつある。ハードディスク用精密小型モーターで蓄積された技術は，静音・省エネの冷蔵庫などに転用が可能であり，従来よりも細かな温度管理もできるようになる。これらの部品は中国や韓国の家電メーカー向けに出荷されており，2015年の売上高は前年比2倍と業績拡大に貢献している。

日本電産は1984年にアメリカのトリン社の買収に始まり，2018年4月のエンブラコ（アメリカ）の買収まで，34年間で国内外58社の企業買収を行っている。1984年から2006年までは24社を買収しているが，この時期は日本企業の買収が中心で，海外企業の買収は4社しかない。2006年のヴァレオ（フランス）の事業部門買収以降，2018年までは34社を買収しているが，このうち日本企業は5社に過ぎない。2006年以降は，日本企業のM&Aで培ったノウハウを海外M&Aに応用したということができる。日本電産はM&Aを同社の成長戦略の中心にすえているが，M&Aが売上高および利益の成長に大きく貢献していることが同社の公表した資料からもわかる（図表9-4，9-5）[13]。

日本電産の成長戦略は，ハードディスク用精密モーターでトップメーカーとなった第1期（1973年の創業から1988年の大阪証券取引所2部上場まで），国内企業の買収によって技術力を向上させた第2期（1990年代半ばから2005年まで），

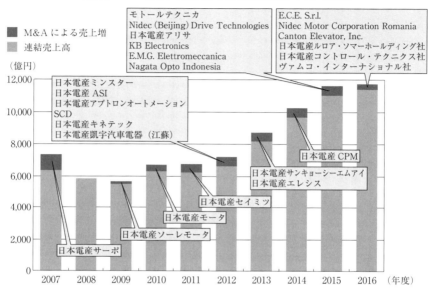

図表9－4　M&Aの売上寄与度と営業利益（率）の推移

出所：日本電産ウェブサイト「日本電産の成長戦略」（http://www.nidec.com/ja-JP/ir/management/strategy/，2018年5月13日アクセス）。

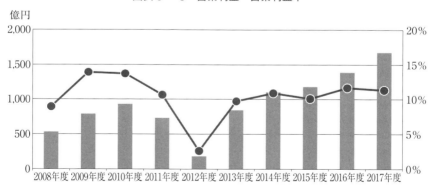

図表9－5　営業利益・営業利益率

出所：日本電産ウェブサイト「過去10年間の業績推移」（http://www.nidec.com/ir/management/highlight/archive/，2018年5月13日アクセス）。

第9章　グローバルM&A戦略　153

海外企業の買収によってグローバル展開を進めた第3期（2006年のヴァレオの車載関連モーター事業の買収から現在まで）に区分することができる。しかし，2010年頃からのM&Aは車載関連事業，家電・商業・産業用事業の買収が中心となっており，日本電産の事業構造転換を目指したM&Aということができ，従来の成長戦略とは性格が異なるため，これを第4期と考えることもできる。2018年4月の1,170億円に上る冷蔵庫部品事業エンブラコの買収も同社の事業構造転換を目指したM&Aである。永守会長は2018年から3年間で5,000億円の設備投資を計画しているが，内訳は車載用2,000億円，ロボット部品の減速機1,200億円，家電用の省エネモーター1,000億円となっており，新分野への投資を重視していることがわかる[14]。同社は2011年に売上高の52％を占めていた精密小型モーターのシェアを2021年には30％にし，車載（30％），家電・商業・産業用（30％）のシェアを同等に引き上げる計画であるが，売上高は約3倍の2兆円に拡大する計画である。

第4節　日本たばこの海外M&A戦略

　日本たばこは，日本を含む先進国での市場縮小と規制強化の中で，積極的な海外M&Aによって売上高の拡大と業績の向上を達成してきた数少ない企業のひとつである。日本たばこは1985年の民営化後，1999年アメリカのナビスコのアメリカ以外の事業を9,400億円で取得，2007年にはイギリスのガラハーを2兆2,500億円で買収した。1987年に日本がたばこ関税を撤廃すると，フィリップ・モリスやブリティッシュ・アメリカン・タバコなどの外国メーカーの製品が日本市場に流入し，97.6％だった日本たばこの国内シェアは2011年には54.9％にまで低下した。日本たばこによる海外2社に対する大規模な買収は，海外展開によって国内の窮状を打開することを目指したものである。この積極的な海外企業買収の結果，売上高に占める海外比率は，2015年12月期には58％，営業利益では61％に高まり，シェア首位の国・地域は17に上るまでになった[15]。

　たばこに対しては健康に与える悪影響を背景に，各国政府が年々規制を強化

している。各国は高額の税率や広告の規制，喫煙場所の制限など，厳しい規制をしているが，こうしたたばこ規制は 2003 年に世界保健機関（WHO）が規制条約を採択して以降，いっそう厳しさを増している。

　イギリスでは 2015 年のたばこの陳列禁止令により，客が直接目に触れる場所でのタバコの陳列が禁止された。タバコの陳列棚にはシャッターが付けられ，客が直接見ることができない形で陳列販売されるようになっている[16]。価格も 1 箱 1,100 〜 1,600 円（2016 年時点）と高価で，2015 年成立のプレーンパッケージ法により箱へのイラストやロゴなど，ブランドの印刷が禁止されている。かわりにパッケージには肺がんや子供の健康への悪影響を示す画像を表示しなければならない。

　このような厳しいたばこ規制の中においても，日本たばこは海外 M&A で好調な業績を達成している。ナビスコのアメリカ以外の事業とガラハーなどの海外事業は日本たばこインターナショナル（JTI）によって統括されている。2007 年のガラハー買収後のイギリスの事業は，販促費の増額などにより順調に業績を伸ばし，イギリスにおけるシェアは 37.2%（2007 年）から 42%（2015 年）まで高まり，同国首位となった。イギリス事業の成功により，イギリス市場は日本たばこにとって，日本，ロシアに次ぐ利益をあげる市場となった。イタリア，フランスなどにおいても，市場全体が縮小する中で JTI のシェアは順調に伸びている。規制強化が進むヨーロッパ先進国の中でシェアを伸ばしている要因は，販売店への営業力と各国・地域ごとの消費者の嗜好やトレンドに合わせたブランドのポートフォリオである[17]。

　先進国のたばこ市場は規制強化の下で縮小を続けている。そこで世界の大手たばこメーカーが期待するのが，新興国であり，フィリップ・モリス，ブリティッシュ・アメリカン・タバコの大手 2 社は新興国ですでに大きなシェアを握っている。日本たばこも大手 2 社に追随する形で，M&A，合弁会社設立，提携などの形で進出している。日本たばこはセルビア（2006 年），ブラジル（2009 年），スーダン・南スーダン（2011 年），ミャンマー（2012 年），エジプト（2013 年），イラン（2015 年），ドミニカ共和国（2016 年）などに進出をしているが，これらの国々でも先進

第9章　グローバルM&A戦略　155

国に倣って規制強化を目指す国が出始めている。これまでのところ，新興国のた
ばこ市場は順調に拡大しているが，2011年にたばこの広告を禁止する法律が制
定されたり，2015年にパッケージへの警告表示を義務付けたカンボジアのよう
な新興国もあり，規制強化の波が新興国に広がることは避けられないであろう。

　日本たばこは民営化以降，海外企業の買収を通して国際展開，市場拡大，業
績の向上を達成してきた。このようなグローバル化推進の中で，日本たばこは
2016年にナチュラル・アメリカン・スピリットのアメリカ以外の事業を6,000
億円で買収したが，これはこれまでのM&Aとは意味合いが異なる。ナチュ
ラル・アメリカン・スピリットの高品質の製品は日本市場で人気を博し，2015
年の同社の日本市場での対前年比伸び率は46％という驚異的な高さであった。
つまり，日本たばこによるナチュラル・アメリカン・スピリット買収は，日本
市場を防衛するための海外企業買収という目的で実施されたのである。

　日本国内のたばこ市場は，規制強化と加熱式たばこの急速な普及により，日
本たばこの国内販売は苦戦が続いている。日本たばこは新興国を中心とした海
外市場の販路を拡大しており，2017年には海外売上高が国内の2倍に達して
いるが，さらに海外展開を強化している。日本たばこは2018年3月に，ロシ
ア4位のたばこメーカー，ドンスコイ・タバックを1,900億円で買収すること
を公表した[18]。同社はすでに2017年時点でロシア市場で首位の3割強のシェ
アを握っているが，ドンスコイ・タバック買収によってシェアを4割に高め，
2位のフィリップ・モリス・インターナショナル（シェア27%），3位のブリテ
ィッシュ・アメリカン・タバコ（シェア22%）など競合企業を引き離そうとし
ている。ロシアは中国，インドネシアに次ぐ，世界第3位のたばこ市場である
が，そのロシア市場での優位性を高め，グローバル市場での経営の安定化を図
ろうとしていることがわかる。

第5節　おわりに

　武田薬品工業（以下，武田）の社運をかけたシャイアーの買収には，製薬企業

だけに留まらない，現代の日本企業に共通の経営課題を読み取ることができる。

　第1は，従来の企業間競争が国内企業同士，あるいは地域内企業同士の競争が中心であったのに対し，現代の企業間競争がグローバルなメガコンペティションになってきており，しかもその競争がますます激化してきているということである。武田は長年国内トップの規模を維持してきたが，世界レベルではトップ10からは程遠い存在であった。

　第2は，研究開発にいっそうのスピードが求められるようになり，しかもこれまでとは次元の異なる技術が求められるようになってきていることである。シャイアーは，希少疾患分野の薬品開発に強みをもつが，武田が注目するのはシャイアーのもつ遺伝治療分野での技術である。日本の製薬会社はゲノム編集などの研究で世界に遅れを取っており，武田はシャイアーの買収によって，遺伝子治療薬の開発においてこの遅れを一気に取り戻そうとしている[19]。自動運転車やEVの開発競争に見られるように，自動車業界にはIT企業や家電企業などの異次元の技術を持つ異業種からの参入が相次いでおり，これまで積み上げてきた技術とは次元の異なる技術を迅速に獲得することが求められる。

　第3は，シナジーの追求によって経営効率を高めることへの要求の高まりである。武田は京都大学iPS研究所と共同研究プロジェクトを進めているが，これにシャイアーの技術を掛け合わせることによって「iPS創薬」の開発速度を飛躍的に高めることができるといわれている[20]。また，武田は，2008年に買収したミレニアム・ファーマシューティカルズのもつ「ゲノム創薬」技術とシャイアーの技術の相乗効果にも期待をかけている。

　日本電産は，自社のもつ経営資源と買収先企業の経営資源の巧みなシナジー追求によって利益率を高めることに成功した。単なる規模の拡大だけでは，グローバル・コンペティションで優位に立つことはできない。買収先企業とのシナジーの高さが競争優位を確保するために不可欠であるが，多くの経営資源の中でも技術のシナジーが最も重要な要因であるということができる。

第 9 章　グローバル M&A 戦略　157

【注】

（１）『日本経済新聞』2018 年 5 月 29 日付
（２）山本貴之編著『M&A の「新」潮流』エネルギーフォーラム，2016 年，171 ページ。
（３）同上書，175 ページ。
（４）同上書，181 ～ 182 ページ。
（５）同上書，183 ページ。
（６）「日本電産」『日経ビジネス』2016 年 10 月 24 日，24 ～ 48 頁。
（７）同上稿，30 ～ 31 ページ。
（８）同上稿，32 ページ。
（９）同上稿，35 ページ。
（10）同上稿，35 ページ。
（11）同上稿，36 ページ。
（12）同上稿，39 ページ。
（13）日本電産 HP，2018 年版。
（14）『日本経済新聞』2018 年 4 月 25 日。
（15）「JT　かすむ未来図」『日経ビジネス』2016 年 6 月 13 日号，38 ページ。
（16）同上稿，40 ページ，以下同様。
（17）同上稿，41 ページ。
（18）『日本経済新聞』2018 年 3 月 17 日。
（19）『日本経済新聞』2018 年 5 月 20 日。
（20）同上資料。

◆参考文献◆

田村賢司『日本電産　永守重信が社員に言い続けた仕事の勝ち方』日経 BP 社，2017 年。
「日本電産」『日経ビジネス』2016 年 10 月 24 日，24 ～ 48 頁。
『日経ビジネス』2016 年 6 月 13 日号。
日本電産ウェブサイト「日本電産の成長戦略」(http://www.nidec.com/ja-JP/ir/management/ strategy/　2018 年 5 月 13 日アクセス)。
日本電産ウェブサイト「過去 10 年間の業績推移」(http://www.nidec.com/ir/management/ highlight/archive/　2018 年 5 月 13 日アクセス)。
山本貴之編著『M&A の「新」潮流』エネルギーフォーラム，2016 年。

第10章
EUの深化と国際経営

第1節　はじめに

　ヨーロッパ統合の気運は第一次世界大戦直後に高まりをみせるが，統合に向けた具体的な行動が進められるのは第二次世界大戦後のことである。1952年に6カ国で発足した欧州石炭鉄鋼共同体（ECSC）は，徐々に加盟国を拡大し，また政治的・経済的統合関係を強めながら，2018年現在28カ国の加盟国をもつEUにまで発展した。市場統合や通貨統合を経て経済的統合を強め，またEU大統領や共通の外交・防衛政策を備え，政治的な統合も強化してきた。

　ECSC発足から60年以上が経過したが，この間，統合へのスピードは一様ではなかった。各国の政治や経済が安定している時期には統合に向けたスピードが速まり，各国の政治が不安定で経済が困窮している時期には，各国の政府が国内問題の処理に追われ，統合へのスピードが停滞するという状況を繰り返してきた。

　1993年の市場統合から2004年のEU東方拡大までの間はEU統合のスピードが速かったが，2008年のリーマンショック以降は，ヨーロッパはさまざまな危機に襲われ統合が停滞するばかりでなく，EU分裂の可能性さえ危惧されるようにまでなってきた。しかし，EU統合は，経済的側面から見るならば，各国の国境の壁を低くし，規制を緩和することによって人や企業の活動を活性化させる意味があった。企業はEU域内に最適な生産拠点や販売拠点をもち，最適調達によって生産性を向上させてきた。企業はすでにEU域外，域内に強

固なサプライチェーンを構築し，生産性を高めることによって競争力を向上させている。近年，EU統合の停滞が続き，分裂の可能性まで指摘されているが，統合に逆行するような動向は企業の効率的な生産活動を阻害し，ひいては一般の市民の活動にも悪い影響を及ぼすことにならざるを得ない。このような視点から考えるならば，一時的な停滞や後退があったとしても，統合は進められる必然性があるということができる。近年，AEC（アセアン経済共同体），TPP（環太平洋経済連携協定），RCEP（東アジア地域包括的経済連携）など，さまざまな国際的地域統合が進展していることもこれを裏付けている。

　本章では，長い歴史をもつEU統合について，これまでの経緯における企業活動の変容，近年のEU危機における企業行動などについて見ていくことにする。

第2節　EU統合の歴史

1．ECSCからECまでの歩み

　ヨーロッパ統合運動は，リヒャルト・クーデンホーフ・カレルギーの「汎ヨーロッパ」構想にさかのぼることができる。カレルギーは第一次世界大戦後の欧州の地位低下を阻止し，欧州が再び世界の政治経済の中心となるべきであるとする「汎ヨーロッパ綱領」を発表した。1923年にウィーンで発表された「汎ヨーロッパ綱領」は，当時の各国の政治家，経済人，学者らから広範な支持を得たものの，欧州統合運動は，1929年の大恐慌やドイツにおけるナチスの台頭，第二次世界大戦などによって衰退していった[1]。

　欧州統合への動きは第二次世界大戦が終了すると再び始まった[2]。まず，ベルギー，オランダ，ルクセンブルクの3カ国が関係強化策を打ち出し，1948年にベネルックス関税同盟が成立した。次に，ドイツを国際的な管理下に置くことによって大戦の再発を防止すべきであるとの考えに基づき，ドイツの主要な産業である鉄鋼業と石炭産業を欧州諸国が共同で管理する構想が生まれ，欧州石炭鉄鋼共同体（European Coal and Steel Community，略称ECSC）が設立され

た。ECSC は西ドイツ，フランス，イタリアとベネルックス諸国の 6 カ国が参加し，1952 年に発足した。

しかし，欧州諸国は植民地が次々に独立したことなどによって，再び国際的な地位の低下に直面することになった。そこで，欧州諸国は経済力を回復させるために，石炭・鉄鋼産業以外の分野でも統合する必要があると考えるようになった。このような考えに基づいて設立されたのが欧州経済共同体（European Economic Community，略称 EEC）である。ECSC を構成する 6 カ国は 1957 年にローマ条約（Treaty of Rome）を締結し，また原子力分野でも協力を推進することを目指して欧州原子力共同体（European Atomic Energy Community，略称 EURATOM）を設立する条約も締結したのである。このようにして EEC と EURATOM が 1958 年に発足した。

EEC は欧州に共同市場を創設することを目的としていたが，具体的には以下のような内容から構成されている[3]。

① 加盟国間の関税や輸入数量割り当てを撤廃すること。
② 第三国には共通の関税と通商政策を適用すること。
③ 加盟国の人・サービス・資本の移動の障壁を除去すること。
④ 農業部門と運輸部門に共通の政策を実施すること。

EEC 域内の貿易はこれらの措置により，1960 年代には大きく増加した。そして，1965 年に調印された「ブリュッセル融合条約」に基づき，1967 年に EEC，EURATOM，ECSC の 3 つの組織が統合され，欧州共同体（European Community，略称 EC）が発足することになった。

1970 年代には二度の石油危機により加盟国の経済成長は停滞し，失業率は高どまりしたため各国は自国の経済問題の解決に目を奪われ，統合への機運は萎縮した。また，1973 年にイギリス，アイルランド，デンマークの 3 カ国が加盟し，加盟国は 9 カ国になったが，加盟国の増加は全会一致方式の意思決定の下での統合をより困難にした。

２．市場統合と通貨統合

　1980 年代には欧州経済は日本やアメリカと比べ一層遅れたものとなった。産業部門での技術革新の遅れが顕著になり，失業率も２ケタ台を記録するようになった。経済の停滞は統合の遅れから来るものであるという認識が強まったため，統合を促進しようという機運が高まることになった。

　このような背景の中で，1985 年のミラノ EC 首脳会議で EC 委員会により「域内市場統合白書」が EC 閣僚理事会に提出され，1987 年には「単一欧州議定書（Single European Act）」が発効した。「域内市場統合白書」は，企業や人の活動を妨げている３つの分野の障壁，すなわち，物理的障壁，技術的障壁，財政的障壁を除去し，加盟国間の人・物・サービス・資本の移動を自由にして経済を活性化することを目的としている[4]。

　物理的障壁の除去とは，物・人の移動を自由にし，動植物の検疫の撤廃などにより，国境に設けられている規制を取り除くことである。

　技術的障壁の除去とは，製品の技術基準や会社法の統一化，労働の移動自由化，政府調達の開放，資本移動の規制の緩和などのことであり，これまで域内の人や企業の自由な活動を妨げていた規制を取り除く（あるいは緩和する）ことである。

　財政的障壁の除去とは，税制や税率の違いによる障壁を取り除くことである。しかし，税制や税率は各国の国家政策によって差が生じていることも多いため，統一することがきわめて困難であることから調和化（ハーモナイゼーション）を目指すことになった。

　「単一欧州議定書」はローマ条約を最初に改正した修正条約であり，市場統合の完成時期を 1992 年 12 月 31 日と定めた。また，この議定書において，閣僚理事会の意思決定を全会一致から特定多数決制に変更した。特定多数決制は，人口の大きさに応じて各加盟国に議決権を割り当て，可決に加盟国の過半数（2014 年 11 月以降 55％），加盟国人口の 62％（同 65％）を必要とする意思決定制度である[5]。特定多数決制の目的は，その後の加盟国の増加を想定し，加盟国が増加して意思決定が困難になることを回避しようとしたことにある。

ただし，重要な決定については全会一致によるものとした。

　市場統合後の EU が次に目指したのは通貨統合であった。通貨統合を実現するためには再びローマ条約を改正する必要があった。そこで，1992 年にマーストリヒト条約が締結されることになった。マーストリヒト条約には 3 つの内容が含まれていた[6]。第 1 は欧州共同体（EC）条約であり，第 2 は共通外交安全保障政策，第 3 は司法内務協力である。このうち，通貨統合を目指すための EMU（Economic and Monetary Union，経済通貨同盟）は EC 条約の中で規定された。

　当時 EU 加盟国は 15 カ国であったが，通貨統合に参加したのは 11 カ国であった。通貨統合参加国 11 カ国は「ユーロ圏」と呼ばれている。共通通貨を導入することの経済的利点は，①両替手数料が必要なくなること，②為替相場変動リスクがなくなること，③スペイン，ポルトガル，ギリシャのような金融市場が未整備の国は，統合市場からの低利の借入れが可能になること，などである。さらに，当初は，異なる国の市民がユーロという共通通貨を使用することで，EU 市民という国境を超えた一体感が生まれるといった，精神面での利点が強調された。

　しかし，EU において大きな経済規模をもつイギリスは統一通過ユーロに参加しなかった。国民が通貨ポンドに特別の愛着をもち，また欧州大陸諸国とも一定の距離を置いて行動してきたことも不参加の要因といわれている。

3．中東欧諸国の加盟

　1957 年に 6 カ国でスタートした EU は数段階に分けて加盟国を増やし，2018 年現在 28 カ国に増加している。

　EU は拡大（加盟国の増加）と深化（統合の強化）を進めてきたが，EU 拡大のうち，とりわけ重要な意味をもつのは，2004 年の第五次拡大（このいわゆる「東方拡大」で旧社会主義国が EU に加盟した）以降の加盟国の増加である。2004 年に 10 カ国が同時に新規加盟を果たし，総人口が 5 億人を超える巨大経済圏が生まれたが，旧社会主義国である東欧諸国は経済発展が遅れ，西欧諸国との経済

第 10 章　EU の深化と国際経営　163

図表 10 - 1　ヨーロッパ統合関係年表

1923 年 10 月	リヒャルト・クーデンホーフ・カレルギー，パン・ヨーロッパ運動開始
1950 年　5 月	ロベール・シューマン仏外相，「シューマン・プラン」発表，「ヨーロッパ石炭・鉄鋼共同体（ECSC）」創設を提案
1951 年　4 月	仏，西独，伊，ベネルックス諸国がヨーロッパ石炭鉄鋼共同体（ECSC）条約（パリ条約）調印
1957 年　3 月	ヨーロッパ経済共同体（EEC）条約・ヨーロッパ原子力共同体（EAEC）条約（2 つのローマ条約）調印
1958 年　1 月	ローマ条約発効，EEC，EAEC 発足
1967 年　7 月	ブリュッセル融合条約発効。EC（ヨーロッパ共同体）誕生
1973 年　1 月	イギリス，デンマーク，アイルランド，EC 加盟（加盟国 9 カ国，第 1 次拡大）
1979 年　3 月	EMS 発足
6 月	第 1 回ヨーロッパ議会直接選挙
1981 年　1 月	ギリシャ，EC 加盟（加盟国 10 カ国，第 2 次拡大）
1985 年　6 月	EC 委員会，「域内市場白書」を閣僚理事会に提出
1986 年　1 月	スペイン，ポルトガル，EC 加盟（加盟国 12 カ国，第 3 次拡大）
2 月	単一ヨーロッパ議定書（SEA）調印
1989 年 11 月	ベルリンの壁崩壊（東欧の民主化運動激化）チェコでビロード革命（共産党体制集結）
12 月	ルーマニアで革命，共産主義体制（チャウシェスク体制）消滅
1991 年 12 月	マーストリヒト・ヨーロッパ理事会，「ヨーロッパ連合（EU）条約」締結について合意ソ連崩壊
1992 年　2 月	「マーストリヒト条約」（ヨーロッパ連合条約）調印
1993 年　1 月	域内市場統合完成，単一市場発足
11 月	「マーストリヒト条約」発効
1995 年　1 月	スウェーデン，オーストリア，フィンランド，EU 加盟（加盟国 15 カ国，第 4 次拡大）
1997 年　6 月	アムステルダム・ヨーロッパ理事会，「アムステルダム条約案」採択
10 月	アムステルダム条約調印
1998 年　6 月	ヨーロッパ中央銀行（ECB）発足
1999 年　1 月	ユーロ導入
2002 年　1 月	ユーロ紙幣，硬貨流通開始
7 月	EMU 完成
2004 年	EU 東方拡大（10 カ国が EU に新規加盟）
2007 年　1 月	ルーマニアなど 2 カ国が EU 加盟
10 月	リスボン新基本条約採択
2008 年	リーマンブラザーズ破綻（リーマンショック）とそれに続く世界金融危機
2009 年	ユーロ危機（ギリシャの粉飾がきっかけ）
2013 年	クロアチアが EU に新規加盟（28 カ国に）
2014 年	ロシアがクリミアに侵攻（クリミア危機）
2015 年	欧州難民危機
2016 年	イギリスが国民投票で EU 離脱を決定（ブレグジット）

格差はきわめて大きなものであった。そのため，安価な労働力を求め西欧の企業が東欧諸国への投資を急増させると同時に，高い賃金を求めて東欧諸国の労働者が西欧先進国に流入したため，西欧諸国において雇用環境が悪化することになった。東からの移民が西欧諸国の失業率を高めていると主張する西欧の労働者の間に，移民排斥運動が激しくなっていった。

ところで，EU統合の深化を求めた動きは「欧州憲法条約」として結実したかに見えた。しかし，「欧州憲法条約」は2004年に加盟国によって調印されたものの，翌2005年のフランスの国民投票，オランダの国民投票で相次いで批准が拒否されたことによって暗礁に乗り上げた。その理由は，EUが超国家になるのではないかという危惧，同条約が膨大な内容で一般市民に理解が難しかったためなどと考えられている[7]。EUの共通の外交・防衛，EU大統領の創設などを盛り込んだ「欧州憲法条約」は内容と名称を変更し，「リスボン条約」として調印され，2009年12月に発効した。リスボン条約は現在のEUの基本条約として，EUが経済から政治まで総合的に政策を形成し実施するための拠り所となっている。

第3節　EUの東方拡大と企業戦略

EUは2004年に中東欧を中心とする10カ国を新たに加盟国として認めたが，それに前後して，既加盟国である西欧の企業と新加盟国である中東欧企業との関係に大きな変化が生じた。所得水準の低い中東欧諸国は，低い労働コストが西欧企業にとって魅力的であり，生産拠点を中東欧諸国に移す企業が続出した。中東欧諸国は所得水準が上昇すれば市場としての魅力も次第に高まっていくことになる。

中東欧の優位性に着眼して，中東欧企業を買収し成功した例として，ルノーとフォルクスワーゲンをあげることができる。フランスの自動車メーカールノーは1999年にルーマニアの自動車メーカー，ダチアを買収した。ルノーはすでにソビエトの社会主義体制時代からダチアと提携し，1968年からルノー

車をダチアのブランドで生産した歴史があった[8]。1980年代後半に中東欧諸国の共産主義体制が相次いで崩壊すると，西欧企業は中東欧企業の買収に乗り出すことになった。ルノーのダチア買収はこのような流れの中で実行された。買収当初は，ダチアの事業領域を中東欧市場に向けた生産に限定していたこともあり，ダチアの業績は低迷していたが，2004年に4ドア・セダンの「ダチア・ロガン」を発売すると業績は一変した。「ダチア・ロガン」は中東欧市場向けに開発された最廉価な小型車であったが，西欧市場で急速に販売数を伸ばし，ロシア，北アフリカ，中東，インドなど欧州域外にも販路を広げ，2005年には1985年の民営化後初めて黒字となり，ルノーの連結業績を下支えする存在となった[9]。

　一方，ドイツの自動車メーカーフォルクスワーゲン（VW）はチェコの名門自動車メーカー，シュコダを買収し大きな成果を上げている。シュコダの前身は1905年創業のラウリン＆クレメント社に遡ることができるが，「生産性や商品開発の面で後れを取り，1980年代には経営不振に陥った」[10]。設備の近代化や工場の新設，技術供与を求めるシュコダと法人税優遇，工場用地取得価格優遇などで企業誘致を促進しようとするチェコ政府，そしてチェコを中東欧市場開拓の拠点としようとするVWの思惑が一致し，VWによるシュコダの買収が実現した。VWは，シュコダを低価格小型車の戦略子会社と位置づけ，またシュコダはVWを中国，ロシアなどの巨大市場への販路獲得の手段と位置づけた。2007年のシュコダの出荷先は6割が西欧，2割が中東，1割強がチェコ国内となっており，シュコダを低価格小型車の生産拠点にしようとするVWの目的は成功した。

　生産コストや立地など，さまざまな優位性に着眼した西欧をはじめとした自動車メーカーが，中東欧諸国に部品供給のサプライチェーンを構築した結果，チェコ，スロバキア，ハンガリーなどの中東欧諸国では自動車が主力産業に育っている。

　中東欧諸国では社会主義体制の崩壊後，国有銀行が民営化されたが，その際に西側銀行が国有銀行に出資する形で民営化が行われるのが一般的であった。

図表10−2 中東欧諸国への直接投資の増加とその効果

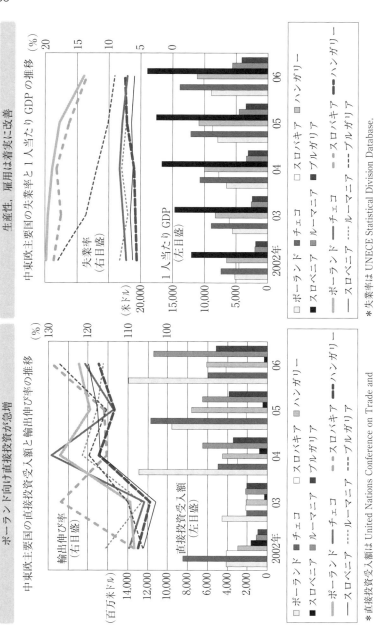

出所:『週刊ダイヤモンド』2007年11月3日号、46ページ。

その結果,「中東欧の銀行市場では外国銀行のシェアが8～9割に達」することも少なくない[11]。

近年,中東欧諸国の中でも特にルーマニアに投資する西側企業が増えている。ルーマニアが製造業にとって魅力的なのは賃金コストの安さだけではない。ルーマニアは技術教育に力を入れてきたため,他の東欧諸国に比べ技術者の層が厚く,熟練度の高い従業員を集めやすいという利点がある。また,ロシア市場に近く,黒海を経由すればトルコや中東市場にも容易に進出することができるという地理的な優位性も備えている。こうしたさまざまな競争優位性をもつルーマニアに対しては,日本企業も注目しており,カルソニックカンセイなど,ルーマニアに欧州拠点を集約しようとする企業もみられる[12]。

外国資本の受け入れ増加により高い経済成長を達成しつつある中東欧諸国は,所得水準の上昇とともに,消費市場としても重視されるようになってきている。中東欧で最大の人口3,800万人をかかえるポーランドでは,欧州を中心とする外資系のショッピングセンターの進出が顕著である。ポーランドでは,1997年から10年間で1人当たりのGDPが2倍以上となり,購買力が急上昇している。

ポーランドをはじめとする中東欧諸国では,EU加盟に前後して直接投資の受け入れが急増しており,1人当たりGDPの伸長や失業率の低下など経済成長が顕著になっている。しかし,EU加盟によって人の移動が自由になったため,中東欧諸国の労働者は,より高い賃金を求めて西欧諸国に働き場を求めて移動し始めた。そのため,労働力不足に陥ったチェコやハンガリーにはウクライナやルーマニア,スロバキアから労働者が流入し,労働力を充足するといった現象が起こった[13]。とりわけ,ポーランドからイギリスへの労働者の流入は後の移民排斥運動やイギリスのEU離脱への要因となっていく。

とはいえ2004年のEU東方拡大は,西欧諸国から中東欧諸国への投資を促進し,中東欧諸国の復興や新技術の導入に貢献しただけでなく,ロシアやウクライナなどの周辺諸国の経済をも刺激することになった。

第4節　EU の危機とドイツの躍進

2004 年の EU 東方拡大から 3 年後の 2007 年にはルーマニアとブルガリアが EU に加盟し，EU 加盟国は 27 カ国となった。2013 年にはクロアチアが EU に加盟し，2018 年現在，加盟国は 28 カ国となった。EU 域内の人口はアメリカの約 3 億人を上回る約 5 億人，名目 GDP，貿易輸出額ではアメリカを上回る存在となった[14]。また，統一通貨ユーロの地位も向上し，2001 年から 2006 年の間にユーロの対ドル為替レートは約 40％上昇した。

しかし，2008 年のリーマン危機とそれに続く世界金融危機以降，EU は幾度も危機に見舞われることになった。すなわち，2010 年にはユーロ危機が発生した。これは欧州債務危機，欧州経済危機などとも呼ばれる。2009 年 10 月にギリシャ国家財政の粉飾が明らかになったのをきっかけに，ギリシャ国債の格付けが引き下げられ，ギリシャは国債の借り換えが困難になった。国家財政の粉飾はスペイン，ポルトガルなどの南欧諸国や東欧諸国でも行われていたことがわかり，欧州発の金融不安から世界的に株価が急落した。ECB や IMF がギリシャをはじめとする南欧諸国の支援を行ったが，高い失業率や低い GDP 成長率，高金利（たとえば，2012 年のギリシャの 10 年国債の利回りは 36.5％）と銀行経営の脆弱性などの問題は 2018 年現在も，一部の国を除いて解消されていない。ECB，IMF，ドイツなどの支援を受けながらデフォルトの危機を回避してきたギリシャの実質的な国内総生産は，2009 年から 2012 年の間に 17％減少した。

2014 年には，クリミア危機が勃発した。ロシアがウクライナのクリミアに侵攻し，クリミアを一方的にロシアに編入した。アメリカとヨーロッパ諸国はロシアを非難し，対ロシア制裁を発動した。その結果，ロシアと EU の経済的な関係は冷え込むことになった。

2015 年には欧州難民危機が発生した。アフリカや中東からヨーロッパに流入する難民は 2013 年以降増加し，2015 年には頂点に達した。従来アフガニスタンからは，国内の戦火を逃れて難民となった人々がヨーロッパに流入してき

ていたが，2014年にシリアで内戦が激化するとシリアからの難民数は390万人に達し，それまで30年間にわたり難民数で最も多かったアフガニスタン難民の数を逆転した。中東・アフリカなどからの難民は，地中海（地中海ルート）やギリシャ（バルカンルート）などを経由して，難民保護の制度が整ったスウェーデンやドイツを目指して移動していった。

　ドイツには，2015年だけで110万人の難民が流入したが，ドイツ政府は難民に対し手厚い保護政策を実施して大量の難民を受け入れた。しかし，難民とドイツ市民の間で摩擦が見られるようになると，一般市民の間に反移民の声が沸きあがることになり，こうした一部国民の声を代弁する形で反移民を標榜するペギータのような極右政党の勢力が増大するようになった。反移民を掲げる極右政党は，ドイツに先んじてフランスやオランダでも勢力を増大させていたが，2015年の難民危機以降，極右政党が各国の選挙で勢力を拡大し，EUの結束に亀裂を生じさせている。

　このように2008年以降，EUは相次いで危機に見舞われ，南欧諸国や中東欧諸国の一部は，国家財政がきわめて困難な状況に陥ることになった。そのような中で，ドイツは健全な国家財政，伸び続ける貿易黒字，低失業率などを背景に，ギリシャの救済などにおいて政治的・経済的なリーダーとしての役割を果たしてきた。次に，ドイツが躍進した要因についてみていくことにする。

　EUの東方拡大に前後して，労働コストの低さ，熟練工の技術の高さ，そして西欧とロシアへの製品供給拠点としての地理的条件の良さなどに着眼した西欧・日本・韓国などの企業が，中東欧諸国に続々と進出した。そのため，チェコやスロバキアでは深刻な労働力不足に陥り，アジアからの労働者によって不足を充足するまでになった。2008年にはこれらの国における「従業員に占めるベトナム人やモンゴル人の比率が4割にも達し[15]」たほどであった。

　日本のスズキ自動車，トヨタ，パナソニック，マキタなども中東欧に生産拠点を展開していたが，2008年のリーマンショックにより大きな打撃を受けることになった。しかし，これら中東欧諸国は，その地理的優位性に加え，1人当たりGDPの伸び率の高さから消費市場としての成長が期待されたため，各

国の企業は長期的視点から中東欧諸国を戦略的な重要拠点と捉える考えを変えなかった。

　東方拡大を契機にEU諸国の経済は活性化したが，とりわけドイツ経済の復活と躍進には目を見張るものがある。1990年代から2000年代初頭までは「欧州の病人」とまで揶揄されたドイツであるが，2006年以降，高い経済成長率と低い失業率を持続し，文字通りEUの経済と政治を牽引する役割を担っている。ドイツはリーマンショック後の世界同時不況で，2009年にGDP成長率をマイナス5.1％に低下させたものの，2010年にはプラス3.7％に回復させ，その後もEU域内で最高水準の成長率を維持している（図表10－4）。

　ドイツ経済躍進の要因の1つは輸出額の増加であり，自動車をはじめとする機械類の輸出が急増したことである。リーマンショック後の2008年から2012年の5年間で，ユーロの為替レートは対ドルで8.6％，対円で32.8％も下落したため，ドイツの輸出急増はユーロ安によるところも大きいと思われる。しかし，ユーロ安はユーロ圏全体に当てはまるはずなのに，フランスやイタリアの

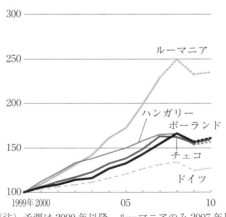

図表10－3　1人当たりGDPの伸び

（注）予測は2009年以降，ルーマニアのみ2007年以降。
　　　1999年を100とした。
出所：欧州委員会。

出所：『日経ビジネス』2009年7月13日号，51ページ。

第 10 章　EU の深化と国際経営　171

図表 10 − 4　ユーロ圏で突出するドイツの経済成長率

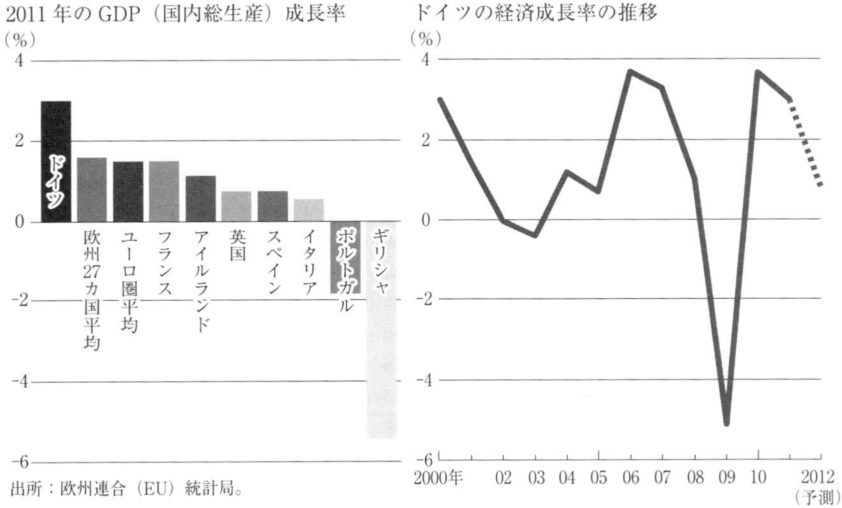

2011 年の GDP（国内総生産）成長率
（％）

ドイツの経済成長率の推移
（％）

出所：欧州連合（EU）統計局。

出所：熊谷徹「危機下でも絶好調の独経済」『日経ビジネス』2012 年 5 月 14 日号，63 ページ。

　経済成長率はドイツよりもはるかに低い[16]。ドイツ経済が躍進したのは，他にも要因があると考えられる。

　ドイツ経済躍進のもう 1 つの要因と指摘されるのが，ドイツの「単位労働費用」の低さである。「単位労働費用とは，一定の製品やサービスを生み出すのに必要なコストのことで，労働者の報酬を GDP で割って算出」[17] されるものであるが，ドイツはこの「単位労働費用」を，ユーロ誕生（1999 年）から 2007 年までの間に 16％低下させた。他の EU 加盟国が「単位労働費用」を増加（平均 12％増加させた）させる中で，ドイツは価格競争力を格段に向上させたことになる。

　「単位労働費用」を低下させ，労働コストの引き下げに取り組んだのは，1998 年にドイツの首相に就任したゲアハルト・シュレーダーである。シュレーダーは，公的健康保険における患者自己負担の導入，失業手当の支給期間短縮，公的年金給付の実質的な削減などの改革を断行した。シュレーダーの改革がドイツの労働コストを低下させ，ドイツ製品の価格競争力を高め，ドイツ経済の

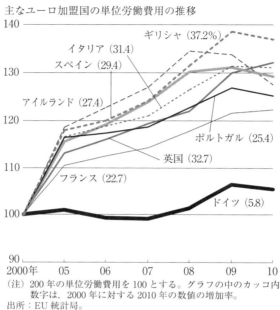

図表10－5　労働コストを削減し価格競争力で優位に
主なユーロ加盟国の単位労働費用の推移

(注) 200年の単位労働費用を100とする。グラフの中のカッコ内数字は，2000年に対する2010年の数値の増加率。
出所：EU統計局。

出所：熊谷徹「危機下でも絶好調の独経済」『日経ビジネス』2012年5月14日号，65ページ。

躍進をもたらしたということができる。

　シュレーダーは，労働組合と強い結びつきをもつ社会民主党（SPD）に所属する。労働者に痛みを伴い，企業の負担を軽減する改革は，労働組合と歴史的に強いつながりをもつ社会民主党を基盤にしつつ，企業経営者にも一定の理解をもつシュレーダーだからこそ実行できたとする指摘がある[18]。

　ドイツ企業はEU東方拡大の前後から中東欧諸国に生産拠点を移し，労働コストの低減に積極的に取り組んできたが，このような企業戦略とシュレーダー改革によってドイツ企業のコスト優位性が強化されたということができる。

　さらに3つ目の要因は，金利の低さである。ユーロ危機に際して，投資家は，リスクの高いギリシャやスペインなどの南欧諸国から資金を引き上げ，安全な投資先であるドイツ国債に回避させた。その結果，ドイツの金利が下がり，ド

イツの国民と企業は低金利の恩恵にあずかった。ユーロ危機によってドイツが利益を享受したことになる。

第5節　EUの亀裂とブレグジット（Brexit）

　EU加盟諸国では，市場統合の結果，労働者の移動が自由になったため，賃金水準の低い中東欧から賃金水準の高い西欧への移民が急増した。西欧諸国に流入した移民は流入先の市民との間で文化的・経済的摩擦を引き起こすことが多くなった。ドイツの産業界などはこれらの移民を貴重な労働力として評価する一方，若者の失業率が高いフランスやイギリスなどでは移民排斥運動が激しくなった。フランスやオーストリア，オランダなどにおいては移民排斥を強く主張する極右政党が次々と台頭した。これらの極右政党は，移民に仕事を奪われるという人々の不安心理をあおり，次第に一般市民からの支持を集めるようになっていった。

　これらの人々の不満はEU域内の自由移動を保障しているEUにも向けられることになる。そしてこのような不満は，EU官僚が自国の政府の頭越しに細かなルールまですべて決めているという不満と相まって，「EU懐疑派」と呼ばれる集団を形成していった。EU統合に不満をもつ「EU懐疑派」は，極右政党勢力拡大と同様に加盟国の政治的安定を脅かす存在となってきた。イギリスでは国家の主権がEUに奪われていくことに対する不満が高まり，「EU懐疑派」の声が高まってきたため，2013年1月，当時のキャメロン首相は，イギリスのEU離脱を国民に問う，国民投票を実施することを選挙公約に掲げた。

　EU離脱か残留かを問うイギリス国民投票はこのような状況の中で行われたのであるが，イギリス国民はEU離脱を選択した。すなわち2016年6月23日の国民投票で離脱が過半数となり，イギリス政府は2年以内にEUと離脱に向けた交渉をしなければならなくなった。イギリスのEUからの離脱はブレグジット（Brexit）と呼ばれ，その世界経済に及ぼす打撃が早くから指摘されてきた。たとえば，イギリス財務省は離脱後2年間でイギリス経済が3.6％縮小すると

の予測を，またOECDはイギリスを除くEUのGDPが1％減るとの予測を公表し，離脱がイギリスとEUの双方に大きな打撃を与えることを警告していた。

　国民投票の結果は世界経済にきわめて大きな衝撃を与えた。イギリスのEU離脱が世界経済の成長を低下させるとの懸念から，世界中の証券市場で株式が売られ，投票翌日の24日だけで全世界の株式時価総額の5％に相当する330兆円が消失した[19]。なかでも特に大きな打撃を受けたのは，イギリスの銀行株と通貨ポンドであった。イギリスの大手銀行株は軒並み3割前後急落し，通貨も12％下落した結果，ポンドは31年ぶりの歴史的安値となった[20]。

　金融市場は離脱の前後に混乱が続くと思われるが，イギリスの貿易や経済についてはより長期的な影響が懸念されている。イギリスがEUから離脱すれば，EU域内企業に認められている恩恵が受けられなくなる可能性があるからである。イギリスからEUへの輸出物に関税をかけられたり，これまで単一市場内で免除されていた医薬品の安全性の審査などを別途受けなければならなくなる。このような理由により，イギリス企業でさえ拠点をイギリス外に置く動きが出ているが，イギリスを製造拠点にしてEUに製品を輸出しているトヨタ，三菱レイヨン，日立製作所などの日本企業にも深刻な影響が予想される。

　イギリスのEU離脱で最も大きな影響を受けると考えられているのは，イギリスの金融業である。金融市場として長い歴史をもつロンドンは，これまで世界中の金融機関が拠点を置き，高度な取引のノウハウや人材をもつ世界の金融センターとして機能してきた。イギリスは非ユーロ圏であるにもかかわらず，ユーロ立て取引きやユーロ決済の最大の拠点となってきたが，離脱後はこれを維持するのはきわめて困難とみられる[21]。EU市場統合以前は，銀行が複数の国で営業する場合には，国ごとに銀行免許を取得しなければならなかった。しかし，EU市場統合後は銀行は域内の1カ国で免許を取得すれば，各国に拠点を置かなくとも，域内で金融サービスを提供することができる。これは「単一パスポート」と呼ばれる制度であるが，離脱後はイギリスにこの制度が適用されない可能性が高く，そうなれば金融機関がイギリスからEU市場へアクセスすることが困難になる。このような懸念から，イギリスの金融機関の中にもイ

ギリス外に拠点を移そうとする動きがみられる。

　ドイツやフランス，アイルランドは，これを自国の金融業の発展の好機とみ
ており，ロンドンに拠点を置く金融機関の誘致に積極的に取り組んでいる。投
資銀行業務をサポートする大手法律事務所や会計事務所，アナリストなどの金
融エキスパートもイギリスから続々と流出しつつある。こうした金融機関，金
融関連ビジネス，専門家の流出がイギリス経済に及ぼす影響はきわめて深刻な
ものになると考えられる。

第6節　おわりに

　2018 年，EU は難民危機の対応を巡って分裂の危機に直面している。南欧政
府の財政危機への対応やブレグジットへの対応に際して，EU の代表として常に
強力なリーダーシップを発揮してきたドイツのメルケル首相の指導力が急速に
勢いを失っている。難民問題を巡ってドイツ国内の世論が分裂した結果，メル
ケル首相の所属する政党，キリスト教民主同盟（CDU）が 2017 年の総選挙で大
幅に議席を減らし，メルケル首相は組閣すらままならない状況に追い込まれた。

　イタリアをはじめ EU 加盟国には難民受け入れに批判的な政権が出現し，難
民受け入れの負担を巡って対立が激化したことにより，EU が空中分解する可
能性まで出始めている。これまでは，経済的にも政治的にも最も安定したドイ
ツとそれに支えられたメルケル首相の強力なリーダーシップが EU の首脳たち
を合意に導いてきたのであるが，メルケル首相のドイツ国内での政治的基盤が
揺らいでいるため，EU の政策決定が不安定になっている。

　EU 統合の深化と拡大は，ヨーロッパ企業だけでなく，日本企業にも多くの
恩恵をもたらしてきたが，EU の求心力の低下や分裂の危機は，グローバル展
開を進める日本企業にも大きな打撃を与えることが予想される。

【注】
（1）田中友義『EU の経済統合』中央経済社，2001 年，2 ～ 3 ページ。

（2）久保広正『EC市場統合のすべて』日本経済新聞社，1989年，16〜17ページ。

（3）同上書，16〜18ページ。

（4）同上書，23〜26ページ。

（5）外務省「EU関連用語集」（http://www.mofa.go.jp/mofaj/area/eu/keyword.html，2016年8月3日アクセス）。

（6）藤井良広『EUの知識（第16版）』日本経済新聞社，2013年，151〜153ページ。

（7）小久保康之「EU統合の概要」小久保康之編著『EU統合を読む』春風社，2016年，20ページ。

（8）『週刊ダイヤモンド』2007年11月3日号，32ページ。

（9）同上資料，33〜34ページ。

（10）同上資料，34ページ。

（11）伊藤さゆり「EU加盟から10年の中東欧」『エコノミスト』2014年1月28日号，44ページ。

（12）『週刊ダイヤモンド』2007年11月3日号，41ページ。

（13）同上資料，47ページ。

（14）同上資料，50ページ。

（15）『日経ビジネス』2009年7月13日号，50ページ。

（16）熊谷徹「危機下でも絶好調の独経済」『日経ビジネス』2012年5月14日号，62ページ。

（17）熊谷，同上稿，64ページ。

（18）同上稿，65ページ。

（19）『日本経済新聞』2016年6月26日。

（20）『日本経済新聞』2016年7月1日。

（21）星野郁「EU離脱後の英国の行方」『日本経済新聞』2016年8月4日。

◆参考文献◆

伊藤さゆり「EU加盟から10年の中東欧」『エコノミスト』2014年1月28日号。

久保広正『EC市場統合のすべて』日本経済新聞社，1989年。

久保広正・海道ノブチカ編著『EU経済の進展と企業・経営』勁草書房，2013年。

熊谷徹「危機下でも絶好調の独経済」『日経ビジネス』2012年5月14日号。

小久保康之「EU統合の概要」小久保康之編著『EU統合を読む』春風社，2016年。

田中友義『EUの経済統合』中央経済社，2001年。

藤井良広『EUの知識（第16版）』日本経済新聞社，2013年。

Porter, M. E. & Claas van der Linde, "Green and Competitive: Ending the Stalemate", *Harvard Business Review*, September-October 1995.（『ダイヤモンドハーバードビジネスレビュー』6月号，2011年）

第11章
NAFTAにおける経済政策の変化と
国際経営

第1節　はじめに

　本章で検討するNAFTAとは，北米自由貿易協定（North American Free Trade Agreement）の略語である。NAFTAは，今日，世界各地で締結が進む自由貿易協定（Free Trade Agreement, 略称：FTA）の1つであり，カナダ，アメリカ，メキシコの北米3カ国が加盟する。FTAは，国際貿易における障壁を除去することで締結国間の貿易を活発化させ，これにより各締結国の経済活動の活性化と発展を図るものである。

　FTAは，国際貿易，すなわち国境を越える物品の移動を自由化するものであり，言い換えれば，物品が国境を越える際にかかるコストを減らすものである。このコストが減少することで，企業は，各国の経済インフラや人件費，法制度，政策，治安，文化といった状況だけに配慮して経営戦略を立てることがより容易になる。特にメキシコやアメリカのように，締結国間の経済発展に大きな差がある場合には，工程間分業，すなわち垂直的分業が進展することになる。たとえば，途上国は生産拠点，先進国は販売拠点とそれぞれ位置づける，また人件費が安い途上国は労働集約的な工程，優秀な技術者が集まる先進国は技術集約的工程をそれぞれ分担するといった具合にである。

　1994年に発効したNAFTAにより，北米地域における国際貿易，また国際分業はかなり発展した。本章では，NAFTAの概要およびその近年までの発

展の動向をレビューする。また，アメリカでのトランプ政権の誕生以降，進行中である（2018年2月現在），NAFTA再交渉を巡る動きについても検討する。

第2節　NAFTAの創設とその内容

1．NAFTAの創設とその背景

まず，鈴木（2013）に依拠して，NAFTA創設に向けた各国の思惑を確認しておこう[1]。NAFTAは，メキシコのサリナス大統領（Carlos Salinas de Gortari，任期1988～1994年）の提案によって生まれた。1980年代前半に債務危機に陥ったメキシコは，いわゆる新自由主義に基づく経済改革政策を遂行した。新自由主義は，1929年の大恐慌以降，主流となった経済への政府介入を是とする，いわゆるケインジアンに代わって新たに登場した，政府介入に消極的で自由な経済活動を是とする立場である。メキシコのNAFTA創設の狙いは，メキシコへの海外直接投資を増やし，またアメリカへの輸出を増やすことで自国の経済発展を促すことにあった。隣国が世界最大の経済大国であるメキシコにとって，この政策はアメリカ資本に国内企業が支配されるというリスクもあったが，メキシコ経済の長期的な発展と利益のためにはやむなしとされた。

次に，アメリカの思惑であるが，メキシコ経済の停滞はメキシコ人によるアメリカへの不法入国や麻薬の流入を促す要因であり，アメリカ政府はNAFTAによりこれを抑止しようとした。また，NAFTA創設によりメキシコからの対米輸入品に現地調達規制を適用することで，メキシコを拠点とした北米域外産製品のアメリカ国内市場への流入を抑止しようとした。その他に，当時のアメリカは北米，南米全体を覆う自由貿易圏の創設を目指しており，NAFTAはそれを実現するための重要なプロセスの1つであった。

最後に，カナダの思惑であるが，カナダはすでに，アメリカとの自由貿易協定である，米加自由貿易協定（U.S.-Canada Free Trade Agreement，以下，米加FTAという）を1988年に締結し，1989年に発効していた。NAFTA創設への

交渉は，1990年6月のアメリカとメキシコの首脳会談で締結が合意された両国の二国間FTAに，同年9月にカナダが交渉参加を表明したことで開始された。カナダにとってこの交渉参加は，メキシコとのFTA締結による恩恵を享受するだけでなく，アメリカだけが北米の2カ国すべてとFTAを結ぶ国となる事態を回避しようとする狙いがあった。また，カナダは，米加FTAでは盛り込まれなかった知的財産権の保護などの項目をNAFTAに盛り込み，またそのルール作りに関わることで，アメリカとの経済統合を強化しようとした。

2．NAFTA の内容

　NAFTAは，①モノ・サービスの貿易障壁の撤廃による国境を越えた移動の促進，②公正な競争条件の促進，③投資機会の拡大，④知的財産権の保護，⑤効果的な紛争解決手続きの確立，⑥協定の拡大強化に向けた国際的枠組みの構築を目的に創設された[2]。したがって，NAFTAは，自由貿易協定とはいっても，その内容は投資や知的財産権の保護など，貿易以外の項目も含むものである（図表11－1）。

図表11－1　NAFTA の特徴

○　関税および輸入割当制度：農産物と製品輸入について，米国，メキシコの関税，並びに輸入割当制度をその後数年間で段階的に廃止する。
○　原産地規則：北米以外からの輸入品は，この3カ国内で「実質的変更」を受けた場合に限り，NAFTAの適用対象となる。
○　特別な配慮：自動車，繊維およびアパレル，一部農産品について，最長15年間の関税撤廃の移行期間を設けた特別規則を盛り込む。
○　政府調達：主な政府調達は，3カ国すべてに対し解放される。
○　投　資：外国投資家に対する扱いが国内投資家に対する扱いに比べて厳しくならないようにする。
○　施　行：民間の貿易および法律の専門科人から構成される「パネル」が，貿易・投資に関する紛争を解決する。

出所：日本貿易振興機構（ジェトロ）海外調査部『米国の通商交渉におけるセンシティブ案件とその背景』（https://www.jetro.go.jp/ext_images/jfile/report/05000271/05000271_004_BUP_0.pdf，2018年1月26日アクセス），2003年，14ページ。

180

図表 11 － 2　NAFTA の関税撤廃スケジュール

	即時撤廃 （94 年 1 月 1 日）	5 年後撤廃 （98 年 1 月 1 日）	10 年後撤廃 （03 年 1 月 1 日）	15 年後撤廃 （08 年 1 月 1 日）
米国の 対メキシコ輸入	84%	8%	7%	1%
メキシコの 対米国輸入	43%	18%	38%	1%
メキシコの 対カナダ輸入	41%	19%	38%	1%
カナダの 対メキシコ輸入	79%	8%	12%	1%

資料：内多允・田中国資・土屋隆・高橋俊樹・小見山揚子・林道郎・高中公男・岩崎千
　　　佳子・古田島秀輔『NAFTA を読む─協定文抄訳付─』日本貿易振興会（ジェト
　　　ロ），1993 年。
出所：外務省『北米自由貿易協定（NAFTA）の概要』（http://www.mofa.go.jp/mofaj/
　　　files/000217491.pdf，2018 年 1 月 26 日アクセス），2017 年，2 ページ。

　NAFTA では，農産品において一部の例外も設けられたものの，1994 年の
発効以降，関税が段階的に撤廃されてきた。当初のスケジュール通り，発効か
ら 15 年後の 2008 年に撤廃が完了した（図表11 － 2）。

　また，原産地規則について，NAFTA が適用される北米産の製品となる
条件として，① 100% NAFTA 域内産（部品・原材料なども含め）の製品，②
NAFTA 域内で関税分類が変更された製品，③ NAFTA 域内で関税分類が変
更されていなくても，NAFTA で規定された現地調達比率の基準を満たした
製品のいずれかに該当することとされている[3]。ただし，電気・電子機器や
繊維製品においては，この条件の適用に例外もあることに注意されたい。

　また，現地調達比率の算出方式は，取引価格方式と純費用方式の 2 通りがあ
る。両者の大きな違いとして，マーケティングや管理，品質保証などにかかる
中間費用を現地調達比率の算出に反映することができるかできないかという点
があげられる。すなわち，取引価格方式ではこれを反映できる一方，純費用方
式はこれを反映できないため，算出において現地産品の使用費そのものがより
大きく反映される算出方式となっている[4]。NAFTA では現地調達比率の基

準は複雑に規定されているものの，多くの製品は現地調達比率が60％以上（取引価格方式）あるいは50％以上（純費用方式）で北米産とみなされる。

ただし，自動車においては純費用方式だけが採用され，さらに現地調達比率も，15人乗り以下の自動車，エンジン，トランス・ミッションは62.5％以上，16人乗り以上の自動車またはこれら2つを除く自動車部品は60％以上とされている[5]。このように自動車産業により厳しい現地調達比率が要求されるようになった背景には，自動車はアメリカの主要産業の1つであるとともに，すそ野が広い産業で経済への影響も大きいことなどがあったと考えられる。後述するように，NAFTAは自動車関連の貿易と国際分業を中心に発展していくのであり，この現地調達比率の設定が北米域内産業の保護に果たした役割は大きなものがあると言えよう。

また，先述したように，投資機会の拡大はNAFTAの目的の1つであり，それ故に，NAFTA加盟国に，政府調達や投資において内国民待遇（自国民と同じ待遇）あるいは最恵国待遇（どの第三国にも劣らない待遇）を用意することが規定された。もっとも，投資機会の拡大の実現には，自由化だけでなく，公正な機会も用意されなければならないため，紛争解決のための損害賠償請求手続きや仲裁手続きなども規定された。

3．NAFTAの経済規模

NAFTAの加盟国数は3カ国だけであるが，その他の大規模な多国間のFTA，いわゆるメガFTAと比較してもその規模はかなり大きい（図表11-3）。

NAFTA加盟3カ国だけで，28カ国が加盟するEUに匹敵する人口を抱える。その貿易額も，28カ国が加盟するEUのおよそ半分，また10カ国が加盟する東南アジア諸国連合[6]の倍以上の規模である。さらに，域内の経済活動の規模を見れば，GDP，1人当たりGDPともに，EUを上回り最大である。

図表 11 － 3　メガ FTA の比較（2017 年）

	加盟国	人 口	GDP	1 人当たり GDP	貿易（輸出＋輸入）
東南アジア諸国連合（ASEAN）	10 カ国	6 億 3,862 万人	2 兆 5,547 億米ドル	4,000 米ドル	2 兆 2,555 億米ドル
欧州連合（EU）	28 カ国	5 億 1,150 万人	16 兆 3,980 億米ドル	32,059 米ドル	10 兆 6,292 億米ドル
北米自由貿易協定（NAFTA）	3 カ国 米国, カナダ, メキシコ	4 億 8,695 万人	21 兆 1,449 億米ドル	43,423 米ドル	5 兆 2,420 億米ドル
南米共同市場（MERCOSUR）	6 カ国	3 億 413 万人	2 兆 7,430 億米ドル	9,019 米ドル	5,430 億米ドル

（出所）人口，GDP：World Bank, World Development Indicators database
　　　　貿易：IMF, Direction of Trade Statistics
（注）1 人当たり GDP は，名目 GDP を人口で除して当課で試算
　　　MERCOSUR：アルゼンチン，ボリビア，ブラジル，パラグアイ，ウルグアイ，ベネズエラ
　　　EU：ベルギー，ドイツ，フランス，イタリア，ルクセンブルク，オランダ，デンマーク，アイ
　　　ルランド，英国，ギリシャ，スペイン，ポルトガル，フィンランド，オーストリア，スウ
　　　ェーデン，ポーランド，ハンガリー，チェコ，スロベニア，スロバキア，エストニア，ラ
　　　トビア，リトアニア，キプロス，マルタ，ルーマニア，ブルガリア，クロアチア

出所：外務省アジア大洋州局地域政策課『目で見る ASEAN — ASEAN 経済統計基礎資
　　　料—』（http://www.mofa.go.jp/mofaj/files/000127169.pdf，2018 年 1 月 26 日アク
　　　セス），2017 年，2 ページ。

第 3 節　NAFTA の発展と国際分業

1．NAFTA 加盟国間での経済相互依存度の高まり

　NAFTA の発効により，NAFTA 域内貿易は大きく発展した（図表 11 － 4）。
NAFTA 域内貿易の規模は，1993 年の 2,968 億ドルから，2016 年の 1 兆 1,010
億ドルへとおよそ 4 倍に増加した。アメリカ—メキシコ間の貿易額は，1993 年
の 815 億ドルから 2016 年の 5,238 億ドルへと 6.5 倍も増加している。また，同
期間にカナダ—メキシコ間も 37 億ドルから 326 億ドルへと 9 倍増加し，同じく
アメリカ—カナダ間も 2,116 億ドルから 5,446 億ドルへと 2.5 倍増加している。

　NAFTA 加盟国間の経済相互依存度は，1994 年の NAFTA 発効以前から高
かった。カナダは，米加 FTA の締結以前からアメリカの最大の輸出入先であ
り，アメリカの輸出入に占めるカナダとの貿易額の比率が過去最高となったの

図表11－4 NAFTAにおける域内貿易（モノの貿易）の規模の変化

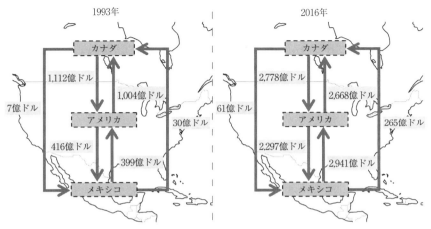

（注）カナダ―メキシコ間のみカナダドルの値に0.8をかけて算出。
出所：アメリカが当事国の貿易はアメリカ合衆国国勢調査局の統計データを基に，また
　　　カナダ―メキシコ間の貿易はカナダ議会図書館の統計データを基に筆者作成。

は，米加FTAが締結されるよりも以前のことであった[7]。アメリカの輸出額に占めるカナダ向け輸出の割合が過去最高となったのは1987年（23.5％で2005年と同額）であり，アメリカの輸入額に占めるカナダからの輸入の割合が過去最高となったのも1984年（20.6％で，NAFTA加盟後の最高は1996年の20.1％）であった。また，メキシコの貿易額に占めるアメリカとの貿易額の割合も，1993年時点で輸出入ともに約8割に上っていた。

NAFTA加盟国間の経済相互依存度の高さは，NAFTA発効後も変わらず今日まで続いている。2016年時点で，カナダの輸出額に占めるアメリカ向けの割合は75.5％，メキシコ向けは1.5％であり，またカナダの輸入額に占めるアメリカからの輸入の割合は52.2％，メキシコからのものは6.2％である[8]。したがって，カナダの貿易の大半はNAFTA加盟国との貿易で占められており，とりわけアメリカが最大の貿易相手国である。

一方，2016年1～10月時点で，メキシコの貿易額に占めるアメリカとカナダとの貿易の割合も，輸出が84％，輸入が49％であった[9]。図表11－4より，

メキシコ―カナダ間の貿易額（326億ドル）は、メキシコ―アメリカ間の貿易額（5,238億ドル）の6%の規模に過ぎないため、メキシコもまたアメリカが最大の貿易相手国である。また、アメリカにとってカナダは未だ最大の輸出先であり、また輸入の面でも2007年に中国がカナダを抜いて最大の輸入元国となったとはいえ、2015年時点でメキシコが2番目に、そしてそれと僅差でカナダが3番目に大きな輸入元国となっている[10]。

２．北米地域における域内分業の進展

NAFTA加盟国間での貿易が発展する背景には、北米域内での国際分業の進展がある。1993年と2015年のNAFTA域内での海外直接投資の額を示したものが、図表11－5である。1993年と2015年のカナダへの直接投資額は、アメリカからの投資が699億ドルから3,529億ドルへと5倍に、またメキシコ

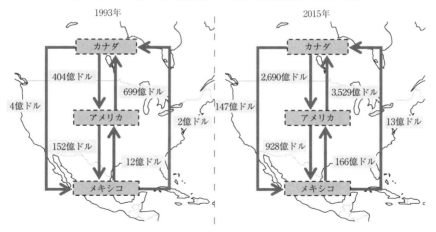

図表11－5　NAFTA加盟国間での海外直接投資の規模の変化

（注）カナダ―メキシコ間のみカナダドルの値に0.8をかけて算出。
出所：カナダ―メキシコ間の海外直接投資はカナダ議会図書館の統計データを基に、またアメリカが当事国の海外直接投資は以下の資料を基に筆者作成。Villarreal, M. A. & Fergusson, I. F., *The North American Free Trade Agreement (NAFTA)*, Congressional Research Service (https://fas.org/sgp/crs/row/R42965.pdf、2018年1月26日アクセス), 2017, p.37.

からの投資が 2 億ドルから 13 億ドルへと 7 倍に増加している。また，同期間にアメリカへの直接投資額は，カナダからの投資が 404 億ドルから 2,690 億ドルへと 7 倍に，またメキシコからの投資が 12 億ドルから 166 億ドルへと 14 倍に増加している。

とりわけ，製造業の人件費の水準がアメリカの 6 分の 1 と低い[11]，メキシコに製造拠点を設ける企業が大きく増加している。1993 年と 2015 年のメキシコへの直接投資額は，カナダからの投資が 4 億ドルから 147 億ドルへと 37 倍に，そしてアメリカからの投資が 152 億ドルから 928 億ドルへと 6 倍に増えている。アメリカ―メキシコ間の貿易増加の大半は，垂直的分業の進展によるものであり，アメリカの製造業はメキシコの製造業によって支えられてきた[12]。

なお，企業のメキシコへの海外進出が進むことで，アメリカとカナダでは失われた仕事も少なくなかったが，その一方で NAFTA の下で別の新たな仕事も生まれ，結果として，両国で失業率は低下した。カナダでは，1993 年から 2015 年にかけて，520 万人近くもの新たな雇用が生まれ，失業率も 1993 年の 11.4％から 2015 年の 6.9％へと 5％近くも低下した[13]。同様にアメリカでも，NAFTA の雇用創出効果は約 500 万人にも上り，さらに失業率も 1982 ～ 1993 年までの平均 7.1％から 1994 ～ 2007 年までの平均 5.1％へと 2％も低下したという[14]。これらに加えて，2010 年にカナダとメキシコに輸出したアメリカ企業の 95％超は国内中小企業で占められており，NAFTA の恩恵は中小企業にも広く及ぶものである[15]。

NAFTA は，労働集約的な工程と技術集約的な工程の国際分業の進展をもたらし，その結果 NAFTA 域内，すなわち北米域内経済の一体化が進展した。アメリカのメキシコからの輸入品の付加価値の 40％，そしてアメリカのカナダからの輸入品の付加価値の 25％は，アメリカで付加されたものである[16]。アメリカのカナダ，メキシコからの輸入品の中で最も多いのは自動車，原油，自動車部品であるが，アメリカの両国への輸出品の中で最も多いのも自動車部品，石油製品（主にガソリン），自動車であり[17]，自動車関連分野の国際分業の進展が目立つ。

本節の内容から，NAFTA は，メキシコ経済だけでなく，アメリカやカナダの経済成長にも大きく貢献したことは明白である。NAFTA 発効により，アメリカ企業，カナダ企業のメキシコへの進出が加速し，メキシコから両国への輸出も増加した。一方で，アメリカとカナダでも，NAFTA の雇用創出効果が雇用の喪失を上回り，また NAFTA 加盟国への貿易量も増加するなどの恩恵ももたらされた。

第4節　NAFTA 再交渉を巡る動き

1．製造拠点としてのメキシコの成長

域内貿易の中でも特に発展したのが，メキシコを当事国とする貿易である。図表 11 − 4 より，1993 年時点では，域内貿易に占める比重は，アメリカ―メキシコ間が 27.5％（815 億ドル），アメリカ―カナダ間が 71.3％（2,116 億ドル），カナダ―メキシコ間が 1.3％（37 億ドル）であった。だが，2016 年には，アメリカ―メキシコ間が 47.6％（5,238 億ドル），アメリカ―カナダ間が 49.5％（5,446 億ドル），カナダ―メキシコ間が 3.0％（326 億ドル）と変化している。すなわち，NAFTA 域内貿易におけるアメリカ―メキシコ間の貿易額の比重が 2 割以上上昇する一方で，かつて 7 割を超えたアメリカ―カナダ間の貿易額の比重は 5 割を下回るまでに低下しているのである。NAFTA 域内貿易に占めるメキシコを当事国とする貿易の割合は，かつての 3 割弱から 5 割超にまで増加したのである。

先述したように，メキシコは，これまで安価な人件費とアメリカに隣接する地理的条件を魅力に，貿易と対内直接投資に伴う雇用や所得，税収，技術水準の増加あるいは向上などを通して経済成長を遂げようとしてきた。2016 年時点で，メキシコの輸出に占めるアメリカの比重は 80.9％に上り，2 番目に高いカナダの 2.8％と圧倒的な開きがある[18]。NAFTA により，アメリカとカナダ向けの輸出は安定して右肩上がりで推移しており（図表 11 − 6），このことから，メキシコの NAFTA 加盟当初の目的は概ね達成されたと言えよう。

第 11 章　NAFTA における経済政策の変化と国際経営　187

図表 11 － 6　メキシコの輸出額の推移（国別）

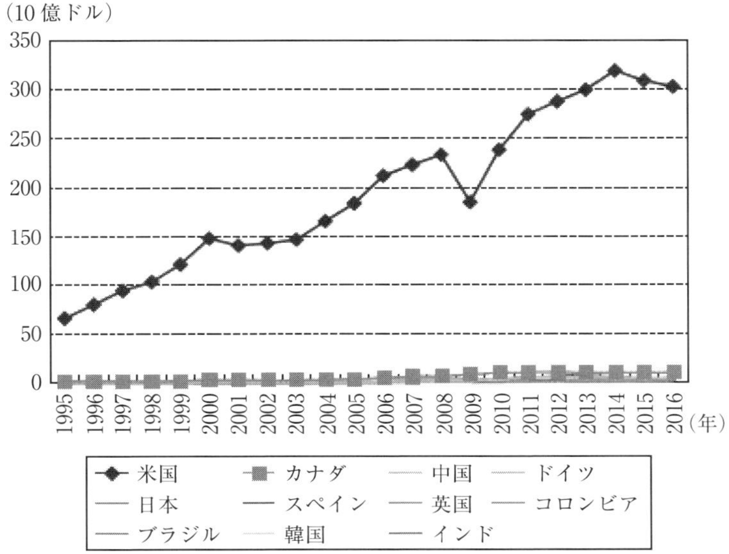

資料：Global Trade Atlas のデータから経済産業省作成。

出所：経済産業省ウェブサイト『通商白書 2017』（http://www.meti.go.jp/report/tsuhaku2017/2017honbun/i1420000.html，2018 年 2 月 7 日アクセス）。

　さらに，メキシコは，2017 年 9 月現在，EU（2000 年発効），欧州自由貿易連合（EFTA，2001 年発効），日本（2005 年発効）のほかに，グアテマラやチリなどの中南米諸国，さらにはイスラエルなど，世界各地域の計 46 カ国と FTA を締結している[19]。これらの FTA は，メキシコが，NAFTA 活用のための生産拠点としてだけでなく，アメリカ以外の国への輸出拠点としても魅力を高めていることを意味している。

　外務省によれば，日系企業のメキシコの拠点数は，2016 年 10 月時点で 1,111 カ所に上り，過去 5 年間で倍増したという[20]。自動車はメキシコの主要輸出品であるが，たとえば，2016 年時点でマツダのメキシコ工場は，出荷の 5 割はアメリカ向けであるが，ヨーロッパ向けも 3 割弱，メキシコ国内向けも 14％に上る。また，メキシコは大西洋と太平洋に面しており，日産はメキ

シコからアフリカを含む50カ国以上へと輸出している[21]。さらに、メキシコは、2012年に、コロンビア、チリ、ペルーとともに「太平洋同盟（Alianza del Pacífico）」という経済共同体を発足させている。

2．トランプ政権の誕生とNAFTA再交渉の動向

2017年にアメリカ第一主義を掲げ誕生したトランプ政権は、選挙戦当時からの公約であったNAFTA再交渉に取り組んでいる（2018年2月現在）。トランプ大統領は、NAFTAが巨額の貿易赤字をもたらし、製造業の雇用を奪ったと主張してきた。NAFTAの下で失業した者をはじめとする白人労働者階級が、トランプ大統領の当選を大きく後押ししたことは広く知られている。NAFTA再交渉に向けた最初の会合は2017年8月に開催された。2018年にメキシコとアメリカで大規模な選挙が控えていることから、再交渉開始当初は2017年年内での早期合意が目指されていた。

しかしながら、トランプ政権の要求に、メキシコのみならず、アメリカ同様に雇用流出や企業の海外移転などが起こったカナダからも反発が起こったことで、NAFTA再交渉は2018年に入ってからも交渉が続けられている。アメリカは、再交渉において、①自動車部品において、原産地規則の適用条件である現地調達比率を、現行の60％以上から70％超へと引き上げること、②自動車の原産地規則の適用条件である現地調達比率を、現行の62.5％から85％へと引き上げ、さらにアメリカ製部材の使用率を50％以上とすること、③5年ごとに協定を見直し、自動更新を認めないとする「サンセット条項」を盛り込むこと、④加盟国間の紛争解決の仕組みを廃止して貿易制裁の発動を容易にすること、⑤農産品の季節に応じたアメリカへの輸入制限を行うことなどを要求した[22]。これらのアメリカのみを大きく利する要求をカナダとメキシコが受け入れることは容易なことではなく、NAFTA再交渉は暗礁に乗り上げている。

先述したように、NAFTAは加盟3カ国すべての経済に恩恵をもたらしたのであり、少なくともアメリカ一国のみに過剰な不利益をもたらしたものとは言えない。そもそも、NAFTAによって生まれた雇用は、NAFTAによって失

第 11 章　NAFTA における経済政策の変化と国際経営　189

われた雇用を上回る。メキシコとの貿易によって支えられているアメリカの雇用は，約 500 万人に上るとの試算もある[23]。さらに，1994 年の NAFTA 発効から 25 年が経過し，すでにアメリカ企業のみならず，多くの企業が NAFTA を前提とした国際分業体制を構築している。したがって，NAFTA 再交渉が失敗するだけでなく，その結果，NAFTA そのものが崩壊する事態になれば，アメリカ国民のみならず，NAFTA 加盟国，さらには世界各国のさまざまなステークホルダーに深刻な被害がもたらされる恐れすらある。

　また，すでに NAFTA 再交渉を受けて，トヨタ自動車や日清紡ホールディングスなど，メキシコへの海外進出を見直す企業が出始めている。先述したように，NAFTA 創設へのアメリカの思惑の 1 つには，メキシコの経済発展によるアメリカへの不法移民の抑制があった。だが，もし NAFTA 再交渉の結果，メキシコの経済発展が妨げられれば，トランプ政権が掲げるアメリカへの不法移民の削減政策の観点からもアメリカに不利益が生じる恐れがある。

　さらに，アメリカのメキシコに対する批判や厳しい施策が打ち出される中で，ブラジルとアルゼンチンは，すでに中南米諸国の経済統合の発展にメキシコを取り込もうとアプローチをかけ始めている[24]。メキシコと中南米諸国との結びつきが強まり，反米感情が根強い中南米諸国の経済発展と影響力が高まっていけば，そのことは，経済面のみならず安全保障面でもアメリカにとって不利益となる恐れがある。

第 5 節　おわりに

　NAFTA の創設に向けた各国の思惑は異なっていたが，NAFTA はその発効後，加盟 3 カ国すべての経済の発展に貢献してきた。アメリカ，カナダの先進国大企業は安価な労働力を求めてメキシコに進出し，垂直的分業を進めるとともに，生産コストの合理化を推し進めた。ただし，この垂直的分業は，加盟国同士が交互に付加価値をつけながら最終製品を完成させていくという形で進展した。そのため，アメリカとカナダにおいて一方的な雇用の喪失をもたらす

190

ことはなく，むしろ多くの雇用が創出され，NAFTA は加盟３カ国すべての
経済に恩恵をもたらす形で発展してきた。とりわけ，メキシコは，安価な労働
力と恵まれた地理的条件から，多国籍企業の国際分業において欠かすことので
きない重要な生産拠点となっている。

　NAFTA の今後の行く末を考える際に，懸念されるのはやはり，NAFTA
再交渉の行方である。先述したように，NAFTA 崩壊による加盟国経済への
悪影響は，それを主導するアメリカにとっても深刻なものと予測されている。
すでに，アメリカの各業界団体は，業界の垣根を超えて，アメリカ企業の国際
競争力の低下を懸念して，議会などへの働き掛けを強めている。また，農業に
おいても，アメリカ，カナダ，メキシコの農業団体の首脳が共同会見し，トラ
ンプ政権に対して，「害を与えないでほしい」と訴えている[25]。

【注】

（１）本項の内容は，鈴木岩行「第 13 章　NAFTA と多国籍企業の行動」佐久間信夫・
　　　黒川文子編著『多国籍企業の戦略経営』白桃書房，2013 年，213 ～ 215 ページに
　　　拠った。
（２）外務省『北米自由貿易協定（NAFTA）の概要』，2017 年，2 ページ（http://www.
　　　mofa.go.jp/mofaj/files/000217491.pdf　2018 年 1 月 26 日アクセス）。
（３）内多充・田中国資・土屋隆・高橋俊樹・小見山揚子・林道郎・高中公男・岩崎千
　　　佳子・古田島秀輔『NAFTA を読む―協定文抄訳付―』日本貿易振興会（ジェト
　　　ロ），1993 年，51 ～ 53 ページ。
（４）高橋俊樹「第 1 章 2『日米企業行動はどう変化するか』」『NAFTA を読む―協定文
　　　抄訳付―』日本貿易振興会（ジェトロ），1993 年，17 ページ。
（５）内多ら，前掲書，54 ページ。
（６）東南アジア諸国連合（ASEAN）そのものは FTA ではないが，ASEAN では
　　　ASEAN 経済共同体が創設され，貿易の自由化が高度に進展している。
（７）Villarreal, M. A. & Fergusson, I. F., *The North American Free Trade Agreement*
　　　（*NAFTA*）, Congressional Research Service, 2017, pp.20-22.（https://fas.org/sgp/
　　　crs/row/R42965.pdf, 2018 年 1 月 26 日アクセス）本段落のデータはすべてこの文
　　　献から入手。
（８）『日本経済新聞』2017 年 10 月 13 日付朝刊，9 面。

第 11 章　NAFTA における経済政策の変化と国際経営　191

（9）『日本経済新聞』2017 年 2 月 3 日付朝刊，6 面。

（10）Villarreal & Fergusson, *op.cit.*, p.22.

（11）『日本経済新聞』2017 年 1 月 26 日付朝刊，3 面。

（12）Villarreal & Fergusson, *op.cit.*, pp.16-17.

（13）Government of Canada ウェブサイト, *North American Free Trade Agreement*（*NAFTA*）（http://www.international.gc.ca/trade-commerce/trade-agreements-accords-commerciaux/agr-acc/nafta-alena/fta-ale/info.aspx?lang=eng　2018 年 1 月 29 日アクセス）。

（14）U.S. Chamber of Commerce, *NAFTA Triumphant: Assessing Two Decades of Gains in Trade, Growth and Jobs*, 2015, pp.8-9.（https://www.uschamber.com/sites/default/files/documents/files/nafta_triumphant_updated_2015.pdf　2018 年 1 月 25 日アクセス）。

（15）*Ibid.*, p.11.

（16）Koopman, R., Powers, W., Wang, Z., & Wei, S-J., *Give Credit Where Credit Is Due: Tracing Value Added in Global Production Chains*, National Bureau of Economic Research, 2010, p.7.（http://www.nber.org/papers/w16426.pdf　2018 年 1 月 28 日アクセス）。

（17）Villarreal & Fergusson, *op.cit.*, p.14.

（18）経済産業省ウェブサイト『通商白書 2017』（http://www.meti.go.jp/report/tsuhaku2017/2017honbun/i1420000.html　2018 年 2 月 7 日アクセス）。

（19）ジェトロ・ウェブサイト「WTO・他協定加盟状況（メキシコ）」（https://www.jetro.go.jp/world/cs_america/mx/trade_01.html　2018 年 2 月 7 日アクセス）。

（20）『朝日新聞』2017 年 8 月 24 日付朝刊，2 面。

（21）本段落の自動車メーカーの戦略は以下より引用。『日本経済新聞』2016 年 4 月 26 日付朝刊，6 面。

（22）NAFTA 再交渉におけるアメリカの要求については，以下の記事などを参照のこと。『日本経済新聞』2017 年 10 月 19 日付朝刊，9 面。『日本経済新聞』2017 年 11 月 23 日付朝刊，8 面。

（23）『朝日新聞』2017 年 8 月 24 日付朝刊，2 面。

（24）『日本経済新聞』2017 年 2 月 9 日付朝刊，6 面。

（25）『朝日新聞』2017 年 8 月 24 日付朝刊，2 面。

◆参考文献◆

内多允・田中国資・土屋隆・高橋俊樹・小見山揚子・林道郎・高中公男・岩崎千佳子・古田島秀輔『NAFTA を読む―協定文抄訳付―』日本貿易振興会（ジェトロ），1993 年。

外務省『北米自由貿易協定（NAFTA）の概要』，2017 年，2 ページ（http://www.mofa.

go.jp/mofaj/files/000217491.pdf　2018 年 1 月 26 日アクセス）。

外務省アジア大洋州局地域政策課『目で見る ASEAN ― ASEAN 経済統計基礎資料―』，2017（http://www.mofa.go.jp/mofaj/files/000127169.pdf　2018 年 1 月 26 日アクセス）。

経済産業省ウェブサイト『通商白書 2017』（http://www.meti.go.jp/report/tsuhaku2017/2017honbun/i1420000.html　2018 年 2 月 7 日アクセス）。

鈴木岩行「第 13 章　NAFTA と多国籍企業の行動」佐久間信夫・黒川文子編著『多国籍企業の戦略経営』白桃書房，2013 年，213 ～ 226 ページ。

日本貿易振興機構（ジェトロ）海外調査部『米国の通商交渉におけるセンシティブ案件とその背景』，2003 年（https://www.jetro.go.jp/ext_images/jfile/report/05000271/05000271_004_BUP_0.pdf　2018 年 1 月 26 日アクセス）。

Government of Canada ウェブサイト，*North American Free Trade Agreement*（*NAFTA*）．（http://www.international.gc.ca/trade-commerce/trade-agreements-accords-commerciaux/agr-acc/nafta-alena/fta-ale/info.aspx?lang=eng　2018 年 1 月 29 日アクセス）

Koopman, R., Powers, W., Wang, Z., & Wei, S-J., *Give Credit Where Credit Is Due: Tracing Value Added in Global Production Chains*, National Bureau of Economic Research, 2010.（http://www.nber.org/papers/w16426.pdf　2018 年 1 月 28 日アクセス）

U.S. Chamber of Commerce, *NAFTA Triumphant: Assessing Two Decades of Gains in Trade, Growth and Jobs*, 2015.（https://www.uschamber.com/sites/default/files/documents/files/nafta_triumphant_updated_2015.pdf　2018 年 1 月 25 日アクセス）

Villarreal, M. A. & Fergusson, I. F., *The North American Free Trade Agreement*（*NAFTA*），Congressional Research Service, 2017.（https://fas.org/sgp/crs/row/R42965.pdf　2018 年 1 月 26 日アクセス）

第12章
アジアをつなぐ AEC と国際経営

第1節　ASEAN の成立から AEC（ASEAN 経済共同体）の設立へ

　ASEAN は 1967 年，ベトナム戦争の激化に合わせ，東南アジアの 5 カ国（インドネシア，タイ，フィリピン，シンガポール，マレーシア）がアメリカを支援するために作った地域機構である。1976 年の南北ベトナム統一後，ASEAN は政治面から経済・社会面での地域協力に広がっていった（1984 年にブルネイが加盟）。

　1976 年から ASEAN は集団的輸入代替工業化戦略を採用したが，各国の利害対立により挫折した。プラザ合意による円高・ドル安を契機とする世界経済の構造変化を基に外資を導入する目的で，1987 年，集団的外資依存輸出志向工業化戦略へ転換した。この戦略下で ASEAN の協力を最初に体現したのは，三菱自動車が提案したブランド別自動車部品相互補完流通計画（BBC スキーム）であった。

　1992 年，ASEAN は AFTA（ASEAN 自由貿易地域）創設に合意した。AFTA は，共通効果特恵関税協定（CEPT）[1] により，適用品目の関税を 5％以下にすることを目標にしていた。AFTA 創設の背景には，アジア冷戦構造の変化，中国の改革・開放政策に基づく急速な成長と外資受け入れ急増への対抗があった。冷戦構造の変化を契機に，90 年代後半にベトナム（V），ラオス（L），ミャンマー（M），カンボジア（C）が加わり，東南アジア地域 10 カ国が加盟す

る包括的地域機関へと発展した（後発4カ国をCLMV諸国と呼ぶ）。

1997年，タイを震源としたアジア通貨危機が発生，ASEAN全体に伝播した。成長のエンジンである「外国直接投資」を継続的に受け入れるため，AFTAによる関税削減・撤廃の加速化・深化を行った。

2003年，ASEANは，ASEAN安全保障共同体（ASC，現ASEAN政治安全保障共同体，APSC），ASEAN経済共同体（AEC），ASEAN社会文化共同体（ASCC）からなるASEAN共同体（AC）の実現を打ち出し，ASEAN域内経済協力は新たな段階に入った。AECはASEAN共同体を構成する3つの中心であり，物品・サービス・投資・熟練労働力の自由な移動に特徴づけられる単一市場・生産基地を構築する構想である。ASEANにとって外国直接投資と輸出は発展のための切り札であったが，中国やインドなどの競争者が台頭した環境下で，より外資を呼び込むために，ASEANとしての協力・統合を必要としたのであった。

2007年，ASEAN全加盟国によってASEAN憲章が署名され，AECの2015年までのロードマップであるAECブループリントが発出された。2010年，AECの確立と域内格差の是正を後押しするためにASEAN連結性マスタープラン（MPAC）が出された。また，同年先行加盟6カ国（発足時加盟5カ国にブルネイを加える）で，関税が撤廃されAFTAが完成した。

東アジア・オセアニアとのASEAN＋1FTAも急速に展開し，日本，中国，韓国，インド，オーストラリア・ニュージーランドとの5つのASEAN＋1FTAを締結・発効している。

2015年11月，ASEAN経済共同体を2015年12月31日に正式に設立することを宣言した。同時に2025年に向けてのASEAN統合のロードマップであるASEAN2025が採択された。2003年に創設が合意されたAECは12年間で実現したが，AECの目標が100％実現したわけではなく，2015年末の創設は通過点と考えるべきである。

第12章　アジアをつなぐAECと国際経営　195

第2節　AECの現状と評価

1．AEC ブループリント

　2007年に公表されたAECブループリントは，2008年から2015年までの目標と分野別の行動計画である。ブループリントは，4つの目標として，①単一の市場と生産基地，②競争力のある経済地域，③公平な経済発展，④グローバル経済への統合をあげている。目標ごとに合計17分野を示している。4つの目標のうち最も重要なものは，単一の市場と生産基地である。

① 単一の市場と生産基地では，関税撤廃が最大の成果で，2009年にAFTA-CEPTからASEAN物品貿易協定（ATIGA）に改正された。これによりAFTAは法的，制度的，包括的かつ除外品目の少ないきわめて高度なFTAになった。関税撤廃率（自由化率）は99％を超えるとされ，この率は環太平洋連携協定（TPP）に匹敵する。一方，非関税障壁（NTB）撤廃はほとんど進んでいない。

　サービス貿易の自由化は遅れ気味で，最初から全分野の15％は例外とすることが認められている。現在サービス分野で外資規制が課されているが，ASEANサービス枠組み協定（AFAS）の下，ASEAN投資家に対し70％まで

図表12−1　ASEAN経済共同体ブループリントの4つの目標と分野

目標	分野
1．単一の市場と生産基地	① 物品の自由な移動，② サービスの自由な移動，③ 投資の自由な移動，④ 資本のより自由な移動，⑤ 熟練労働者の自由な移動，⑥ 優先統合分野，⑦ 食料・農業・林業
2．競争力のある経済地域	① 競争政策，② 消費者保護，③ 知的所有権，④ インフラストラクチャー開発，⑤ 税制，⑥ 電子商取引
3．公平な経済発展	① 中小企業，② ASEAN統合イニシアチブ
4．グローバル経済への統合	① 対外経済関係への一貫したアプローチ，② グローバル・サプライ・チェーンへの参加

出所：石川幸一他編著『現代ASEAN経済論』文眞堂，2015年，165ページ。

の外資出資を容認する方針が示されている。これが実現すれば，日本本社からサービス分野に出資する場合は原則として ASEAN 各国の外資規制が適用されるが，在 ASEAN 子会社から出資する場合は最大 70％まで出資できるようになる。AFAS は規律を強化する形で，ASEAN サービス貿易協定（ATISA）に改正されることになっている。

　サービス業以外の投資を対象とする ASEAN 包括的投資協定（ACIA）では，最低限の例外を残して自由化するとしている。例外分野は ACIA の留保表（ネガティブリスト）で示される。

　熟練労働者の移動では，8 つの自由職業サービス（エンジニアリング，看護，建築，測量，医療，会計，歯科医療，観光）の資格の相互承認取決めが締結されているが，ASEAN 域内の他国での就労は実現していない。非熟練労働者の移動は対象外で，労働者の完全自由化は想定していない。

② 競争力のある経済地域は，共通政策と陸上・海上・航空輸送などのインフラ整備を意味する。陸上輸送では，ASEAN 高速道路ネットワーク（AHN）とシンガポール昆明鉄道（SKRL）が 2 大プロジェクトであるが，工事は遅れている。海上輸送と航空輸送は単一の市場創設が目標である。

③ 公平な経済発展は経済格差を意味している。域内諸国の経済規模は，人口規模ではブルネイとインドネシアとの間に 628 倍，貿易額ではラオスとシンガポールの間に 67 倍，国内総生産（GDP）規模でラオスとインドネシアとの間に 76 倍，1 人当たり GDP ではカンボジアとシンガポールの間に 52 倍の格差がある。格差是正の具体的な施策として，ASEAN 統合イニシアチブ（IAI）が実施されている。IAI は教育訓練，調査などソフト・インフラを中心とする協力で，ハード・インフラは対象となっていない。ハード・インフラは ASEAN 連結性マスタープランと大メコン圏（GMS）経済協力プログラムおよび先進国や中国と国際機関による経済協力が主であり，IAI による格差是正の効果は限定的である。現実には，CLMV 諸国は外国投資の増加により，GDP 成長率が先行 6 カ国より高く，所得格差は緩やかながら縮小している。

④ グローバル経済への統合は域外との FTA 締結を意味し，2005 年 ASEAN 中国（AC）FTA，2007 年 ASEAN 韓国（AK）FTA，2008 年 ASEAN 日本包括的経済連携協定（AJCEP），2010 年 ASEAN インド（AI）FTA，ASEAN 豪州・ニュージーランド（AANZ）FTA が締結された。2012 年，ASEAN ならびに ASEAN の FTA パートナー 6 カ国の 16 カ国により，東アジア地域包括的経済連携（RCEP）推進で合意した。

2．ASEAN 連結性マスタープランと大メコン圏経済協力プログラム

AEC は AEC ブループリントに加えて，ASEAN 連結性マスタープラン（MPAC），大メコン圏経済協力（GMS）プログラムなど重層的な行動計画を進めている。

MPAC は物的連結性（インフラの建設・整備），制度的連結性（協定，制度），人と人との連結性（人の移動，観光など）の 3 つの連結性に分けて，合計 19 のプロジェクトを提示している。MPAC が創られたのは，ブループリントのインフラ建設・整備計画が貧弱で実施が遅れていたためで，ブループリントを補強する計画として位置づけられる。ASEAN 連結性の狙いは物流，資本，人的な移動の円滑化を促進し，ASEAN の国際競争力の向上および経済活性化に寄

図表 12 − 2　ASEAN の連結性

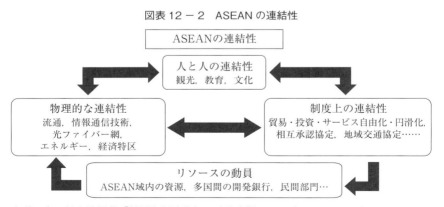

出所：安田信之助編著『新国際経済論』八千代出版，2017 年，126 ページ。

図表 12 - 3 ASEAN 連結性マスタープラン（MPAC）プロジェクト

【物的連結性】 ① ASEAN 高速道路ネットワーク（AHN）の完成，②シンガポール昆明鉄道（SKRL）の完成，③効率的で統合された内陸水運，④統合され効率的で競争力のある海運システム，⑤ ASEAN を東アジアの輸送のハブとする統合され継ぎ目のないマルチモダル輸送システム，⑥ ICT インフラとサービスの開発促進，⑦エネルギーインフラプロジェクトの制度的課題の解決
【制度的連結性】 ①輸送円滑化 3 枠組み協定の全面的実施，②国家間旅客陸送円滑化イニシアチブの実施，③ ASEAN 単一航空市場，④ ASEAN 単一海運市場，⑤商品貿易障壁の除去による物品の自由な移動の加速，⑥効率的で競争力のある物流セクター，⑦貿易円滑化の大幅改善，⑧国境管理能力向上，⑨公平な投資ルールによる ASEAN 内外からの外国投資への開放促進，⑩遅れた地域の制度的能力強化と地域・局地の政策協調
【人的連結性】 ① ASEAN 域内の社会経済的理解の深化，② ASEAN 域内の人の移動促進

出所：浦田秀次郎他編著『ASEAN 経済統合の実態』文眞堂，2015 年，24 ページ。

与することである。

　GMS プログラムは連結性にとって重要で，道路建設を核に送電，工業団地などへの投資を行う経済回廊構想を進めており，東西経済回廊（ベトナム・ダナン―ミャンマー・モーラミャイン），南北経済回廊（バンコク―タイ・チェンライ―中国・昆明―ハノイ），南部経済回廊（バンコク―プノンペン―ホーチミン）の 3 大経済回廊が利用され始めている。

3．AEC の評価と ASEAN2025

　ASEAN は緩やかな政策協調，各国裁量による例外の容認，主権の委譲を伴わない地域統合であるため，ASEAN 経済統合の過去の評価はきわめて低かった。その理由は，①自由化を段階的に実施したため進展が遅かった，② ASEAN の域内貿易比率が低い，③ AFTA の利用率が低いためだった。しかし現在は，AFTA は世界でも自由化率の高い FTA である。ASEAN 諸国は元来，域外との貿易，域外からの外国投資を受け入れて経済発展してきたため，貿易，投資における域外の比率が高かった。域内貿易のシェアは，1990 年から 24 年間で 8％上昇した。1990 年代から 2000 年代前半にかけては緩やかに上昇してきたものの，2000 年代半ば以降は伸び悩んでいる。この原因として，

対中貿易が急増していることがあげられる。ASEANの対日，対米，対EU貿易シェアは低下し続けているが，2000年頃から対中貿易シェアは急速に増加している。域内投資のシェアは後で見るように上昇している。AFTAの利用率も年々高まる傾向にある。

　ASEANでは内政不干渉政策が維持されているため，各国に決定の実行を強制できない。そこで導入されたのがスコアカードである。スコアカードはブループリントの実施状況を，分野および国別に明らかにしている成績表である。成績を公表することにより，各国政府にプレッシャーをかけることを狙いとしていた。2008年〜11年のスコアカード（行動計画の実施率）は67.5％であった。その後，優先主要措置に変更され，2013年末で82.1％と発表された。スコアカードから優先主要措置に変更されたのは，スコアカードでは実施率が低くなってしまうためと指摘されている。また，施策の導入についても，すべての国が導入できなくても準備ができた国が先行し，他国が後から参加できるASEAN–X方式も採用している。

　AECは，経済統合のレベルとしてはFTAと共同市場の間に位置しているが，関税同盟ではなく，ASEANはそれを目指してもいない。ASEANの中でほとんど関税が撤廃されている国（シンガポール等）と高い関税率が残っている国（CLM諸国）まで違いが大きいためである。FTAプラスと呼ぶべき内容である。

　2015年11月に採択されたASEAN統合の将来像を描いたのが「ASEAN共同体2025ビジョン」（ASEAN2025）である。ASEAN2025は，以下の5本柱で構成されている。①統合されかつ高度に結束した経済，②競争力のある革新的でダイナミックなASEAN，③強靱で包括的，人間本位・人間中心のASEAN，④分野別統合・協力の強化，⑤グローバルASEANである。AEC2015との対比でいえば，既存の4本柱の名称は変更され，それぞれの概念が拡充されている。新たに加わった項目は，「分野別統合・協力の強化」である。

図表 12 − 4　経済統合の 5 分類と AEC の位置づけ

	理論上の 5 分類					経済統合の実例			
	自由貿易地域	関税同盟	共同市場	経済同盟	完全な経済統合	AEC	EPA	TPP	EU
関税撤廃	○	○	○	○	○	○	△	○	○
非関税障壁撤廃	△	△	○	○	○	△	△	△	○
貿易円滑化	△	△	○	○	○	○	○	○	○
域外関税の共通化	×	○	○	○	○	×	×	×	○
サービス貿易自由化	×	×	○	○	○	△	△	△	○
投資自由化	×	×	○	○	○	○	○	○	○
人の移動の自由化	×	×	○	○	○	○	△	△	○
規格相互承認	×	×	×	△	○	△	△	△	○
知的財産権の保護	×	×	×	△	○	○	○	○	○
競争政策	×	×	×	△	○	△	△	△	○
域内協力	×	×	×	△	○	○	△	△	○
政府調達の開放	×	×	×	△	○	×	△	△	○
金融政策（共通通貨）	×	×	×	△	○	×	×	×	○
財政政策	×	×	×	△	○	×	×	×	△

出所：鈴木早苗編『ASEAN 共同体』アジア経済研究所・ジェトロ，2016 年，77 ページ。

図表 12 − 5　「ASEAN 共同体 2025 ビジョン」（ASEAN2025）

目　標	分　野
統合されかつ高度に結束した経済	①物品貿易，②サービス貿易，③投資環境，④金融統合，金融包摂，金融の安定，⑤熟練労働者，商用訪問者の移動促進，⑥グローバル・バリュー・チェーンへの参画
競争力のある革新的でダイナミックな ASEAN	①効果的な競争政策，②消費者保護，③知的所有権協力の強化，④生産性主導の成長，イノベーション，研究開発，技術の商業化，⑤租税協力，⑥良好なガバナンス，⑦効果的，効率的で整合性のある対応力のある規制，⑧持続可能な経済発展，⑨世界的な大潮流と新しい貿易関連問題
強靭で包括的，人間本位・人間中心の ASEAN	①中小零細企業の役割の強化，②民間部門の役割の強化，③官民パートナーシップ，④開発格差の縮小，⑤関係者による地域統合努力への貢献
分野別統合・協力の強化	①輸送，②情報通信技術，③電子商取引，④エネルギー，⑤食料，農業，林業，⑥観光業，⑦保健医療，⑧鉱業，⑨科学技術
グローバル ASEAN	地域的・世界的な経済フォーラムで共通の立場をとるための戦略的かつ整合的な手法の構築など

出所：各種資料より作成。

図表 12 － 6　ASEAN 経済共同体の新たな柱立て

	ASEAN2025	AEC2015
1	統合されかつ高度に結束した経済	単一の市場と生産基地
2	競争力のある革新的でダイナミックな ASEAN	競争力のある経済地域
3	強靭で包括的，人間本位・人間中心の ASEAN	公平な経済発展
4	分野別統合・協力の強化	（第一の柱の一部であった「優先統合分野」の拡大）
5	グローバル ASEAN	グローバル経済への統合

出所：各種資料より作成。

第3節　AEC と国際経営

　AEC により ASEAN での国際経営がどのように変化しているかを，主要な産業別，ASEAN 企業別，日本企業別に見る。まず，ASEAN の主要産業から見る。

1．AEC と生産立地再編

（1）自動車産業

　ASEAN の自動車産業は，拡大する域内市場や自由貿易協定によって広がる域外向け輸出に対応するため，生産能力を拡大している。かつての ASEAN の自動車産業は，各国市場が高関税で分断されていたこともあり，各自動車メーカーが複数国に生産拠点を設立するなど，効率とかけ離れた生産・供給体制を取らざるを得なかった。しかし，1988 年から始まった BBC や 96 年からのアセアン産業協力計画（AICO）スキームは，ASEAN 域内の貿易自由化を促し，域内複数拠点で自動車部品を集中生産し，相互に供給しあう体制づくりを支援した。2003 年以降，AFTA の下で完成車の ASEAN 域内の関税が 5％以下に下がり，域内自動車市場の統合が大きく進んだ。

タイは2000年代に入ると，東南アジアにおける自動車・同部品の一大生産・輸出拠点へと成長を遂げた。生産面では，世界12位（2014年）の自動車生産大国として完成車，部品メーカーが生産拠点を集積させ，域内で圧倒的に強固な基盤を築いている。

本格的なモータリゼーションが到来したインドネシアは，14年に自動車市場がタイを抜いて域内最大規模となったが，自動車産業の集積ではタイが圧倒的な規模を誇る。タイは，1次から3次のサプライヤーが約2,400社あり，インドネシアは約800社に留まる。しかし，近年は急速に自動車産業の裾野が厚みを増している。自動車および部品メーカー各社も，インドネシアをタイに次ぐ第2の生産拠点に発展させる動きを見せている。これまでのタイ一極集中はタイ・インドネシアの二極体制へと転換が見られる。ASEAN主要国の自動車生産は，タイとインドネシア両国で域内の約8割を占めている。14年はタイが47%（前年比8ポイント低下），インドネシアは33%（同6ポイント上昇）となり，両国間のシェアの差は縮まっている。

2000年前後は，自動車生産でタイとインドネシアに拮抗していたマレーシアは，現在は大きな差がついたが，自動車市場では3位である。近年，中華系以外のマレー系にも購入層が広がっている。しかし，自動車購入時に課せられる物品税や輸入許可証は非関税障壁として残されており，80年代からの国民車保護政策は引き続き踏襲されている。

ベトナム，フィリピン両国は，今後の自動車需要の拡大が期待される市場である。しかし，順調な経済発展によって消費が拡大しているが，まだ小規模である。いずれも内需だけでは規模の経済性が獲得できず，両国の自動車産業は競争力を備えるには至っていない。自動車生産に必要な産業基盤は両国とも脆弱であり，セットメーカーを頂点としたサプライチェーンはほとんど形成されていない。輸入代替型の完成車メーカーは，事業効率性の観点から，生産を縮小するか，撤退も視野に入れざるを得ない状況にある。両国政府はこうした状況を受け，自動車産業を国内に引き留めるべく支援策を強化している。

一部の自動車産業では，タイにおける賃金上昇や労働力不足により，労働集

第 12 章　アジアをつなぐ AEC と国際経営　203

約的な工程を賃金水準の低いラオスやカンボジアに移管する動き，いわゆるタイ・プラス・ワンが見られる。自動車用シートの縫製やワイヤーハーネスでの労働集約的な工程を賃金の安い国へ移転するといった分業体制の構築が開始されている。しかし，インフラ不足による割高な輸送費，賃金上昇，産業人材育成不足，現地調達の困難などが指摘されている。

　自動車メーカーおよび部品メーカー各社は，効率的な生産・調達体制の構築にあたり，需要のあるところへ生産を集中することを基本としながらも，域内各国の経済発展レベル，制度，市場といった諸事情を考慮し，最適地生産を目指している。

　ASEAN は，日系自動車メーカーにとって世界で最重要な生産基地の１つであり，また ASEAN 市場は日本，北米，中国と並ぶ最重要市場である。そこでのシェアは圧倒的であるが，関税が撤廃される中で，独・米・韓・中の企業が参入し，競争が激しくなりつつある。AEC が確立する中で，これまでの優位を保ち続けることができるかが問われている[2]。

（2）電機産業

　電機産業は，近年，韓国系や中国系企業の成長が目覚ましいとはいえ，ASEAN で生産される家電製品の多くは依然として日系企業が生産している。ASEAN で生産される家電製品のシェアを見ると，2015 年時点で液晶テレビ，エアコン，冷蔵庫については日系企業が半数以上を占めている。洗濯機，電子レンジは韓国系企業が１位であるが，日系企業は２位である。

　ASEAN の FTA の進展に伴い，生産体制の見直しが起きた。FTA によって関税が削減されたことで，企業は ASEAN 各国に生産拠点を構築しなくてもよくなり，特定の国に拠点を集約してその拠点から近隣国に輸出するよう戦略を変更した。また，AFTA の原産地規則の改正も，こうした生産体制の見直しを後押しした。関税削減・撤廃前は，日系企業は事業・部門ごとに生産拠点を構築し，ASEAN 域内拠点の重複があり，効率性の点で問題が生じていた。そこで品目ごとに最適生産国を決定し，撤退する国の市場には FTA を活用し

て輸出するようになった。テレビの場合，政府による外資優遇措置，原材料や部品調達の利便性，言語・教育水準等を理由として，日系企業はマレーシアに生産拠点を集約し，他国から撤退した。

　生産体制が見直されることで，各国の電機産業は大きな影響を受けた。マレーシアは生産量・輸出量ともに大きく拡大している。タイは2000年代半ばは生産量が増加したものの，現在は生産・輸出ともに低迷している。フィリピン，ベトナムはFTAが発効されたのち低迷状態に陥り，回復していない[3]。

2．ASEAN域内の直接投資とASEAN企業の国際経営

　AECでは加盟国間の関税および非関税障壁の撤廃，サービス貿易と投資の自由化が行われる。このため，加盟国間による域内貿易だけでなく，域内の直接投資（FDI）も活発化している。近年はASEAN自身からの域内FDIが，日本や欧州からのFDIと並んで最大となっている。中国とアメリカからのFDIが次ぐ。域内FDIについてASEANとEUを比較すると，1995年時点ではEUの比率が高かったが，2012年時点では差はほとんどなくなっている。

　域内FDIの出し手国と受け手国を見ると，出し手国としてはシンガポールが6割を占め，次いでマレーシア，タイ，インドネシアが続く。その他の国はほとんどない。受け手国は出し手の主要4カ国自身である。たとえば，シンガポールの最大の域内投資先はインドネシアであり，インドネシアの最大投資先はシンガポールであるという相互関係が見られる。この4カ国を除くと，小規模ながらタイからミャンマーとベトナムへのFDIが行われている。ミャンマーはタイにとっての最大のFDI仕向け先となっている。

　ASEANの国際的な有力企業に共通するのは，2000年代に入りM&Aも梃子に経営規模を拡大し，海外市場で攻勢をかけたことである。2000年代は世界的に貿易・投資が膨らみ，経済のグローバル化が加速したが，それに乗る形でASEAN企業も国際的な存在感を高めたのである。その背景として，ASEAN経済の成長に伴い，地場の企業群が資金力や技術力を向上させたことも指摘できる。

図表12－7　域内FDIの主要な4カ国による仕向け先
(2008～2012年累計，10億ドル)

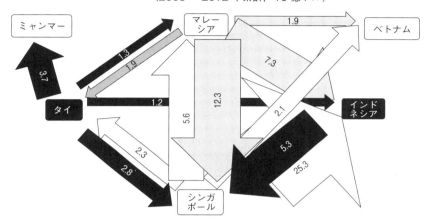

出所：浦田秀次郎他編著『ASEAN経済統合の実態』文眞堂，2015年，83ページ。

　2010～12年の主なM&A案件は，マレーシア医療サービス大手，IHHヘルスケアによるシンガポール病院パークウエイ・ホールディングス買収，タイの流通大手，ビッグCスーパーセンターによる仏カルフールのタイ事業買収，タイの飲料メーカー，タイ・ビバレッジによるシンガポール飲料メーカーフレイザー・アンド・ニーズ（F&N）買収などがあり，すべて1,000億円以上のメガ・ディールである。

● AECを活用した個別企業の国際経営：エア・アジア
　エア・アジアは，トニー・フェルナンデスCEOが2001年，マレーシア国内の航空会社を買収して創業した。以後，徹底したコスト削減策によって実現した低運賃を武器に台頭。ASEAN航空市場の大衆化を一気に進め，LCC業界の牽引役となった。エア・アジアは，ASEAN域内の人の移動を容易にしたという意味で，域内経済の一体化に寄与した。エア・アジアは01年の事実上の創業後，03年タイでは45％（出資比率，以下同じ），05年インドネシアでは49％，10年フィリピンでは39.9％で地元資本との合弁航空会社を設立。エア・

アジアは外資による過半数出資が認められていない中で，各合弁企業の運営という形で，タイ，インドネシア，フィリピンの国内線に参入している。運行拠点の広がりにつれて乗客数は拡大し，13年に4,000万人となり，シンガポール航空，タイ国際航空，マレーシア航空などのナショナル・フラッグ・キャリアの約2倍の規模となっている。マレーシアではブミプトラ政策の影響もあり，さまざまな分野で政府系企業の存在感が際立っている。そうした中で民間の新興エア・アジアが国有マレーシア航空を追い落とした。さらに他のASEAN諸国でも浸透し，地域を代表する航空会社へと躍進した。この事例は，現状の制度の制約を越えて，実質的な経済統合を企業が達成しているという意味において，ASEANにおける事実上の経済統合の新たな事例と呼ぶことも可能であろう[4]。

3．日本企業のASEAN投資と国際経営

国際協力銀行の中期的（今後3年程度）に有望な事業展開先として，2014年度はASEAN10カ国のうち，8カ国が20位以内に入っている。アジアの中でもASEANが日本企業に注目される理由は，ASEAN要因と中国要因に大別される。ASEAN要因としては，①ASEAN経済の規模（人口，GDP），②カンボジア，ラオス，ミャンマー（CLM）の胎動，③AECの創設，④ASEANを中核とする広域経済連携ネットワークの形成がある。中国要因は，①中国での急速な賃上げ，②日中関係の悪化である。

日本企業の対ASEAN直接投資額は2011年から急増している。対中投資額と比べると，13年は2.6倍，14年は3倍となっている。国別にみると，タイ，シンガポール，インドネシア向けが多く，14年はこれら3カ国でASEAN全体の8割以上を占めた。直接投資残高（13年末）は，ASEANを合計すると中国を上回り，日本企業の対アジア直接投資残高の4割以上を占める。他にASEANが中国を上回るのは，現地法人売上高（12年度，中国34兆9,375億円，ASEANは43兆2,087億円），常時従業者数（ASEAN約187万人，中国約168万人），民間企業関係者数（ASEAN 11万3,000人，中国10万8,000人）である。中国を下

回るのは，現地法人数で，12年度末で在中国は7,700社（香港の1,221社含む），在ASEANは5,410社である。

● 日本企業の新たな動き

① 非製造業（卸売，小売，情報通信，運輸，サービス業）の進出の活発化。今まで日本企業の投資は製造業が中心であったが，現在は現地法人の増加率で非製造業が製造業を上回る。非製造業のASEAN進出が加速しているのは，富裕層・中間層が増大し，商機が拡大しているためである。14年の日本のASEANへの非製造業投資のうち，シンガポールは4割弱，タイとインドネシアはそれぞれ2割強を占める。この3カ国で85％に達する。業種別では，金融・保険業が51％，卸売・小売業が14.6％，通信業が14.1％と続く。近年，日系小売業で地域統括拠点機能を強化したり，日系金融機関が地場大手金融機関に出資してASEAN域内展開を加速するなど，ASEAN全体を単一の市場と捉える日系企業の動きが目立ちつつある。

② ASEAN進出の手段として，M&Aが増えている。2013年のASEAN企業に対するM&A額は7,450億円で，対中国140億円，対インド330億円より巨額である。成長力に富むASEAN市場で，現地企業がもつ販売網や技術・人材を獲得し，速やかに優位な立場を築こうとしている。最近の代表的な事例として，三菱（東京）UFJ銀行のタイ大手商業銀行，アユタヤ銀行の買収，アサヒホールディングスによるインドネシアの飲料水事業，三井物産によるマレーシアの不動産会社の案件がある。

③ 新たな進出先として，カンボジア，ラオス，ミャンマー（CLM）が浮上してきた。CLMが台頭してきたのは，低廉な労働力が存在し，高成長に伴い内需も拡大するとの期待があるためである。メコン地域で国際幹線道路（東西経済回廊，南部経済回廊，南北経済回廊）の整備が進められつつある事情もある。CLMに展開する日本企業で増えているのがタイ・

プラス・ワンである。タイで人件費上昇，人手不足に直面する日系企業が，労働集約的な品目・工程をタイ工場から隣接するカンボジアやラオスの工場に移転するものである[5]。

● AEC を活用した日本企業の国際経営：AEON

AEON は日本・中国・ASEAN（マレーシア）の 3 本社体制を敷いている。AEON ASIA が管轄する ASEAN 地域では，シンガポール，ブルネイを除く 8 カ国に，機能別に 31 拠点を展開する。AEON ASIA はクアラルンプールを本拠地に 2012 年 11 月に業務を開始した。地域統括拠点として，経営戦略の策定，財務，商品調達，システム構築，新規出店支援など幅広い業務を行っている。メコン地域の仏教国向けの商品開発はタイで，イスラム教徒が多いその他地域向けはマレーシアで行っている。ASEAN は FTA の活用によって関税がほぼ全廃されたことを背景に，AEON ASIA は域内での商品開発・流通を積極的に進めている。ASEAN は急速に市場が変化しているが，制度が追いついていない。マレーシアやタイを中核拠点に商品を導入する同社にとっては，いわゆる手続きのワンストップサービス化である「ASEAN シングルウインドウ（ASW）」の早期導入等による税関手続きの円滑化，ラベリングや輸入ライセンスなどについての販売規制の ASEAN 域内での調和が，最適な調達を実現するカギを握る。AEON ASIA では，ASEAN 人材を登用している。国籍に関係なくすぐれた人材を集め，商品陳列などを担当させている。同社人材育成のハブ機能はマレーシアが担っており，新店立ち上げに際しては，同社サポートチームが現地に入り，他店舗と同様のサービスを提供できるよう丁寧な指導を行う。ASEAN 全域を管理するこうした人材については，今後 AEC は円滑な域内移動・就労を可能とする制度設計が必要である。単一市場への歩みを進める ASEAN 地域について，AEON ASIA は地域全体での業務運営を強化している[6]。

第12章 アジアをつなぐAECと国際経営　209

第4節　ASEANを中心とするアジアの地域経済協力

1．経済危機とアジアの地域経済協力

　1997年，東アジア諸国はタイをきっかけに通貨危機に見舞われ，同年12月にASEAN＋3（日，中，韓）の第1回首脳会議が開催された。アジア通貨危機による深刻な影響に対応し，経済回復を実現すべく，翌1998年，第2回ASEAN＋3首脳会議が開催され，ASEAN＋3による経済協力の制度化が進んだ。2000年に発足したチェンマイ・イニシアチブは，外貨不足によって発生した通貨危機の再来を防止するために，2国間で外貨を融通しあう協力ネットワークであるが，ASEANスワップ協定が母体となっている。2005年，ASEAN＋3にオーストラリア，ニュージーランド，インドを加えたASEAN＋6の16カ国で東アジア首脳会議（EAS）が開催された。東アジア首脳会議の参加基準は，①ASEANとの実質的な関係が深いこと，②ASEANとの対話国であること，③東南アジア友好協力条約（TAC）に加盟していることとなった。また，同会議はASEANの会議と同時開催され，ASEAN諸国が会議の議長を担うこととなっている。これらの条件が，東アジアにおける地域協力にあたってのASEANの中心性をもたらしている（東アジア首脳会議は2011年にアメリカとロシアが加わり，18カ国となった）。

　2008年，世界金融危機（リーマン・ショック）が発生し，アメリカは内需型成長から輸出型へ転換を迫られ，成長を続ける東アジアを輸出目標とした。

　2010年はASEANと東アジアの経済統合にとって画期となった。第1の原因はAFTAが先行6カ国で完成し，対象品目の関税が撤廃されたことである。第2はASEANと中国，韓国，日本，インド，オーストラリア・ニュージーランドとの5つのASEAN＋1FTAが完成したことである。第3はアメリカをはじめオーストラリア等が，アジア太平洋にまたがるTPPの交渉を開始したことである。

図表 12 − 8　ASEAN をハブとする FTA 網・域内・域外の連携拡大

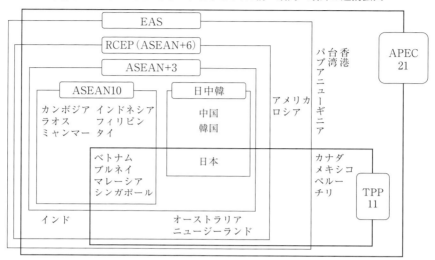

出所：グウェン・ドゥクワップ（安田信之助編著『新国際経済論』八千代出版，2017 年，128 ページ）を筆者が改めた。

2．ASEAN と RCEP・TPP

　2011 年 11 月，日本は TPP 交渉参加へ向けて協議に入ることを表明した。TPP へのアメリカの参加とともに，この日本の TPP への接近が，東アジアの経済統合の推進に向けて大きな圧力となった。同月，ASEAN は，これまでの 5 つの ASEAN＋1FTA および中国が主導する東アジア自由貿易圏（EAFTA，ASEAN＋3），日本が主導する東アジア包括的経済連携（CEPEA，ASEAN＋6）の延長に，ASEAN を中心とする東アジアの FTA である RCEP を提案した。ASEAN が RCEP を提案した理由は，ASEAN にとっては，常に広域枠組みに埋没してしまう危険があり，それゆえ自らの経済統合を他に先駆けて進めなければならないためであり，そして同時に東アジアの地域協力枠組みにおいてイニシアチブを確保しなければならないためである。ASEAN にとっては，東アジアの FTA の枠組みは，従来のように ASEAN＋1FTA が主要国との間に複数存在し，他の主要国は相互の FTA を結んでいない状態が理想であった。し

かし，TPP 確立の動きとともに，日本と中国により東アジアの広域 FTA が進められる状況の中で，ASEAN の中心性を確保しながら東アジア FTA を推進するというセカンドベストを追求することとなった。

RCEP の内容は，交渉中のため詳細は不明であるが，AEC と ASEAN＋1FTA が扱う分野とほぼ重なっているため，ASEAN のルールが東アジアへ拡大する例と言える。TPP との関係から言えば，RCEP が TPP より高いレベルの FTA を結ぶことができれば，在 ASEAN 企業に高いレベルのビジネス環境を提供し，世界の経済成長センターとしての ASEAN の地位を保持するために重要な役割を果たすが，高いレベルの FTA を提供できなければ，東アジアの多くの国が TPP に加盟してしまうことになる。

日本企業にとっても RCEP は重要である。RCEP 域内の貿易と投資の共通ルールが構築されれば，東アジア（ASEAN を含む）に広く分布する日本企業の経営資源をより有機的に結びつけることを可能にする再編が進むと考えられる。日本企業は RCEP 参加国との間でサプライチェーンを形成している。国際競争力の強化には効率的なサプライチェーンが必要であり，RCEP はそのための重要な手段となる。また，2015 年，中韓 FTA が締結され，中国市場で日本企業は韓国企業より不利となる。日中韓 FTA 締結の目途が立たない現在，RCEP は日中韓 FTA の代替となる可能性がある[7]。

【注】

（1）CEPT は，ASEAN 製品（域内で 40％以上を生み出した製品）を順次 CEPT 適用品目リスト（IL：Inclusion List）に組み込み，一定期間内に関税引き下げを完了する。

一時的除外品目（TEL）：CEPT 適用対象となる準備が整っていない製品。一定期間内に CEPT 適用品目リストへの移行が図られる。

センシティブ品目（SL）：適用品目リストへ組み入れる際に弾力的な方法を取るもの。おもに野菜・果物・穀類・肉類など非加工品農産物が対象。

高度センシティブ品目（HSL）：先行加盟 6 カ国について，CEPT リストへの移行期限を 2010 年までとする未加工農産品。米，砂糖など。

一般的除外品目（GEL）：関税率の削減対象としないもの。

（2）「発足！AEC ～ ASEAN 経済共同体総点検」『ジェトロセンサー』2015 年 11 月号。

（3）猿渡剛「ASEAN の工業化と FTA ―電機産業の事例を基に」『世界経済評論』2017 年 3/4 月号，国際貿易投資研究所。

（4）浦田秀次郎他編著『ASEAN 経済統合の実態』第 4 章，鈴木早苗編『ASEAN 共同体』第 4 章。

（5）石川幸一他編著『現代 ASEAN 経済論』15 章。

（6）「発足！AEC ～ ASEAN 経済共同体総点検」『ジェトロセンサー』ジェトロ，2015 年 11 月。

（7）石川幸一他編著『ASEAN 経済共同体の創設と日本』14 章。

◆参考文献◆

石川幸一・朽木昭文・清水一史編著『現代 ASEAN 経済論』文眞堂，2015 年。

石川幸一・清水一史・助川成也編著『ASEAN 経済共同体の創設と日本』文眞堂，2016 年。

浦田秀次郎・牛山隆一・可部繁三郎編著『ASEAN 経済統合の実態』文眞堂，2015 年。

浦田秀次郎・牛山隆一編著『躍動・陸の ASEAN，南部経済回廊の潜在力』文眞堂，2017 年。

黒柳米司・金子芳樹・吉野文雄編著『ASEAN を知るための 50 章』明石書店，2015 年。

猿渡剛「ASEAN の工業化と FTA ―電機産業の事例をもとに」『世界経済評論』2017 年 3/4 月号，国際貿易投資研究所。

鈴木早苗編『ASEAN 共同体―政治安全保障・経済・社会文化―』アジア経済研究所・ジェトロ，2016 年。

「発足！AEC ～ ASEAN 経済共同体総点検～」『ジェトロセンサー』ジェトロ，2015 年 11 月。

「メガ FTA 新時代　ASEAN 経済共同体の誕生　AEC は何を変えるのか」『ジェトロセンサー』ジェトロ，2015 年 12 月。

「特集　ASEAN 新時代―50 年の軌跡と持続的発展への期待」『世界経済評論』2017 年 9/10 月号，国際貿易投資研究所。

第13章
RCEP とインドの役割

　RCEP, 東アジア地域包括的経済連携（Regional Comprehensive Economic Partnership）は，東南アジア諸国連合加盟（ASEAN）10 カ国に，日本，中国，韓国，インド，オーストラリア，ニュージーランドの 6 カ国を含めた計 16 カ国が，域内分業の促進・再編と外的ショックに強い経済構造の構築を目指して創設した自由貿易地域である。まず，RCEP がどのように形成され発展したのか，次に RCEP が創設された背景と目的を検討する。

第 1 節　ASEAN の発展と RCEP の創設

1．ASEAN の形成と発展

　ASEAN は，冷戦下の 1967 年 8 月，ベトナム戦争の激化に伴い，東南アジアの反共 5 カ国であるインドネシア，マレーシア，フィリピン，シンガポール，タイにより，アジアにおける自由主義諸国の政治的連合体として設立された。設立当初は，アメリカのベトナムに対する軍事行動を支援する地域機関の意味合いが強かったが，1975 年にアメリカがベトナムから撤退し，翌年ベトナムが統一されると ASEAN は変容し，強力な共産主義国家として誕生したベトナムへの対抗意識から結束を強めた。1976 年に初の首脳会議が開催され，組織体制が整えられると，これ以降，経済協力や社会協力など，他分野への協力体制の拡大が進んだ。

　1980 年代末，ASEAN 諸国は国家主導と外資導入の組み合わせによる開発

図表 13－1　世界の主要な地域協定の比較

	東アジア（日・中・韓と ASEAN）	ASEAN自由貿易地域（AFTA）	欧州連合（EU）	北米自由貿易協定（NAFTA）	BRICS（中国を除く）	RCEP
発効年	—	1993 年	1993 年	1994 年	2001 年	2013 年
GDP (2006 年)(100万米ドル)	9,404,454	980,124	14,525,731	15,303,527	5,844,758	200,000
人口 (1997 年)(100万人)	1,936	564.0	491.7	440.8	2,853.4	3,400
構成国	タイ、マレーシア、インドネシア、フィリピン、シンガポール、ベトナム、ブルネイ、カンボジア、ラオス、日本、韓国、中国	タイ、マレーシア、インドネシア、フィリピン、シンガポール、ベトナム、ブルネイ、カンボジア、ラオス、ミャンマー	英国、ドイツ、フランス、イタリア、オランダ、ベルギー、ギリシャ、ルクセンブルク、スペイン、ポルトガル、オーストリア、フィンランド、スウェーデン、アイルランド	米国、カナダ、メキシコ	インド、ロシア、ブラジル、南アフリカ	ASEAN10 ヵ国、日本、韓国、中国、インド、オーストラリア、ニュージーランド
備考	1999 年 11 月、ASEAN10 カ国非公式首脳会議の後に、ASEAN と日・中・韓の首脳会議が開催され、平和 5 原則を中心とする共同声明を発表。	ASEAN 域内の関税撤廃、投資自由化を目指す。共通実効特恵関税協定（CEPT）で、2002 年までに主要国の域内関税を 5％以下とすることで合意。	1958 年 EEC 設立。68 年関税同盟。93 年市場統合により欧州連合へ。99 年からは、ユーロ 11 カ国による経済通貨同盟開始。	1989 年に成立していた米加自由貿易協定に、94 年メキシコが参加。最長 15 年をかけて域内関税を撤廃。		2013 年にブルネイにおいて RCEP 交渉の第 1 回会合が開催された

出所：国際貿易投資研究所 国際比較統計、2007 年、IV 009-1 ページ（http://www.iti.or.jp）と経済産業省ホームページ（http://www.meti.go.jp/policy/trade_policy/east_asia/activity/rcep.html#part01 2018 年 5 月 31 日アクセス）。

パターンをもとに，NIES[1] に次ぐ高い成長を遂げる地域となった。さらに，ブルネイ（1984年），ベトナム（1995年），ラオス（1997年），ミャンマー（1997年），カンボジア（1999年）が加わり，現在，10カ国に成長した。また，ASEANの域内の政治情勢が比較的安定していたこともあり，ASEANは，地域のすべての国をカバーする包括的地域機関へと発展した。

　このように発展を続けながらも，1997年には通貨危機による経済危機を克服するなどの功績もあげた。しかし一方で，2002年9月のインドネシア・バリ島における大規模爆破テロ事件のように，域内で近年，過激なテロ事件が発生している。また，今後さらなる発展を企図するためには，ASEANは地域内の不安定な要因をできる限り排除する必要がある。

　ASEANは，外交活動を活発化させることによってアジア欧州首脳会合（ASEM），ASEAN地域フォーラム（ARF），ASEAN＋3（日，中，韓）首脳会議などの広域制度の確立にも指導力を発揮し，世界の注目を集めている。これに伴って，2003年のASEANサミットでは，ASEAN経済共同体，政治・安全保障共同体，さらには社会・文化共同体の形成が合意され，地域主義に向けての取り組みが本格化する兆しが見え始めた。

2．ASEAN を中心とする東アジア地域経済

　いままでの東アジアの経済統合について振り返ってみよう。東アジアでは，1961年にタイ，フィリピン，マレーシアの3カ国が東南アジア連合（Association of Southeast Asia, ASA）を発足させた。その後，経済地域協力にインドネシアを加えた東アジア協会を設立し，それがASEAN設立の土台となった。ASEANでは，AFTA発足以前から，域内貿易の自由化や産業協力促進を目指して各種のプログラムやプロジェクトが次々に提唱されていたが，制度自体の不備のため成功しなかった。しかし，1992年1月，第4回ASEANサミット（シンガポール）において，ASEAN諸国はAFTAの創設について合意に至っている。合意に至った背景には，① ASEAN諸国が外資依存の輸出志向型工業化政策に転換し，海外直接投資（FDI）の導入が進んだこと，②

図表 13 − 2　ASEAN を中心とする東アジアの地域協力枠組み

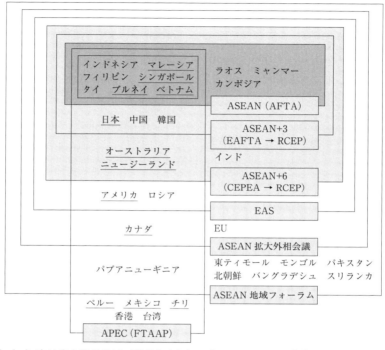

（注）（　）内は自由貿易地域（構想を含む）である。ASEAN：東南アジア諸国連合，AFTA：ASEAN 自由貿易地域，EAFTA：東アジア自由貿易地域，EAS：東アジア首脳会議，CEPEA：東アジア包括的経済連携，RCEP：東アジア地域包括的経済連携，APEC：アジア太平洋経済協力，FTAAP：アジア太平洋自由貿易圏。下線は，環太平洋パートナーシップ（TPP）交渉参加国。
出所：清水一史「RCEP と東アジア経済統合　東アジアのメガ FTA」『国際問題』No.632，2014 年 6 月，18 ページ。

ASEAN と競合する FDI 受け入れ国および中国への投資ブームが起きたことへの対抗措置を取ろうとしたこと，③ EU や NAFTA など自由貿易地域協定の締結への動きが加速していたこと，④ ASEAN 地域の市場を貿易自由化により拡大し，ASEAN 加盟国外の国に対して外資の魅力を高める必要があったことなどが考えられる。

　ASEAN 諸国では，1985 年のプラザ合意[2]以後 1990 年代初頭まで，日本

を中心とする域外からの投資が急増した。これにより，輸出志向の工業化に成功し，飛躍的な経済成長を果たした。1990年代半ばになると，域外からの投資はASEAN向けが縮小し，中国向けが劇的に増加した。1993年の中国への域外からの投資はASEAN向けを上回り，ASEANへの域外投資の流入額は前年比45%減となった。

　AFTA創設の主要目的は，①ASEAN域内における水平分業体制を強化し，ASEAN諸国の地場産業の国際競争力を高めること，②市場規模を拡大し，スケールメリットを確保することにより，域外資本の導入を促進すること，③地域レベルの貿易自由化を実施し，グローバルな自由貿易体制時代の到来に備えて少しでも国際競争力を強化する[3]ことである。

3．RCEP創設の背景と目的
　そこで，より大きな地域経済として活性化する目的で，2012年4月のASEAN首脳会合においては，2012年11月までにRCEPの交渉開始を目指すことが決定された。

　2002年にEASG（東アジアスタディーグループ）が東アジアの共同体実現に向け，短期的／中長期的に実現すべき具体的方策をとりまとめ，そのうち，中長期的に実現すべき項目として「東アジア自由貿易地域（EAFTA）」が掲げられ，ASEANと中国は2002年11月には「包括的経済協力枠組協定」を締結した。この方策を元に，2005年4月には，EAFTAの共同専門家研究会が開始され，第1，第2フェーズを経て，2009年のASEAN＋3経済大臣会合および首脳会合で報告された。

　2005年12月，ASEAN＋6を参加国とする「東アジア首脳会議（EAS）」が初めて開催され，EASがこの地域における共同体形成に「重要な役割（Significant Role）」を果たすテーマとしては，エネルギー，教育，防災などを設定してきた。2006年，第2回EASで，ASEAN＋6カ国の経済実態の結びつきの強いASEANと日本・中国・韓国・インド・オーストラリアおよびニュージーランドによるFTAやEPAも急速に展開し，16カ国による「東アジ

ア包括的経済連携（CEPEA）」構想に合意した。2007 年 6 月から CEPEA の民間研究会が開催され，第 1，第 2 フェーズを経て，2009 年 2 月の ASEAN ＋ 6 経済大臣会合および第 4 回 EAS において最終報告された[4]。さらに，2009 年 8 月には ASEAN・インド間で，包括的経済協力枠組協定の下で物品貿易協定が締結された。このように ASEAN を中心とする ASEAN ＋ 1 の FTA を拡大した[5]。

2010 年からは，ASEAN ＋ 3 構想と ASEAN ＋ 6 構想を統合していこうという動きが見られた。その具体例として，政府間における 4 分野（原産地規則，関税品目表，経済協力，税関手続）の作業部会での検討が開始され，2011 年の経済大臣会合／ASEAN ＋ 3 経済大臣会合および同年の首脳会合に報告された。その政府間で議論された 4 つの検討分野は図表 13 － 3 である[6]。

さらには，自由化に向けた次なるステップとして，2011 年 8 月の ASEAN ＋ 6 経済大臣会合において，日本は中国と初めて共同で貿易・投資自由化を議論する作業部会（物品貿易，サービス貿易，投資）の設置を提案された。

これに対して ASEAN は，同年 11 月の東アジア首脳会合・ASEAN ＋ 3 首脳

図表 13 － 3　4 つの分野の検討項目

原産地規則	関税品目表	経済協力	税関手続
東アジア地域の原産地規則統合の可能性を議論することを目的としつつ，WG においてさまざまな原産地規則の理解を深めるため，ASEAN と FTA を結ぶ 5 つの FTA について，原産地規則や運用規則を比較。また，発展途上国に配慮した規則等を議論。	ASEAN と FTA を結ぶ 5 つの FTA について，主要品目の品目表を比較，それぞれの相違を確認しつつ，望ましい関税品目の在り方について議論。	経済協力 WG においては，域内格差の是正，発展途上の国々の東アジアの統合に参加できる環境を醸成，支援・キャパビルの重複を避けることを重視し，今後の作業計画を策定することで一致。ASEAN・東アジア経済研究所（ERIA）から報告された，16 カ国間による開発・経済協力プロジェクトのストックテイク研究を基に，経済協力のあるべき進め方について議論。	対話国を招いた会合は，5 月，8 月に開催。ASEAN 物品貿易協定（ATIGA）の条文を元にしたテキストの作成，ASEAN ＋ 1FTA の税関手続章の比較，FTA の実施上の問題点（事前教示制度，審査等）について議論。

出所：日本経済産業省のホームページ（http://www.meti.go.jp/policy/trade_policy/east_asia/dl/
　　　4WG.pdf　アクセス日 2018 年 5 月 31 日）による。

図表 13 － 4　東アジア地域経済統合に向けた日中共同提案の概要

物品貿易	サービス貿易	投資	その他
既存の ASEAN ＋ 1FTA の統合に焦点をあて，関税譲許のモダリティのあり方等について検討する。	サービス貿易に関する合意の質およびレベルの向上を目指し，各国のサービス産業分析，既存の合意の約束のレベルの比較を行う。	地域内の健全な投資環境および法制度の整備に向け，投資自由化・投資促進・投資保護と，既存の協定の統合に焦点をあてる。	インフラ開発，連結性，キャパビル，技術協力等も包括的に検討。

出所：日本経済産業省のホームページ（http://www.meti.go.jp/policy/trade_policy/east_asia/dl/JapanChinaproposal.pdf　アクセス日 2018 年 5 月 31 日）による。

会合において，ASEAN ＋ 3 と ASEAN ＋ 6 とを区別しない新たな枠組みとして，東アジアの包括的経済連携（RCEP）構想を提案し，16 カ国の間で貿易・投資自由化に関する 3 つの作業部会の設置が合意され，RCEP の枠組みの下での広域的な経済連携に関する具体的な検討が本格化した[7]。

　2012 年 4 月の ASEAN 首脳会議で，2012 年 11 月までに RCEP の交渉開始を目指すことを合意し，同年 8 月には第 1 回 ASEAN ＋ FTA パートナーズ大臣会合が開催された。第 1 回の ASEAN ＋ FTA パートナーズ大臣会合では，ASEAN10 カ国ならびに ASEAN の FTA パートナーズである 6 カ国が集まり，合計 16 カ国が RCEP として物品貿易，サービス貿易，投資の自由化に関する検討を行い，同年 11 月に交渉開始することに合意した。また，RCEP の交渉の目的や原則を示した「RCEP 交渉の基本指針」をとりまとめた。その後，2012 年 11 月の ASEAN 関連会議において，16 カ国の首脳により「RCEP 交渉の基本指針」が承認され，RCEP 交渉立上げが宣言された[8]。その結果，2013 年 5 月に第 1 回交渉会合がブルネイで開催された。

　しかし，2011 年以降，東アジア自由貿易協定（East Asia Free Trade Agreement, EAFTA）と東アジア包括的経済連携協定（Comprehensive Economic Partnership in East Asia, CEPEA）とは RCEP に収斂され，研究段階から交渉に進むことが決まった。こうした変化をもたらしたのが，環太平洋経済連携協定（TPP）である。TPP 交渉の進展と日本の参加検討の影響を受けて，ASEAN の中心性を維持できる構想として，5 つの ASEAN ＋ 1，EAFTA と CEPEA

220

図表 13 - 5　RCEP 参加国の平均関税率

(単位：%)

		タイ	マレーシア	インドネシア	シンガポール	フィリピン	ブルネイ	ベトナム	ラオス
産品	全産品	11.6	6.1	6.9	0.2	6.3	1.2	9.5	10.0
	農産品	31.3	9.3	7.5	1.1	9.9	0.1	16.3	20.1
	鉱工業品	8.3	5.5	6.7	0.0	5.7	1.3	8.4	8.3
商品別例	酪農品	38.1	3.5	5.5	0.0	3.9	0.0	9.6	8.3
	穀物・調整品	24.9	5.5	5.3	0.0	10.2	0.1	17.3	9.7
	鉱産物・金属	6.2	7.6	6.4	0.0	4.6	0.3	8.0	5.8
	石油	6.1	0.5	0.2	0.0	1.0	0.6	11.9	12.8
	化学品	3.3	2.7	5.1	0.0	3.8	0.5	3.1	6.9
	繊維	8.7	8.8	9.2	0.0	9.1	0.8	9.6	8.8
	衣料品	29.6	0.2	14.4	0.0	14.8	0.0	19.8	10.0
	電気機械	8.1	4.3	5.7	0.0	3.9	5.1	7.9	6.9
	非電気機械	4.3	3.5	4.8	0.0	2.2	2.6	3.3	6.1
	輸送機械	20.7	11.1	9.8	0.0	8.8	2.4	17.5	14.1

		カンボジア	ミャンマー	日本	中国	韓国	インド	豪州	NZ
産品	全産品	11.1	5.6	4.4	9.6	13.3	13.5	2.7	2.0
	農産品	14.9	8.6	14.2	15.2	52.7	33.4	1.2	1.4
	鉱工業品	10.6	5.1	2.5	8.6	6.8	10.2	3.0	2.2
商品別例	酪農品	20.9	3.4	76.3	12.1	66.0	33.5	3.4	1.3
	穀物・調整品	12.4	8.1	34.7	22.6	153.7	31.3	1.1	2.4
	鉱産物・金属	7.4	3.4	1.0	7.2	4.5	7.6	2.7	1.8
	石油	9.9	1.7	0.6	4.5	4.4	4.9	0.0	0.5
	化学品	7.3	2.2	2.2	6.5	5.7	7.9	1.8	0.8
	繊維	5.4	8.3	5.4	9.5	9.0	12.0	4.3	1.9
	衣料品	14.1	16.9	9.0	16.0	12.5	12.5	8.8	9.7
	電気機械	17.3	4.5	0.1	8.3	6.2	7.3	2.9	2.6
	非電気機械	13.1	1.7	0.0	7.8	6.0	7.1	2.9	3.0
	輸送機械	15.8	3.8	0.0	11.3	5.5	21.7	5.0	3.2

(注)　税率は 2014 年における MFN 税率の単純平均関税率である。
出所：山崎恭平「新生インドの「モディノミクス」と FTA 戦略～アクト・イースト政策で東アジア
　　　と経済連携～ ITI メガ FTA 研究会報告（5）」国際貿易投資研究所（ITI），18 ページ。

および APWG の成果を総合する RCEP 構想が出てきた[9]。

　地域の貿易および投資の拡大を促進し，世界経済の成長および発展に寄与す
るため，地域の開かれた貿易および投資環境を構築する現代的な，包括的な，
質の高い，かつ，互恵的な経済連携協定を達成するために，RCEP の主な交渉
対象分野は，関税の削減・撤廃，原産地規則などの物品貿易分野，サービス分
野の外資規制等を扱うサービス貿易分野，投資保護等を扱う投資分野で，2015
年末までの交渉完了を目指していた。

図表 13 − 6　ASEAN との FTA と広域的な包括的経済連携構想

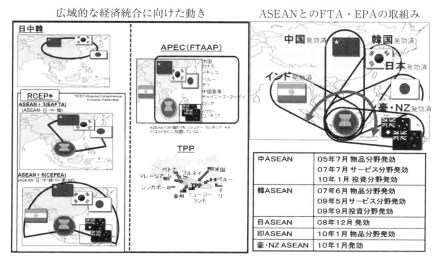

出所：日本経済産業省のホームページ（http://www.meti.go.jp/policy/trade_policy/east_asia/activity/rcep.html　アクセス日 2018 年 5 月 31 日）による。

「RCEP 交渉の基本指針」として，8 つの原則と 8 つの交渉分野が列挙されていた。RCEP の 8 つの原則は次のようである。

① GATT 第 24 条，GATS 第 5 条を含む WTO と整合的である，
② RCEP では，参加国の個別のかつ多様な事情を認識しつつ，既存の ASEAN＋1FTA よりも相当程度改善した，より広く，深い約束がなされる，
③ RCEP は，貿易および投資を円滑化する規定，参加国間での貿易および投資関係の透明性を向上する規定，および国際的，地域的サプライチェーンへの参加国の関与を促進する規定を含む，
④ 参加国の異なる発展段階を考慮し，RCEP は，適用される場合には，既存の ASEAN＋1FTA に整合的な形で，特別のかつ異なる待遇ならびに ASEAN 加盟国の後発開発途上国に対する追加的な柔軟性についての規定を含む，

⑤　ASEAN＋1FTA および参加国間の二国間・多数国間 FTA は存続し，RCEP 協定のいかなる規定もこれらの二国間・多数国間 FTA の条件に影響を及ぼすことはない，

⑥　当初から交渉に参加しなかった ASEAN の FTA パートナー国は，他のすべての参加国が合意する条件に従い，交渉への参加が許される。また，RCEP 協定には，RCEP 交渉に参加しなかった ASEAN の FTA パートナー国および域外の経済パートナー国が RCEP 交渉完了後に参加できるよう，開かれた加盟条項が設けられる，

⑦　技術協力および能力開発に関する規定は，ASEAN＋1FTA を基礎として，すべての参加国が十分に交渉に参加し，RCEP の下での義務を実施し，RCEP の利益を享受できるよう，RCEP に参加する途上国および後発開発途上国に対して利用可能となり得る，

⑧　包括的かつバランスのとれた成果を確保するため，物品貿易，サービス貿易，投資およびその他の分野の交渉は並行して行われる[10]。

　上記の 8 原則の中で特に注目されるのは，第 4 番目の原則（加盟国の発展段階を考慮に入れて，特別な待遇や異なる待遇の供与を含む適切な形態での柔軟性をもち，さらに ASEAN の後発加盟国には追加的な柔軟性を供与）であり，他方 8 つの分野では第 4 番目の分野（経済協力と技術協力。RCEP の下での経済協力と技術協力は加盟国間の開発格差を縮小し，相互利益を最大化することを目指す）と第 7 番目の分野（RCEP の途上国や後発途上国が利用可能な技術協力や能力開発に関する条項を設ける）であろう。それらは加盟国間の発展段階の違いや格差の存在を考慮に入れて，柔軟な交渉や経済協力ならびに技術協力（とりわけ ASEAN 後発加盟国に対して）を重視したものである[11]。

4．現在のアジアの主要国の FTA

　現在，多くの国は FTA を結びながら経済成長を図っている。そこで，国別における FTA 進行状況を図表 13 - 7 に示している。

図表 13 － 7　ASEAN との FTA と広域的な包括的経済連携構想

（出所）各種報道より三菱東京 UFJ 銀行国際業務部作成

※【●】は FTA 締結済み。【■】は交渉中。【◎】は締結で合意。【○】は交渉中。【×】は交渉中断。
※ SAFTA＝南アジア 7 カ国。バングラデシュ、ブータン、インド、モルジブ、ネパール、パキスタン、スリランカ。
※ BIMSTEC＝タイ、インド、ミャンマー、バングラデシュ、スリランカ、ブータン、ネパール。
※ GCC＝湾岸協力会議：サウジアラビア、オマーン、UAE、バーレーン、カタール、クウェート。
※ CER＝オーストラリア、ニュージーランド。
※ EFTA＝欧州自由貿易連合：European Free Partnership Association. 加盟国：スイス、ノルウェー、アイスランド、リヒテンシュタイン。
※ TPP＝環太平洋経済連携協定（Trans-Pacific Partnership Agreement）。当初 4 カ国ブルネイ、チリ、ニュージーランド、シンガポールでスタート。その後ベトナム、その後豪州でベトナム、2010 年 10 月マレーシア、2011 年 10 月日本、2012 年 11 月カナダとメキシコの参加を表明、米国が抜かけで交渉。米国が抜かけで交渉来国は計 11 カ国になっている。
※ RCEP＝東アジア地域包括的経済連携：東アジア 16 カ国＝ASEAN、日中韓、インド、オーストラリア、ニュージーランド。
※ SACU＝南部アフリカ関税同盟：南アフリカ、ボツワナ、スワジランド、ナミビア、レソト。
※ メルコスール＝アルゼンチン、ブラジル、ウルグアイ、パラグアイ、ベネズエラ。

出所：三菱東京 UFJ 銀行　国際事業部「アジアにおける FTA の進行状況三」「AREA Report 485」、5 ページ（http://www.bk.mufg.jp/report/ insasean/AW20170703.pdf　アクセス日 2018 年 6 月 10 日）。

224

　ASEAN と他の周辺国の FTA の進行状況をみると，ASEAN 諸国の中で，FTA 締結に積極的なシンガポール，タイをはじめ，インド，オーストラリア，日本，中国，台湾，韓国の各国・地域も参加している。その一覧表を以下に示している。

図表 13 － 8　ASEAN と他の国・地域の FTA の交渉状況

相手国・エリア		交渉進展状況
ASEAN （AFTA）	締結済	1993 年 1 月発効。 名称：「ASEAN 自由貿易地域」（AFTA）。 ⇒ 原加盟 6 カ国の CEPT 適用品目の関税撤廃を 2010 年に達成。 ⇒ 新加盟 4 カ国（ベトナム，ミャンマー，ラオス，カンボジア）の関税を原則 2015 年に撤廃。 ※原産地規則を 2008 年 8 月 1 日に緩和。「現地調達比率（＝累積付加価値比率）40％以上」，または，関税番号変更基準（HS4 桁）。（従来は，原則，「現地調達比率（＝累積付加価値比率）40％以上」。一部，関税番号変更基準だった。）
中国	締結済	2002 年 11 月 FTA の枠組みに基本合意。 ⇒ 農林水産物 500 品目の関税を 2004 年 1 月から引き下げ，2006 年 1 月ゼロに（アーリーハーベスト）。 2004 年 11 月物の貿易に関わる ASEAN 中国 FTA 協定署名。 ⇒ 2005 年 7 月 1 日からノーマル・トラック品目の関税下げ開始。 ⇒ 原加盟 6 カ国のノーマル・トラック品目の関税撤廃を 2010 年に達成。 ⇒ 新加盟 4 カ国（ベトナム，ミャンマー，ラオス，カンボジア）のノーマル・トラック品目の関税を 2015 年に撤廃。 ※原産地規則は「現地調達比率（＝累積付加価値比率）40％以上」。
韓国	締結済	2004 年 11 月の ASEAN 首脳会議で，2005 年からの FTA 交渉開始で合意。 2005 年 12 月基本合意。2006 年 5 月関税引下げ品目で合意。 2007 年 6 月からマレーシア，インドネシア，シンガポール，ベトナム，ミャンマーとの間で発効。 フィリピン，カンボジア，ラオス，ブルネイとは 2007 年内に発効。 タイは韓国市場のコメ開放問題で署名が遅れたが 2008 年 1 月には交渉が完了した。 ⇒ 2010 年までに 90％の品目の関税を撤廃，2016 年までに残り 7％の品目の関税を 0-5％に引き下げ。北朝鮮の開場工業団地等の経済特区での生産品 100 品目に優遇税率適用。 ※原産地規則は「現地調達比率（＝累積付加価値比率）40％以上」または「関税番号変更基準」。

第13章　RCEPとインドの役割　225

相手国・エリア		交渉進展状況
日本	締結済	2003年10月FTAの枠組みに基本合意。 ⇒ 2005年4月交渉開始。2007年5月物品貿易について原則合意（＝大筋合意）した。 ⇒ 2007年11月経済連携協定（EPA）締結で最終合意。日本側は輸入額の9割の関税を即時撤廃。 ASEAN原加盟6カ国は10年で9割以上の関税を撤廃。 ⇒ 2008年12月1日日本，シンガポール，ラオス，ベトナム，ミャンマーで発効。 2009年1月1日ブルネイ，2月1日マレーシア，6月1日タイ発効。 ※原産地規則は，原則「現地調達比率（＝累積付加価値比率）40％以上」または「関税番号変更基準（4桁）」。 ※原産地規則の累積ルールが適用される。
インド	締結済	2003年10月FTAの枠組みに基本合意。2009年8月署名。2010年1月発効。 ⇒ 2010年1月タイ，マレーシア，シンガポール発効。2010年6月ベトナム発効。ブルネイも発効済。 ⇒ 段階的に関税率を0％に引き下げるノーマル・トラック品目に80％の品目が分類された。 ※原産地規則は「現地調達比率（＝累積付加価値比率）35％以上」と「関税番号変更基準（6桁）」を同時に満たすこと。
オーストラリア・ニュージーランド（CER）	締結済	2004年11月のASEAN首脳会議で，2005年からのFTA交渉開始で合意。 2005年2月交渉開始。2009年2月署名。2010年1月発効。
EU	交渉中	2007年5月交渉開始で合意。2009年5月交渉中断。
RCEP（日中韓，印，豪，NZ）	交渉中	2012年8月交渉開始。2017年7月第19回会合開催。
香港	交渉中	2013年4月交渉開始で合意。当初，香港は，すでに合意しているASEAN・中国FTAに参加を予定していたが，方針を転換した。2014年7月第1回交渉。
日中韓	研究中	2009年8月ASEAN＋日中韓の13カ国による「東アジア自由貿易圏（EAFTA）」に関する研究報告。
GCC	研究中	2010年6月検討開始で合意。

出所：三菱東京UFJ銀行　国際事業部「アジアにおけるFTAの進行状況三」『AREA Report 485』，6ページ（http://www.bk.mufg.jp/report/insasean/AW20170703.pdf アクセス日2018年6月10日）。

第2節　AFTAとAFTAプラス

1．AFTAの内容

　AFTA（ASEAN自由貿易地域）計画は，インドネシア，マレーシア，フィリピン，シンガポール，タイ，ブルネイの6カ国が結ぶ共通効果特恵関税（CEPT：Common Effective Preferential Tariff）協定を基本に，1993年1月より，AFTA実現のために開始された。また，先発加盟国のCEPTの最終関税率（0～5%）の実現目標年は，随時前倒しされた。

　AFTAのコンセプトは，ASEAN製品をCEPT適用品目リスト（IL：Inclusion List）に組み込み，一定期間内に関税引き下げを完了することである。ASEAN域内の一国または複数国で付加価値の40%以上を生み出した製品が，ASEAN産の製品とみなされている。関税品目は，CEPT適用品目，一時的除外品目，センシティブ品目，高度センシティブ品目，一般的除外品目の5つ（図表14－2）に分類されている。

　CEPT適用品目の0～5%の関税引き下げ目標期限は，原加盟6カ国が2002

図表13－9　AFTA，CEPT対象品目ならびに除外品目等（2009年8月現在）

1	CEPT適用品目 （IL：Inclusion List）	関税率を5%以下に引き下げる対象品目。 ASEAN域内での付加価値率40%以上。
2	一時的除外品目 （TEL：Temporary Exclusion List）	CEPT適用品目への移行準備が整っていない品目。 一定期間内にCEPT適用品目に移行することが望まれ，積極的に移行していくもの。
3	センシティブ品目 （SL：Sensitive List）	CEPT適用品目への移行を弾力的に行う品目。 主に野菜・果実・穀類・肉類などの農産品が対象となる。
4	高度センシティブ品目 （HSL：Highly Sensitive List）	原加盟国6カ国についてCEPT適用品目への移行を2010年1月1日までとする未加工農産品。主にコメ関連品が該当する。
5	一般的除外品目 （GEL：General Exclusion List）	関税率削減対象としない品目。防衛，人間や動植物の生命・健康の保護に関する品目。学術的，歴史的，考古学的価値のあるものの保護に関する品目。

出所：三菱東京UFJ銀行　国際事業部「アジアにおけるFTAの進行状況三」『AREA Report 485』，7ページ（http://www.bk.mufg.jp/report/insasean/AW20170703.pdf　アクセス日2018年6月10日）。

第 13 章　RCEP とインドの役割　227

図表 13 - 10　CEPT 対象品目数ならびに除外品目等（2009 年 8 月現在）

国	総品目数	適用品目数 IL			一時的除外品目数 (TEL)	一般的除外品目数 (GEL)	センシティブ・高度センシティブ品目数 (SL・HSL)
			関税率 0%	関税率 5%以下			
マレーシア	12,335	12,239	10,157	2,016	0	96	0
インドネシア	8,737	8,632	6,900	1,725	0	96	9
シンガポール	8,300	8,300	8,300	0	0	0	0
タイ	8,300	8,300	6,643	1,644	0	0	0
フィリピン	8,980	8,934	7,354	1,503	0	27	19
ブルネイ	8,300	8,223	7,239	984	0	77	0
ASEAN6 計	54,952	54,628	46,593	7,872	0	296	28
ベトナム	8,300	8,099	4,575	3,434	0	144	0
ミャンマー	8,300	8,240	4,992	3,248	0	49	11
カンボジア	10,689	10,537	755	7,784	0	98	54
ラオス	8,300	8,214	5,844	2,056	0	86	0
新規加盟 4 カ国	35,589	35,090	16,166	16,522	0	377	65
ASEAN10 合計	90,541	89,718	62,759	24,394	0	673	93

出所：国際企画部 CIB グループ「ASEAN・インド・豪州における FTA の進化状況」三菱東京 UFJ
　　　銀行，No.213，2009 年 12 月 30 日，37 ページ。

年 1 月 1 日，新規加盟国 4 カ国とベトナムが 2006 年，ラオスとミャンマーが
2008 年，カンボジアが 2010 年までとなっている。この関税率はさらに 0％に
下げる方針で，関税撤廃の期限は，原加盟 6 カ国が 2010 年，新規加盟国 4 カ
国は 2015 年となっている。

　2010 年 1 月 1 日より，ASEAN 先行 6 カ国（ブルネイ，インドネシア，マレー
シア，フィリピン，シンガポール，タイ）は，AFTA－CEPT 協定に基づき域内貿
易関税を相互に撤廃し，7,881 品目がゼロ関税となった。1992 年に調印された
AFTA－CEPT 協定は全体で 10 条のきわめて短い協定であり，不十分で曖昧
な点が多かった。この協定に代わる ASEAN 物品貿易協定（ATIGA）が 2009
年 2 月に調印された。AFTA－CEPT 協定の当初の不備を補足・補完するさ
まざまな協定や決定をまとめるとともに ASEAN の拡大，統合分野の拡大と
多角化，深化などの実態面での進展と，経済共同体創設に向けての計画を取り

込んで作られた。

2010年1月1日より改訂AFTA関税率が適用されることになっていたが，コメの関税を巡ってタイとフィリピンが対立したため，両国（およびインドネシア）の批准が遅れ，ATIGA発効が2010年5月17日までずれ込んだ。さらに，新たな原産地証明書（ATIGAフォームD）の発給が，タイでは2010年8月3日以降となるなど，混乱が生じている。

しかし，未だ高い関税が残されている国や品目も存在する。また，特定品目には高関税が維持されている単純平均実行税率が5％以下の国は，0％のシンガポールをはじめ，ブルネイ，豪州，ニュージーランドの4カ国である。5－10％は，インドネシア，マレーシア，タイ，ベトナム，日本，中国の6カ国であり，10％以上の国は，カンボジア，韓国，インドである[12]。

2．AFTAプラスの内容

ASEANはAFTA計画と並行して，製造業による域内生産分業を促すための関税引き下げ措置（ASEAN Industrial Cooperation：AICO[13]），域内への投資促進に関する枠組み協定（AIA），知的所有権協力に関する枠組み協定，規格基準の相互認証協定など，域内の経済活動を円滑化する仕組みも整備しつつある。こうしたAFTAを含む包括的な域内経済協力の貿易円滑化措置の仕組みは，AFTAプラスと呼ばれている。

（1）ASEAN投資地域（ASEAN Investment Area：AIA）

1998年10月，フィリピンで第30回ASEAN経済閣僚会議が開催された。これは，ASEAN加盟国を競争力のある自由な投資地域にすることを目的とし，この時「ASEAN投資地域枠組み協定」が加盟各国により署名された。その具体的な内容は，①域内および域外からの投資の促進，②ASEAN経済の競争力の強化，③域内における投資の障害となる規則・条件の軽減，④資本，熟練労働者，専門家，技術のより自由な移動の促進である。さらに，2010年までに域内投資の自由化を達成するという目標を，2003年に前倒しするこ

図表 13 - 11　ASEAN 域内の市場統合に向けた経済協力（AFTA プラス）

協力内容	狙い	スキーム	特徴	備考
貿易自由化措置	包括的自由化（原則全製品）	AFTA 1993 年スタート	段階的関税引き下げ（CEPT）	CEPT 適用品目リストへの移行後，関税引き下げ：→ 20% → 5% → 0%，2015 年までにすべての加盟国につき完了
			非関税障壁撤廃	数量規制の撤廃など
	限定的関税引き下げ（製造業の部品・部材のみ）	AICO 1996 年スタート	即時関税引き下げ	関税 5% 以下，AFTA 本格始動までのつなぎのスキーム 現地資本比率 30% 以上の製造業に限定
投資自由化措置	投資自由地域形成	AIA 1998 年スタート	内国待遇，資本と人の移動自由化	
その他の円滑化措置	知的所有権保護	保護取り締まり協力，共通パテント・商標制度確立		
	規格・基準の相互認証	国際規格・基準への適合，試験・証明機関の整備，情報交換，人材育成		
	関税協定	関税分類，通関手続き，関税評価の統一・簡素化		
	経済政策の協調	マクロ経済政策に関する情報交換，財政政策の透明性向上，ASEAN を効率的かつ魅力的な融資・投資地域として売り込むための手法，公的・民間部門の連携促進，財政・金融部門の人材育成		

出所：青木健編著『AFTA（ASEAN 自由貿易地域）― ASEAN 経済統合の実状と展望』ジェトロ（日本貿易振興会），2001 年，34 ページの表 3 - 1，43 ページを基に筆者作成。

とを決定した。そして，2020 年までに域外投資を自由化するという目標は，2010 年（原加盟国）および 2015 年（新規加盟国）に前倒しすることを決定した。また，AIA の対象範囲を，農業，漁業，林業，鉱山業および製造業に対する付随的なサービス業にまで拡大することとした[14]。

（2）ASEAN 知的所有権協定（ASEAN Intellectual Rights Agreements：AIRA）

　ASEAN 知的所有権協定とは，保護・取り締まり協力，共通パテント・商標制度を確立するために結ばれた協定である。これは知的財産権協立ワーキング・グループを中心に，商標専門家会合，特許専門家会合などで具体的な作業案が検討されている。たとえば，商標専門家会合では，「ASEAN 商標制度」を確立するために，ASEAN 地域の共通商標のファイリング制度の整備や，特許専門家会合では，ASEAN 地域の特許に関するファイリング制度の整備だけではなく，ASEAN 実用新案品制度，ASEAN 工業デザイン制度の創設も検討

230

されている[15]。さらに，協力の範囲を拡大する動きとして，商標権および特許権に留まらず，著作権の情報交換および施行についての協力も含めることになっている。

（3）ASEAN 関税協定

ASEAN 関税協定とは，関税分類，通関手続き，関税評価法の統一・簡素化に関する協定である。1995 年に ASEAN の関税に関する行動綱領（ASEAN Customs Code of Conduct）は大幅に改正された。1995 年の ASEAN 財務大臣会議で署名された ASEAN 関税協定は，整合性，簡素性，効率性，透明性，関税行政における相互援助などを原則に掲げ，関税手続きの簡素化・調和化を図った[16]。

AFTA プラスの実現は域内企業にとどまらず，アジアを生産基地あるいは輸出市場とする各国企業にも影響がある。とりわけ現行の域内関税が高く，関税引き下げのメリットを最も大きく受けるとみられる自動車，家電組立産業，鉄鋼など，素材産業の生産分業構造や生産ネットワークの再編に大きな影響を与えると考えられる。

AFTA は，2010 年 1 月にほぼ完成し，先行加盟 6 カ国の CEPT 適用品目にかかる平均関税率は 2002 年には 2.89％だったが，2010 年 1 月には 0.05％となった。また，新規加盟 4 カ国も 2010 年 1 月に CEPT 適用品目の 98.86％にかかる関税を 5％以下へ引き下げるなど，2015 年までに全品目の関税撤廃を目指している。

さらに，2010 年 1 月には CEPT に代わって ASEAN 物品貿易協定（ATIGA）が発効した。これにより自由化の対象品目や対象事項が拡大され，さらなる域内の貿易自由化が進められている。

また，ASEAN は AFTA による貿易自由化だけでなく，域内の投資促進にも取り組んでいる。2009 年に結ばれた ASEAN 包括投資協定（ACIA）は，1987 年に結ばれた ASEAN 投資促進保護協定（AIGA）と 1998 年に結ばれた ASEAN 投資地域枠組協定（AIA）とを統合し，投資環境を整備することで，

より多くの投資を域内に呼び込むことを狙っている[17]。

（4）ASEAN 統合特恵システム（ASEAN Integration System of Preference, AISP）
　　の現状

　経済統合を目指す ASEAN にとって，加盟国間にある経済格差が大きな障
害となっている。加盟国中，最も豊かなシンガポールの1人当たり GDP は2
万1,591ドル（2004年）で，最も貧しいミャンマーの158ドル（2003年）を100
倍以上も上回る。こうした格差を少しでも埋めるための努力の1つとして，
2002年から ASEAN 統合特恵システムがスタートしている。これは，ASEAN
原加盟国が新規加盟国に一方的に供与する特恵関税で，ASEAN 版の一般特恵
関税のことである[18]。

第3節　インドと RCEP を巡る問題

　RCEP では，中国，インド，日本の3大経済大国が地域貿易協定に初めて参
加表明した。RCEP が実現した場合，人口面や GDP などから見ても世界最大
規模の貿易圏になる。

　インドは，アジアの2つの主要地域経済団体であるアジア太平洋経済協力
（APEC）と環太平洋パートナーシップ協定（TPP）の一員ではないため，RCEP
参加によって東アジア諸国の市場へ参入できる大きな目標を達成したこと，日
本からオーストラリアまでの広大な地域市場へのアクセスを獲得したことな
ど，数多くのメリットを得たと言える。

　この経済圏の中でインドは，情報技術，テレコム，ビジネス・プロセス・ア
ウトソーシング（BPO），ナレッジ・プロセス・アウトソーシング（KPO）など
の分野で活躍できる可能性が高い。しかし，RCEP 参加国の中には，すでに二
国間 FTA を締結している国もある。FTA と原産地規則の多くの条項が複雑
な状況になっている。それによって FTA の調和と効果的な利用を妨げている
のも実情である。

232

　また，RCEP 設立に対する反対団体の 1 つである国境なき医師団（Médecins Sans Frontières, MSF）は，この貿易協定で提案されている有害な知的財産条項案の削除を繰り返し要求している。この条項が可決された場合，世界中の何百万人もの人が安価なジェネリック薬を入手できなくなる恐れがあることが指摘されている[19]。

（1）日韓政府が推し進める医薬品の知財関連条項

　日本と韓国は，引き続き知財条項を推進すると見られ，それにより製薬企業の市場独占がますます拡大し，ジェネリック薬メーカーの競争力は弱体化する可能性がある。インドでは多くのジェネリック薬メーカーが存在し，安価で医薬品を調達することができる。国境なき医師団日本の事務局長ジェレミィ・ボダンは，「インドをはじめとした RCEP 交渉国は，命をつなぐための薬を手頃な価格で製造・輸出・使用する能力を持っている。これを制限してしまうのは，国際公衆衛生上も得策ではない」と指摘する[20]。さらに，多国籍製薬企業は，RCEP 加盟国政府に訴訟を起こすことができる規定が含まれており，ジェネリック薬を普及しようとした政府に対し，数百万ドルを請求できるという内容がある。こうした条項によって，特許による独占は現行制度で義務付けられている 20 年から延長でき，それによってジェネリック薬の販売を特許権侵害と告発するだけで停止できるようになることがあげられている[21]。

（2）市場競争を阻む「データ保護」

　もう 1 つ取り上げられたのは「データ保護」の問題である。

　インドには多様な医薬品の製造能力がある。さらにインド特許法により薬のマイナーチェンジによる特許付与期間の延長を制限することで，ジェネリック薬の国内での使用と，輸出を目的とした強制実施権取得を可能にしている[22]。しかし，RCEP の規定には最低 5 年間，競合メーカーによる市場参入を阻止する条項が盛り込まれている。その中の 1 つによって，ジェネリック薬製造に必要な医薬品の承認は制限され，ジェネリック薬を製造することが不可能になる。

第 13 章　RCEP とインドの役割　233

　一般的に多くの国では，医薬品市場は他の市場より厳しいルールで保護され
ており，ジェネリック薬製造が参入することが非常に難しくなっているため，
安価な薬を手に入れることが困難になっている。米国では，特許が付与され
た抗がん剤の価格が 10 年前の 2 倍近くまで高騰していることが指摘されてい
る[23]。

　インドにとって，RCEP に参加できたことは市場を拡大するための大きなチ
ャンスである。しかし同時に，自国の優位性を捨て，各国統一されたルールを
守らねばならないという現状にも向き合っていかなければならない。

【注】

（ 1 ）Newly Industrializing Economies，新興工業経済地域。
（ 2 ）1985 年 9 月 22 日，行き過ぎたドル高の是正を目的として米国ニューヨークのプラ
　　　ザホテルで開催された G5（米国，英国，独，フランス，日本）の蔵相と中央銀行
　　　総裁が集まり，会議が開催され，合意文書を公表した。
（ 3 ）箭内彰子「ASEAN における域内経済強力の深化や拡大」富士総合研究所，1998
　　　年 3 月，10 ～ 11 ページ。
（ 4 ）経済産業省のホームページによる（http://www.meti.go.jp/policy/trade_policy/
　　　east_asia/activity/rcep.html　アクセス日 2018 年 5 月 31 日）。
（ 5 ）清水一史「RCEP と東アジア経済統合　東アジアのメガ FTA」『国際問題 No.632』
　　　2014 年 6 月，18 ページ。
（ 6 ）経済産業省のホームページによる（http://www.meti.go.jp/policy/trade_policy/
　　　east_asia/activity/rcep.html　アクセス日 2018 年 5 月 31 日）。
（ 7 ）経済産業省，同上書，アクセス日 2018 年 5 月 31 日。
（ 8 ）経済産業省，同上書，アクセス日 2018 年 5 月 31 日。
（ 9 ）石川幸一「東アジアの FTA ―現状と課題」，67 ページ（http://www2.jiia.or.jp/
　　　pdf/resarch/H24_Regional_Integration/03-ishikawa.pdf）。
（10）"Guiding Principles and Objectives for Negotiating the Regional Comprehensive
　　　Economic Partnership"（https://www.mofa.go.jp/announce/announce/2012/11/
　　　pdfs/20121120_03_02.pdf），日本語訳（https://www.mofa.go.jp/mofaj/press/release/
　　　24/11/pdfs/20121120_03_04.pdf　アクセス日 2018 年 6 月 10 日）。
（11）西口清勝「TPP と RCEP ―比較研究と今後の日本の進路に関する一考察―」『立
　　　命館経済学』第 62 巻・第 5・6 号（http://ritsumeikeizai.koj.jp/koj_pdfs/62510.

pdf　アクセス日 2018 年 6 月 10 日）。

(12) 石川幸一「東アジアの FTA ―現状と課題」，63 ページ（http://www2.jiia.or.jp/
　　 pdf/resarch/H24_Regional_Integration/03-ishikawa.pdf）。

(13) 1960 年 に 採 択 さ れ た「AICO に 関 す る 基 本 協 定，Basic Agreement on the
　　 ASEAN Industrial Cooperation Scheme」に基づき，AICO を運営している。

(14) 外務省アジア大洋州局地域政策課「東南アジア諸国連合（ASEAN）の基礎知
　　 識」，2008 年 8 月，19 ペ ー ジ（http://www.mofa.go.jp/mofaj/area/asean/pdfs/
　　 gaiyo_02.pdf）。

(15) 箭内彰子，前掲書，12 ページ。

(16) 同上書，13 ページ。

(17) 市來圭「ASEAN が結ぶ日本とアジア」共立総合研究所 調査部，2011 年 4 月 20 日，
　　 30 ページ，PDF ファイル。

(18) 海外調査部 Jetro「ASEAN 経済共同体（AEC）の現状と事業環境の変化」，2006
　　 年 2 月，日 本 貿 易 振 興 機 構，11 ペ ー ジ（http://www.jetro.go.jp/jfile/report/
　　 05001136/05001136_001_BUP_0.pdf）。

(19) 「RCEP：インド交渉会合――各国は有害な知財条項の削除を」（https://prtimes.jp/
　　 main/html/rd/p/000000374.000004782.html　2018 年 6 月 15 日アクセス）。

(20) 同上書（2018 年 6 月 15 日アクセス）。

(21) 同上書（2018 年 6 月 15 日アクセス）。

(22) 同上書（2018 年 6 月 15 日アクセス）。

(23) 同上書（2018 年 6 月 15 日アクセス）。

◆参考文献◆

青木健編著『AFTA（ASEAN 自由貿易地域）― ASEAN 経済統合の実状と展望』ジェ
　　 トロ（日本貿易振興会），2001 年。

石川幸一「東アジアの FTA ―現状と課題」(http://www2.jiia.or.jp/pdf/resarch/H24_Regional_
　　 Integration/03-ishikawa.pdf）。

伊藤隆敏・財務省財務総合政策研究所『ASEAN の経済発展と日本』日本評論，2004 年。

木村福成・丸屋豊二郎・石川幸一編『東アジア国際分業と中国』日本貿易振興会，2002
　　 年。

経済産業省『通商白書 2000』経済産業省通商政策局，2010 年 8 月。

経済産業省のホームページ（http://www.meti.go.jp/policy/trade_policy/east_asia/activity/
　　 rcep.html）。

小島清編著『太平洋経済圏の生成第 3 集』文眞堂，2001 年。

佐々木隆生「グローバルエコノミーと世界不況」，日本国際経済学会編『国際経済』54 号，
　　 2003 年。

佐藤考一『ASEAN レジーム』剄草書房，2003 年。

清水一史「RCEP と東アジア経済統合　東アジアのメガ FTA」『国際問題 No.632』2014 年 6 月。

末廣昭・山影進編『アジア政治経済論—アジアの中の日本をめざして』NTT 出版，2001 年。

玉村千治・桑森啓「グラフで見るアジア諸国の生産誘発・投入構造の変化」『アジ研ワールド・トレンド』No.74，2001 年 11 月。

中村民雄編『EU 研究の新地平』ミネルヴァ書房，2005 年。

日本貿易振興会アジア経済研究所日本貿易振興会『2001 年版ジェトロ貿易白書—世界と日本の貿易』，2001 年。

古川栄一「東アジア自由貿易圏の形成に向けて」『貿易と関税』，2001 年 3 月。

丸屋豊二郎・石川幸一『メイド・イン・チャイナの衝撃—アジア 12 カ国・地域からの緊急リポート』ジェトロ（日本貿易振興会），2001 年。

三菱東京 UFJ 銀行　国際事業部「アジアにおける FTA の進行状況三」『AREA Report 485』（http://www.bk.mufg.jp/report/insasean/AW20170703.pdf）。

山崎恭平「新生インドの「モディノミクス」と FTA 戦略〜アクト・イースト政策で東アジアと経済連携〜 ITI メガ FTA 研究会報告（5）」国際貿易投資研究所（ITI）。

ASEAN, "Guiding Principles and Objectives for Negotiating the Regional Comprehensive Economic Partnership" 2012.（http://www.aseansec.org/）

Baldwin, Richard and Masahiro Kawai, "Multilateralizing Asian Regionalism", ADBI Working Paper Series, No.431, August 2013, Asian Development Bank Institute, Japan.

Sanchia Basu Das, "Moving ASEAN＋1FTAs towards an effective RCEP", ISEAS Perspective, 7 Jan., 2013, Singapore.

Sanchia Basu Das, "RCEP and TPP: Comparison and Concerns", ISEAS Perspective, May, 2013, Singapore.

Smitha Francis, "RCEP: is it India's interests?", businesstoday, 2017.（https://www.businesstoday.in/opinion/columns/rcep-is-it-in-indias-interests/story/257285.html）

「RCEP：インド交渉会合—各国は有害な知財条項の削除を」（https://prtimes.jp/main/html/rd/p/000000374.000004782.html）

第14章
異文化マネジメント

第1節　はじめに

　国内経営と国際経営の違いは何であろうか。国際経営研究者であるロビンソン（Robinson, 1984=1986）はこのような問いを立て，その答えを「多様な経営環境のなかで意思決定を行う」点に見出した。企業が国境を超えて活動を拡げる際，経営環境の複雑性という課題に直面することになる。国が異なれば，経済や政治，法律，気候などが異なるため，国際経営を行う企業はそれらの違いから生じる問題に対処しなければならない。文化もまた，国際経営を展開する企業に対して，難解な複雑性を突き付ける重要な要因である。

　後に詳しく見るように，文化は，ある集団が共有する価値観や信念，行動のパターンなどであると解釈されてきた。国際的に事業を展開するということはすなわち，さまざまな文化をもつ人々と協働したり，異なる文化をもつ消費者を相手にしたりすることを意味する。したがって，本国とは異なる価値観や信念，行動のパターンをもつ人々との円滑なコミュニケーションを図るためのマネジメントが不可欠となるのである。とりわけ，多数の国々にまたがって事業活動を展開する多国籍企業においては，文化的多様性をどのようにマネジメントするかが重要な経営課題となる。

　本章の目的は，異文化マネジメント[1]に関する枠組みを提示した後，代表的な研究をその中に位置づけながら紹介することにより，異文化マネジメント研究の一端を示すことである。特に，現代の国際経営の主役である多国籍企業

第14章　異文化マネジメント　237

に注目し，多国籍企業の組織および市場における異文化マネジメントについて
検討する。

　本章の構成は以下のようになる。第2節では，文化概念に関する若干の説明
を行った後，異文化マネジメントに関する枠組みを提示する。第3節では，比
較文化研究における著名な学説を取り上げ検討する。第4節と第5節では，第
2節で提示した枠組に従って議論を深めていく。第4節では，多国籍企業の
組織行動に焦点を合わせ，組織内の異文化マネジメントに関する代表的な研究
について述べる。最後に，第5節では，多国籍企業の市場戦略における異文化
マネジメントについて考察したい。

第2節　国際経営と文化

1．文化とは何か

　文化（culture）[2] は，きわめて多様な意味を包含する用語であるため，誰し
もが納得できるような明確な定義があるわけではない。しかし，経営学におい
て文化は，ある集団によって共有される価値観や信念，行動のパターン等であ
ると理解されてきた。たとえば，日本文化という言葉は，日本人によって共有
されている特有の価値観や日本人の多くが振る舞いがちな行動のパターンなど
を意味する用語として，日常においても使用されている。また，同じ言葉から，
精巧な工芸品や各種の行事なども連想できるかもしれない。このように文化
は，多岐にわたるさまざまな要素を含む概念であり，複数のレベルから成り立
つ重層的な性質をもつものとして理解されてきた。図表14-1は，文化のレ
ベルとレベル間の関係性を表した図である。表層のレベルは，人工物や目に見
える行動パターンである。このレベルには，物理的空間，技術的な成果，言葉，
装飾，衣服，明白な行動，儀式などが当てはまる。中層のレベルは，価値や信
念，規範などである。すなわち，物事はどうあるべきか，重要なことは何であ
るか，何が正しいのか，などの物事を方向づける価値観が含まれる。深層のレ
ベルは基本的仮定であり，普段は意識されたり表出したりすることのない，基

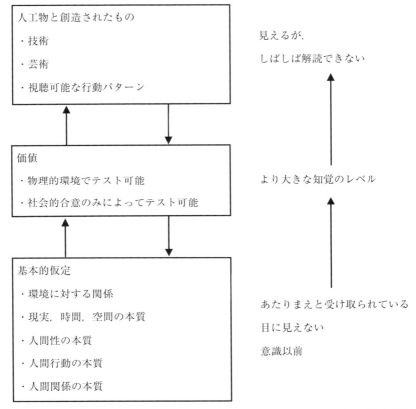

出所：Shein, E. H., *Organizational Culture and Leadership*, Jossey-Bass, 1985.（清水紀彦・浜田幸雄訳『組織文化とリーダーシップ』ダイヤモンド社，1989年，19ページ）

本的な前提を意味する。文化は，このようなさまざまなレベルに分かれているため，しばしば氷山になぞらえられて説明されてきた。「氷山の一角」という表現があるように，地上から見える氷の部分はごく一部であり，海中には目に映る以上の氷の山が埋まっている。文化も同様に，行動パターンや人工物は文化の表面的な一部に過ぎず，その背景にはそれらを支えたり生み出したりする，目には見えない価値観や信念，基本的仮定があるとされるのである。また

第 14 章　異文化マネジメント　239

文化は，その集団の古い構成員から新しい構成員へと伝達され，さまざまな制度を通じて新たなメンバーによって学習される（社会化）。このような過程を通じて，文化は世代を超えて次々と共有されていく。ただし，「共有」といっても，集団の構成員全員に等しい度合いで分かち合われているわけではない。たとえるならば，山型を描く正規分布の中心が厚く盛り上がっているように，あくまでもその集団の多くの人々がもつ平均的な特質を示すものであるため，個々人の価値観や行動をつぶさに調べてみると，彼らが所属する文化の特徴とは矛盾する場合がありうる。さらに，1つの文化の中には，より小さな下位文化（subculture）が含まれる。

　経営学では，文化集団を企業単位で捉える，「企業文化論」が主に議論の俎上に載せられてきた。しかし，国家間の差異を重視する国際経営論においては，企業文化よりはむしろ，国の文化が重視される傾向がある。再び日本文化を例にあげてみると，日本文化がアメリカ文化やフランス文化とは異なるように，各国には独自の文化が存在するため，文化と文化の間には差異が発生する。そこで多国籍企業にとっては，本国とは異なる進出先国の文化にいかに対応するかが重要な経営課題となるのである。

　しかしながら，これまで述べてきたような文化概念，すなわち文化の共有性や固有性を強調し，均質的かつ静態的であるとみなす概念（文化本質主義）[3]に対して，近年さまざまな分野から再考を促す声があがるようになってきた。本章では，従来の経営学において導入されてきた文化概念を継承しつつも，後の節に関連する範囲に限定して，以下に述べる2つの論点を付け加えたい。1つ目は，文化がさまざまな主体の関係性の中で構築されていくという動態的性格である。すなわち，文化は変容する可能性を常にはらんでいるのである。たとえ文化が変容しないように見えたとしても，それは文化が固定的であることを意味するわけではなく，さまざまな制度や「装置」を通じて絶えず「再生産」されていると解釈できる。もう1つは，文化それ自体が記号となりながら，意味やメッセージを運ぶ側面である。そのため，文化がどのように生産され，またどのように消費されるのかという視点が必要になるのである[4]。

２．国際経営と文化の関係

　異文化マネジメントに関する諸学説を検討する前に，国際経営と文化の関係について考えてみたい。国際経営と文化の関係は，図表14－2のように表すことができる。横軸は，国際経営の中で異文化マネジメントが行われる「場」であり，組織と市場に大別できる。この分類は，マアネンとローラン（Maanen and Laurent, 1993=1998）による「文化のフロー」という概念から着想を得ている。マアネンらは，ある集団の文化が他の集団へと浸透する流れを文化のフローと呼んだ。文化のフローには，日常のコミュニケーションのように自発的な方法で発生する，拡散的で非中心的なフローと，中心から外へという形態あるいは命令的な形態によってもたらされるフローの２種類がある。後者のフローは，比較的狭いチャネルを通じて伝達され，安定性をもち，制度化されやすい特徴をもっている。その発生場所の１つが，組織である。このことは，企業が独自の文化を創造し，その構成員に伝達する事例からも理解できる。もう１つの発生場所は市場であり，企業によって提供される製品やサービスが文化的意味を運びながら，消費者に受け入れられる際にフローが発生すると考えられる。異文化マネジメントにおいても，文化同士がどのような場で相互浸透

図表14－2　異文化マネジメントの類型

	組織 → 異文化マネジメントの場 → 市場	
差異の縮小	２．組織・文化的差異の縮小	１．市場・文化的差異の縮小
差異の活用	３．組織・文化的差異の活用	４．市場・文化的差異の活用

（縦軸：異文化マネジメントの方法）

第14章 異文化マネジメント　241

し，その結果としてどのような問題を生じさせうるかという視点が重要となるため，文化のフロー概念は有用である。ただし，図中の「組織」は本来，広義の組織を意味するものである。つまり，組織内の異文化マネジメントのみならず，グローバル人材の育成や海外派遣の問題，M&Aによる組織の統合，戦略的提携を通じた組織間の協働などの問題も包含するため，組織行動論，人的資源管理理論，組織間関係論を含む広範な分野に関わる。

　縦軸は，異文化マネジメントを実施する際に何を重視するかという姿勢の相違を表している。すなわち，文化的差異が経営上の問題を生じさせる場合，その差異を可能な限り縮小させることによって問題を解決するか，あるいは，文化的差異があることを認めつつ，その差異を活かすことで問題を解決するかという違いである。2つのうちどちらを重視するかによって，マネジメントの方法が大きく異なる。ただし，この分類はあくまでも図式的なものであり，実際には両者を明確に区別することが難しい場合や両者が混在することがありうる。

　これら2つの軸を組み合わせることによって，4つの象限をつくることができる。「はじめに」で述べたように，第3節で比較文化研究の議論を取り上げた後，第4節において図中の第2象限および第3象限に該当する組織の異文化マネジメントを，第5節において第1象限と第4象限にあたる市場における異文化マネジメントを取り上げることになるが，その際，この区分に従って，文化的差異を縮小することで問題解決を図る研究と，文化的差異を活用することで経営に活かそうとする研究とに分けて検討することになる。

第3節　比較文化研究

　国際経営の文脈において文化は，まずもって国民文化の相違が問題にされてきた。そのため，各国の国民文化を精確に把握し，文化間にどのような差異があるのかを明らかにする，比較文化研究に早くから注目が集まった。初期の比較文化研究として，ホール（Hall, 1976=1979；Hall and Hall, 1986=1986）による国民文化の分類がある。ホールは，「コンテクスト」という概念を導入すること

によって，国民文化の相違を考察した。コンテクストは，伝達されるメッセージの情報が歪曲したり欠落したりする場合，それを訂正・補正する機能を担う。したがって，コミュニケーションにおいてコンテクストが重要な役割を果たす「高コンテクスト文化」では，伝達される情報が明確にコード化されることは少なく，多くの場合はコンテクストに依存することになり，いわゆる暗黙の了解が重視される。その一方で，「低コンテクスト文化」では，しばしば情報の大半が明確にコード化され，そのための手続きや規則も明文化されやすい。ホールは，一方の極である高コンテクスト文化と他方の極である低コンテクスト文化の間の線上に，各国の文化を位置づけて理解しようと試みた。一例をあげると，日本や中国の文化は高コンテクスト文化に分類される一方で，低コンテクスト文化には，アメリカやドイツ，スカンジナビアなどの各文化が位置づけられる。ただし，同じ分類の中でも国によって程度の差があり，また，それぞれの文化は，高コンテクストと低コンテクストの性質の両面をもち併せている。たとえば日本文化は，日常的なコミュニケーションにおいて高コンテクストな側面を多くもつ反面で，公的な場での形式や儀礼を重んじるという低コンテクストな側面を併せもっている。このようにホールは，国民文化を高コンテクストと低コンテクストの2つに分類することによって，文化間の相違を明らかにしたのである。

　比較文化研究の中で最も著名なものは，ホフステード（Hofstede, 1980=1984；Hofstede, 1991=1995）による研究であろう。彼の研究は，多国籍企業であるIBMを対象として，その支社がある66カ国の延べ117,000名に及ぶ従業員にアンケート調査を実施し，各国の文化を比較するものであった。ホフステードは，4つの次元（指標）を用いて国民文化を数値化し，客観的に把握しようとした。第1の次元は「権力の格差」であり，その社会で権力の不平等が容認される程度を表している。たとえば，権力格差の大きな国では，部下からの上司に対する依存度が大きく，部下は独裁的あるいは温情主義的な上司を望む。その反面で，格差の小さな国では，上司と部下の関係は相互依存的であり，上司から相談されることを好む部下が多い傾向がある。第2の次元である「不確実

性の回避」は，不確実な状況や未知の状況に対して脅威を感じる程度である。
この次元が高い国では予測不可能な状況に対して不安を感じやすいため，規則
の制定と遵守が重んじられるが，低い国では規則を絶対視せず，曖昧さに対す
る寛容度が高いとされる。第3の次元は，その社会が個人主義的であるかそれ
とも集団主義的であるかを測る「個人主義化」である。この次元が強い国では
個人同士の結びつきは緩やかであるが，弱い国では成員同士の結びつきの強い
内集団に統合される社会となる。第4の次元は，「男性化」である。この次元
は，仕事において給与や承認，昇進，やりがいなどを重視する（男性らしさ）か，
それとも上司との関係，同僚との協力，居住地，雇用の保障を重視する（女性
らしさ）かによって区分される。後の研究において，5つ目の次元として長期
志向かそれとも短期志向かを表す「儒教的ダイナミズム」が新たに追加された。

　ホフステードの研究によって，多国籍企業は，たとえ1つの企業であるとい
えども，国民文化から生じる文化的多様性をその内部に抱えていることが明ら
かになった。したがって，動機付けやリーダーシップなどの現実のマネジメン
トにおいて，どの手法が効果的であるかは，それを受け入れる従業員の国民文
化によって強く左右される。ホフステードの研究は，複数の指標を用いた統計
分析を行うことで客観的に国民文化を明らかにしようとしたこと，そしてそれ
までの比較研究の多くがきわめて少数の国々を対象としていたのに対し，数十
カ国規模で文化を比較したという理由から，従来の研究とは一線を画してお
り，後の比較文化研究に絶大なる影響を与えた。しかしながら，影響が多大で
あったがゆえに，彼の研究に多くの批判が集まったこともまた事実である。主
な批判は，IBM という1社をもって国民文化を代表できるのかという点であ
った。さらに，国民文化を均質であるとみなした点や国土と結びつけて理解し
た点にも疑問が付された。加えて，ホフステードが用いた諸次元の妥当性につ
いても再考の余地があると考えられた[5]。したがって，以後の比較文化研究
では，ホフステードの研究を踏襲しつつも，その限界を乗り越えようという努
力がなされるようになった。

　トロンペナールス（Trompenaars and Hampden-Turner, 1997＝2001；Trompenaars and Woolliams, 2003=2005) は，複数の多国籍企業を対象に大規模な調査を行い，7つの次元を用いて各国の文化を比較した。7つの次元のうちの5つは人間関係に関するものであり，①普遍主義―個別主義（標準化されたルールを好むか，個別の状況に応じて対応することを好むか），②個人主義―共同体主義（個人の業績や創造性を重視するか，団結やコンセンサスに焦点を当てるか），③感情中立主義―感情表出主義（感情をコントロールする傾向があるか，感情を表に出す傾向があるか），④関与特定主義―関与融合主義（個人の人間関係への関与度合いが低いか高いか），⑤実績主義―属性主義（立場や権限が実績に基づくか，それともその人のバックグラウンドに基づくか）である。そして，残りの2つは時間と環境に関する次元であり，⑥順次的系列型―同時並行型（時間を時系列で管理するか，物事を同時並行的に行うか），⑦内的コントロール志向―外的コントロール志向（自分の意思や制御の意識を重視するか，自分が制御できない外部の摂理を受け入れるか）と名付けられた。トロンペナールスは，これらの次元を用いて各国の文化を比較することにより，国民文化の相違を炙り出し，管理と組織に関してどの文化にも適用可能な唯一最善の方法が無いことを主張した。さらに，国民文化にとどまらず，7つの次元を組み合わせることによって，企業文化においても4つの類型があること（家族型文化，エッフェル塔型，誘導ミサイル型，保育器型）を明らかにした。トロンペナールスの研究は，文化を比較するだけでなく，異文化マネジメントについても言及している点に特徴がある。彼が重視するのは，文化間の「調和」という考え方であり，世界的に1つの標準化されたプログラムを提供する「普遍主義的」か，それとも現地のニーズに適応する「個別主義的」かの二者択一ではなく，両者の間で「折り合いをつける」ことが重要であると主張した。

　近年の優れた比較文化研究として，GLOBE（Global Leadership and Organizational Behavior Effectiveness）プロジェクトがある[6]。GLOBE は，リーダーシップ行動と効果における文化の役割を実証的に明らかにすることを目的として，ハウス（House, R. J.）を中心とする250人以上のグローバルな研究者集団から成り立つ，1991年から開始された長期的かつ大規模な研究プロジェクトである。調査対象は，24カ国の1,000人以上のCEOおよび5,000人以上の経

営上層部であり，「文化に裏付けられた暗黙的リーダーシップ理論（Culturally, Endorsed Implicit Leadership Theory, CLT）」という概念を通じて，文化とリーダーシップの関係性を明らかにした。また，従来の研究と比して，分析に使用する概念や測定方法に対して非常に厳密であるとともに，定量分析だけでなく定性分析も重視している点が特徴的である。GLOBE は，調査と分析を通じて，特徴的な6つのリーダーシップ次元を特定した。その6つとは，①カリスマ／価値基盤型リーダーシップ（確固たる基本的価値観に基づき，メンバーを激励し，意欲を喚起し動機付ける），②チーム志向型リーダーシップ（チーム作りに重きを置き，チーム間やメンバー間に共通の目的や目標をもたせることを重視する），③参加型リーダーシップ（意思決定と実行のプロセスにメンバーを関与させるべきであると考える），④人間志向型リーダーシップ（支援的で思いやりがあり，チームのメンバーを支え，助けようとする），⑤自律型リーダーシップ（独立した個人主義で，他のメンバーと離れて仕事や行動を行う），⑥自己防衛型リーダーシップ（自分の地位や体面を守るために，競合する同僚や部下よりも成功を望み，行動する），である。以上のリーダーシップの中で，多くの文化に最も効果的であるとされたのがカリスマ／価値基盤型リーダーシップであり，チーム志向型リーダーシップが2番目に効果的であるという結果になった。その反対に，自律型リーダーシップと自己防衛型リーダーシップは，ほとんどの文化において総じて評価が低いことがわかった。参加型リーダーシップと人間志向型リーダーシップは，そのリーダーを受け入れる文化によって評価が分かれた。とはいえ，どのリーダーシップのタイプが最も効果的であるかは，文化によって大きく異なることが明らかになった。たとえばスウェーデンでは，一般的に最も効果的であるとされるカリスマ／価値基盤型リーダーシップが，チーム志向型や参加型のリーダーシップよりも評価が低いという結果であった。

　異文化マネジメントを論じる際，文化の違いについて理解することが何よりも重要であることは論を俟たない。比較文化研究の意義は，複数の指標を用いた計量分析を行うことで，文化間の類似性と相違性を数値として客観的に把握できるという点にある[7]。しかしながら，文化が異なるという事実を前提と

して，その差異をいかにマネジメントするかという視点もまた等しく重要である。次節では，組織における異文化マネジメントの代表的な学説を検討していこう。

第4節　組織における異文化マネジメント

　初期の多国籍企業論の中で文化の機能に着目したのは，コールド（Kolde, 1974=1976）である。コールドの問題意識は，企業内のコンフリクトを解消することであり，必然的に多文化組織となる多国籍企業をどのように統合・調整するかという点であった。企業が自らの活動拠点を複数の国々に拡げるにつれて，本国とすべての進出先国との間に1対1の文化関係をつくることが困難になるので，それぞれの国民文化から企業の中に何らかの要素を取り入れることが必要となる。そこでコールドは，経営的価値の中立的かつ国際的体系である「世界主義的企業文化」，すなわち「異なった国々の国民的文化を架橋する機能志向的な上部構造」[8]によるマネジメントを提唱した。世界主義的企業文化を創造する狙いは，多国籍企業が陥りがちな自国中心主義を排しつつ，親会社の企業文化と進出先国との文化を統合し，世界的に適用可能な企業文化を創造することによって，組織内のコミュニケーションを円滑にすることである。つまり，企業文化によって各国の文化的差異を縮小させ，文化的多様性から生じる問題をコールドは解決しようとしたのである。

　その他の文化的差異の縮小による異文化マネジメントとして，林吉郎（1985）が提唱した「異文化インターフェイス管理」がある。林は，アメリカおよびASEAN に進出した日系企業を対象に，それらの海外子会社において，本国からの出向者と現地で採用した従業員がどのように分業体制を築いているかを調査し，分業の特徴に応じて類型化を行った。そして，とりわけ本国から派遣された社員グループが，CEO をはじめとする企業管理グループに位置するタイプの子会社の場合，異文化インターフェイス管理を行うことが必要であると主張した。異文化インターフェイス管理とは，「組織内の異文化グループ間の接

点に位置して，上位からの機能情報を下位に伝達し，下位のフィードバック情報を上位に伝達することを通じて，経営プロセスの効率化をはかること」[9] である。林は，本社の文化を体現する人を「第1文化体」，現地社会の文化を体現する人を「第2文化体」と呼び，両者の間の異文化接触面のことを「異文化インターフェイス」と呼称する。この接触面こそが異文化衝突が生じやすい場であるため，ここに文化的な橋渡しができる人物，すなわち「第3文化体」を配置し，円滑にマネジメントすることが目指される。第3文化体になることのできる人物の要件として，①第1および第2文化体の言語に習熟していること，②第1および第2文化を深く理解しており，文化の翻訳が可能であること，③第1および第2文化グループのいずれか一方から信頼されていること，の3点があげられる。

　以上の研究に加え，前節で検討した比較文化研究も文化的差異の縮小を目指す研究であると考えられる。なぜならば，比較文化研究は，文化間の類似性と相違性を精緻に調査し，進出先国の文化に適応すべく経営手法を修正することによって，あるいは，いずれの文化にも適用可能な管理方法を探求することによって，文化の違いを乗り越えようとするからである。

　文化的差異の縮小を試みる研究とは対照的に，アドラー（Adler, 1991＝1996）は，文化的差異を活かすことを重視し，「異文化シナジー管理論」を提唱した。彼女によれば，文化的多様性は，組織の収斂のプロセスにおいて問題を生じさせやすいという。つまり，同一の目標に向けた共通の思考や行動を組織成員に要求することによって合意を得ようとしたときに，「コミュニケーション（同一の意味への収斂）と統合（同一の行動への収斂）」が困難となり，「曖昧さ，複雑さ，そして混乱が増大する」ため，文化間の衝突が発生しやすいというのである[10]。その反面で，組織の分散プロセス，すなわち組織が拡大を図るときには，文化的多様性はむしろ組織に便益をもたらす資源となりうる。なぜならば，文化的多様性を背景とする多面的な視点によって，「創造性，柔軟性，問題解決スキル……文化的に異なる顧客グループと仕事をする際の有効性，さらに組織内のダイナミクスとコミュニケーション・パターンへの認識の高まり」[11]

が生じる可能性があるからである。したがってアドラーは，文化的多様性を認識し，それを組織の資源として活用する「異文化シナジー管理」を追求すべきであると主張する。異文化シナジー管理は，次のような3つの段階を経ながら実施される。第1ステップは，「状況記述」である。この段階は，組織が現在どのような問題に直面しているのか，そして組織成員がもつ各々の文化からその問題をどのように理解できるかを明確にするプロセスである。第2ステップは，「文化的解釈」である。すなわち，文化間の仮説や行動における類似点と相違点を組織の各メンバーが認識する段階である。最後の第3ステップは，「文化的創造性」である。ここでは，各文化から提案された複数の問題解決を検討し，いずれの文化にも適合する解決方法を探ることになる。以上のように，特定の文化を背景とする管理方法を適用するのではなく，文化的多様性を前提として，各々の文化から理解・適用可能な方法を創造しようとした点に，アドラーの独自性がある。

　同じく馬越恵美子（2011）も，ダイバーシティ・マネジメントの観点から，文化的多様性を活かす異文化マネジメントを提案した。馬越は，「多様性を活かし，異質性を尊重しつつ，チャンスの平等性を確保する」ことを意味する「マインドウェア」という概念を提示し，これを実践することによって，「国籍や文化やジェンダーの違いを問わず，一人一人の能力が最大限に発揮され，アウトプットが増大・向上する可能性」[12]を見出そうと試みる。彼女によれば，異文化マネジメントとダイバーシティ・マネジメントは，前者が主に国民文化の差異によって生じるビジネス慣習の相違に着目してきたのに対して，後者が多様な属性のグループがもつ属性の相違を重視する点で違いがあるものの，組織成員の多様な価値観や属性を尊重し活かそうとする点では共通点が見られるという。この文脈において異文化マネジメントは，多様な文化をもつ人々から構成される企業を経営することであると理解され，価値観の相違を認め尊重しつつ，「自分たちの価値観と異なる価値観を創造的に融合して，新たな価値観を生み出し，相乗効果を生み出すプロセス」であると捉えられる[13]。

第5節　市場における異文化マネジメント

　多国籍企業における市場での異文化マネジメントに関する議論は，国際経営論よりはむしろ，国際マーケティング論の分野で蓄積されてきた。その中で文化は，マーケティング環境に複雑性をもたらす要因の1つとして理解されてきたが，特に1950年代以降，展開された標準化論争[14]では，多国籍企業が世界中で標準的なマーケティング戦略を実行することを妨げる要因であると考えられた。標準化論争とは，標準化されたマーケティング戦略が世界的に実行可能であるか否かをめぐる議論であり，この中で文化は，進出先国に適合するようにマーケティング戦略の修正が必要であることを主張する適応化論者たちによって，彼らの論拠となる国家間の相違を形づくる重要な要因であると強調された。つまり，多国籍企業にとって，国家間の文化的差異を的確に認識し，相手国の消費者文化に適合するようにマーケティング戦略を修正する必要があるという，「適応化戦略」が不可欠であると理解されたのである。

　その後，1980年代後半から1990年代になると，多国籍企業のマーケティング戦略は，標準化と適応化のどちらか一方に傾注するのではなく，さまざまな要因を勘案しながらグローバルに同時達成すべきであると主張されるようになった。この変化の中で，文化に関して，差異を生み出す要因であると同時に，グローバル化を推進する要因でもあるとみなす研究が現れるようになった。たとえば大石（1993）は，標準化に対する環境制約的条件であるとされてきた諸条件について，①変更不可能な環境条件であり，国際マーケティングが無条件に対応せざるを得ない「強制的」，②国際マーケティングに対して一部あるいは一定の拘束力をもつ「半強制的」，③企業が何をどの程度標準化するかあるいは適応化するかを選択可能な「任意的」の3つに区分し，再検討を行った。文化について見てみると，強制的条件あるいは半強制的条件には，宗教的タブー，言語，伝統的しきたりなどが当てはまる一方で，任意的条件には，ライフスタイルや一般慣習，消費的行動，国民性があげられる。この分類に従えば，

宗教的タブーなどは多国籍企業が受け容れざるを得ない条件であるため，本国で用いてきたマーケティング戦略を大幅に修正し，現地の文化に適応する必要がある。他方で，ファッションに代表されるライフスタイルなどは世界的に共通している側面があり，本国の戦略をほとんど修正せずに適用することができうると考えられる。要するに，一言で文化といえども，さまざまな要素が重層的に含まれているため，適応化戦略が必要な要素とその反対に標準化戦略が通用する要素とが混在していると考えられるのである。また，キーガン（Keegan, 2014）は，経済や政治，法律，規制などと同様に，文化を国際マーケティング環境を構成する１つの要素であるとみなした上で，文化がマーケティング戦略におけるグローバル化の抑止力（restraining force）であるとともに駆動力（driving force）にもなりうることを指摘した。そのことから彼は，文化間の相違性を理解し，そこから得られた知見をマーケティング戦略に組み込むことによって進出先国に適応すると同時に，文化間の類似性を認識し標準的なマーケティング戦略を用いることで，文化間の共通性を活かしつつ適応化によって生じる不必要なコストを削減する，二重の戦略が必要であると主張した。

　以上の議論のように，人々の価値観や習慣を形成する文化の役割に着目すれば，文化を消費者行動の相違を生み出す要因として理解できる。そのため多国籍企業は，本国と進出先国との間にどのような文化的差異が存在するのかを注意深く特定し，その差異から生じるマイナスの影響を最小化する戦略が必要になる。しかしながら，意味やイメージを運ぶという文化の別の役割に着目してみると，文化が異なるがゆえに，現地企業にはない多国籍企業独自の競争優位がもたらされる可能性があることが認識できる。このような効果は，国際マーケティング論や消費者行動論において，「原産国効果（Country-of-Origin Effects）」として知られており，消費者の製品に対する国籍別の評価を測定するために，さまざまな観点から分析が試みられてきた。また，文化的差異を市場創造の梃子として利用するという発想は，経営戦略論やブランド論の中にも見出すことができる。

　ポーター（Porter, 1998=1999）は，アメリカ市場におけるドイツ車メーカーの成功を引き合いに出しながら，国籍から醸し出される文化やアイデンティティ

の重要性を指摘した。すなわち，ドイツ製という響きが，高度な設計，高性能，優秀な技術者などのイメージをアメリカの消費者に喚起させることが成功につながったのであり，ドイツのメーカーがアメリカ的になったりグローバルになったりしたからではないと主張するのである。また，ゲマワット（Ghemawat, 2003=2004；Ghemawat, 2007=2007）は，多国籍企業の競争戦略を分析する中で，国家間の距離がもたらすメリットに着目した。ゲマワットは，「国家間や文化間などに存在する差異を管理すること」が多国籍企業の目的であるとし，「さまざまな市場の境界領域に生じる差異を，単に調整や解消の対象と見なすのではなく，うまく利用して価値創造につなげる」[15] ことが重要であると強調する。そして，多国籍企業が利用できる距離には，政治的（Administrative），地理的（Geographic），経済的（Economic），文化的（Culture）の4つがあるとし，これらを総称して「CAGE」と名付けた[16]。ゲマワットは，文化的距離を利用して成功した戦略の事例として，オートクチュールやワイン，香水などの産業におけるフランス企業の存在に言及することで，国家がもつ文化的背景の重要性を指摘した。さらに，カルチュラル・ブランディングを提唱したホルト（Holt, 2004=2005）は，熱狂的に支持されるブランドには，消費者のアイデンティティに関する願望や不安を埋め合わせる「神話」が不可欠であることを発見した。その上で，ホルト他（Holt, et al., 2004=2004）は，グローバル・ブランドにとって，世界的な消費者に訴求可能な神話をつくりあげるためには，その企業の「ゆかりの地」を背景とすることが重要であると指摘した。換言すれば，強力なグローバル・ブランドになるためには，企業本国の文化的背景を素材として，世界規模で熱烈な顧客を獲得できる神話を紡ぎだす必要があることを，彼らは主張したのである。

　しかしながら，多国籍企業が現地企業とは異なる文化的背景を有するからといって，自ずと競争優位が得られるわけではない。また，たとえ同じ文化的背景を有しているとしても，それをどのように自社の市場戦略に組み込むのかに関する能力は，企業によってさまざまである。一例をあげると，ナイキとハーレー・ダビッドソンはアメリカを本国としているため，両社は同じ文化的背景

を有している考えられる。ところが，前者は黒人文化から得られるファッション性やスポーティーな文化的要素を重視した一方で，後者はアウトローな白人男性からイメージされる要素を活用した。したがって，文化的背景の中からどのような要素を選抜するか，選抜された複数の要素をどのように組み合わせるか，複数の要素群からどのような物語や神話を形成するかに関する一連の意思決定が鍵となるため，この文化戦略の能力が市場での成否を分かつ重要な要因になりうるのである。

【注】

（1）異文化マネジメントの他に，「異文化経営」や「異文化管理」などの用語が使用されることがあるが，本章ではタイトルに沿って「異文化マネジメント」の表記で統一した。

（2）文化概念の歴史的な検討については，Williams, R., *Keywords: A Vocabulary of Culture and Society*, Harper Collins, 1983.（椎名美智・武田ちあき・越智博美・松井優子訳『完訳　キーワード辞典』平凡社，2002 年），西川長夫『〔増補〕国境の越え方　国民国家論序説』平凡社，2001 年，Eagleton, T., *The Idea of Culture*, Wiley-Blackwell, 2000.（大橋洋一訳『文化とは何か』松柏社，2006 年）を参照されたい。

（3）文化本質主義について，中谷（2001）は構築主義と対比しながら，以下のように説明している。

　　「文化本質主義は，『文化』を特定の集団の成員によって過去から現在に綿々と受け継がれる習慣や価値体系の総体ととらえ，その非歴史性や固定性を強調してきた。これにたいし構築主義の立場に立つ人類学者たちは，文化や伝統，慣習がつねに取捨選択や駆け引きの対象となりながら，現在（の固有の社会的・政治的コンテクスト）において構築されたものであるとみなす。」（中谷文美「＜文化＞？　＜女＞？　——民族誌をめぐる本質主義と構築主義」上野千鶴子編『構築主義とは何か』勁草書房，2001 年，114 ページ）

（4）この点について，佐藤と吉見（2007）は，以下のように述べている。

　　「われわれが浮かび上がらせたい『文化』は，論ずる主体にかかわりなく同一の意味を備えているものではない。ましてや共通の規範を有し，単一の価値の実現を目的にして成り立つ，統合された『システム』などではなかった。むしろ，文化をめぐる異なる定義やイメージの操作がせめぎ合い，さまざまな立場からの発話行為や身体的実践がぶつかり合う。その意味では，亀裂を含んだ『場』なのである。」（佐藤健二・吉見俊哉編著『文化の社会学』有斐閣，2007 年，16 ページ）

「……『文化』を変わらない価値として固定化するのではなく，生産され消費される構築物としてとらえ直すこと，その変容を含み込んだ流通の社会的なプロセスや生態を描き出すことである。」（上掲書，13ページ）

（5） Browaeys, M. J. and Price, R., *Understanding Cross-Cultural Management*, 3rd ed., Pearson, 2015, pp.38-40.

（6） GLOBE プロジェクトは，4つのフェーズ（時期）に区分して研究を進めているが，本章では，2013年に発表された第3フェーズの結果（House, R. J., et al., *Strategic Leadership Across Cultures: The GLOBE Study of CEO Leadership Behavior and Effectiveness in 24 Countries*, Sage, 2014.（太田正孝監訳，渡部典子訳『文化を超えるグローバルリーダーシップ』中央経済社，2016年））を基にしている。

（7） Thomas, D. C. and Peterson, M. F., *Cross-Cultural Management: Essential Concepts*, 4th ed., Sage, 2018, pp.57-59.

（8） Kolde, E. J., *The Multinational Company: Behavioral and Managerial Analyses*, D. C. Health and Company, 1974.（天野明弘監修，中川功訳『多国籍企業―その行動と経営管理―』東洋経済新報社，1976年），129 〜 130ページ。

（9） 林吉郎『異文化インターフェイス管理』有斐閣，1985年，33ページ。

（10） Alder, N. J., *International Dimensions of Organizational Behavior*, Second Edition, South-Western Publishing, 1991.（江夏健一・桑名義晴監訳，IBI 国際ビジネス研究センター訳『異文化組織のマネジメント』セントラル・プレス，1996年），96 〜 97ページ。

（11） 同上訳書，98 〜 99ページ。

（12） 馬越恵美子『ダイバーシティ・マネジメントと異文化経営』新評論，2011年，43 〜 44ページ。

（13） 同上書，160ページ。

（14） 標準化論争の詳細については，大石芳裕「国際マーケティング標準化論争の教訓」『佐賀大学経済論集』第26巻第1号，1993年，諸上茂登「グローバル・マーケティング戦略―『標準化 vs 適応化』から『グローバル調整』へ―」諸上茂登，根本孝編著『グローバル経営の調整メカニズム〔普及版〕』文眞堂，1997年，馬場一「国際マーケティング標準化適応化フレームワークの再構築」『関西大学商学論集』第49号第2巻，2004年，を参照されたい。

（15） Ghemawat, P., Managing Differences: The Central Challenge of Global Strategy, *Harvard Business Review*, Vol.85, No.3, 2007.（村井裕訳「トリプル A のグローバル戦略」『ダイヤモンド・ハーバード・ビジネス』2007年6月号），129 〜 130ページ。

（16） Ghemawat, P., The Forgotten Strategy, *Harvard Business Review*, Vol.81, No.11, 2003.（松本直子訳「アービトラージ戦略：比較優位の再発見」『ダイヤモンド・ハーバード・ビジネス』2004年5月号），87 〜 89ページ。

◆参考文献◆

大石芳裕「国際マーケティング標準化論争の教訓」『佐賀大学経済論集』第26巻第1号，1993年，1～34ページ。

佐藤健二・吉見俊哉編著『文化の社会学』有斐閣，2007年。

中谷文美「＜文化＞？　＜女＞？　――民族誌をめぐる本質主義と構築主義」上野千鶴子編『構築主義とは何か』勁草書房，2001年，109～137ページ。

西川長夫『〔増補〕国境の越え方　国民国家論序説』平凡社，2001年。

馬場一「国際マーケティング標準化適応化フレームワークの再構築」『関西大学商学論集』第49号第2巻，2004年，275～301ページ。

林吉郎『異文化インターフェイス管理』有斐閣，1985年。

林吉郎『異文化インターフェイス経営』日本経済新聞社，1994年。

馬越恵美子・桑名義晴編著，異文化経営学会『異文化経営の世界―その理論と実践―』白桃書房，2010年。

馬越恵美子『ダイバーシティ・マネジメントと異文化経営』新評論，2011年。

諸上茂登「グローバル・マーケティング戦略―『標準化 vs 適応化』から『グローバル調整』へ―」諸上茂登，根本孝編著『グローバル経営の調整メカニズム〔普及版〕』文眞堂，1997年，105～130ページ。

Alder, N. J., *International Dimensions of Organizational Behavior*, Second Edition, South-Western Publishing, 1991.（江夏健一・桑名義晴監訳，IBI 国際ビジネス研究センター訳『異文化組織のマネジメント』セントラル・プレス，1996年）

Browaeys, M. J. and Price, R., *Understanding Cross-Cultural Management*, 3rd ed., Pearson, 2015.

Eagleton, T., *The Idea of Culture*, Wiley-Blackwell, 2000.（大橋洋一訳『文化とは何か』松柏社，2006年）

Ghemawat, P., The Forgotten Strategy, *Harvard Business Review*, Vol.81, No.11, 2003, pp.76-84.（松本直子訳「アービトラージ戦略：比較優位の再発見」『ダイヤモンド・ハーバード・ビジネス』2004年5月号，84～95ページ）

Ghemawat, P., Managing Differences: The Central Challenge of Global Strategy, *Harvard Business Review*, Vol.85, No.3, 2007, pp.58-68.（村井裕訳「トリプル A のグローバル戦略」『ダイヤモンド・ハーバード・ビジネス』2007年6月号，128～141ページ）

Hall, E., *Beyond Culture*, Anchor Press, 1976.（岩田慶治・谷泰訳『文化を超えて』TBS ブリタニカ，1979年）

Hall, E. and Hall, M. R., *Hidden Differences*, Anchor Books, 1986.（勝田二郎訳『かくれた差異』メディアハウス出版会，1986年）

Hofstede, G., *Culture's Consequences*, Sage, 1980.（萬成博・安藤文四郎監訳『経営文化の国際比較―多国籍企業の中の国民性―』産業能率大学出版部，1984年）

第 14 章　異文化マネジメント　255

Hofstede, G., *Cultures and Organizations*, McGraw-Hill International, 1991.（岩井紀子・岩井八郎訳『多文化世界　違いを学び共存への道を探る』有斐閣，1995 年）

Holt, D. B., *How Brands Become Icons: The Principles of Cultural Branding*, Harvard Business School Publishing, 2004.（斉藤裕一訳『ブランドが神話になる日』ランダムハウス講談社，2005 年）

Holt, D. B., Quelch, J. A., and Taylor, E. E., How Global Brands Compete, *Harvard Business Review*, Vol.82, No.9, 2004, pp.68-75.（松本直子訳「グローバル・ブランドの真実」『ダイヤモンド・ハーバード・ビジネス』2004 年 11 月号，118 ～ 129 ページ）

House, R. J., et al., *Strategic Leadership Across Cultures: The GLOBE Study of CEO Leadership Behavior and Effectiveness in 24 Countries*, Sage, 2014.（太田正孝監訳，渡部典子訳『文化を超えるグローバルリーダーシップ』中央経済社，2016 年）

Keegan, W. J., *Global Marketing Management*, 8th ed., Pearson, 2014.

Kolde, E. J., *The Multinational Company: Behavioral and Managerial Analyses*, D. C. Health and Company, 1974.（天野明弘監修，中川功訳『多国籍企業—その行動と経営管理—』東洋経済新報社，1976 年）

Maanen, J. V. and Laurent, A., The Flow of Culture: Some Notes on Globalization and the Multinational Corporation in S. Ghoshal and E. Westney（eds.）, *Organization Theory and The Multinational Corporation*, Macmillan Publishers, 1993.（江夏健一監訳，IBI 国際ビジネス研究センター訳『組織理論と多国籍企業』文眞堂，1998 年，346 ～ 397 ページ）

Porter, M. E., *On Competition*, Harvard Business School Press, 1998.（竹内弘高訳『競争戦略論Ⅱ』ダイヤモンド社，1999 年）

Robinson, R. D., *Internationalization of Business: An Introduction*, Holt, Rinehart and Winston, 1984.（多国籍企業研究会訳『基本　国際経営戦略論』文眞堂，1986 年）

Schneider, S. C., Barsoux, J. L., and Stahl, G. K., *Managing Across Cultures*, 3rd ed., Pearson, 2014.

Thomas, D. C. and Peterson, M. F., *Cross-Cultural Management: Essential Concepts*, 4th ed., Sage, 2018.

Trompenaars, F. and Hampden-Turner, C., *Riding the Wave of Culture*, 2nd ed., Nicholas Brealey, 1997.（須貝栄訳『異文化の波—グローバル社会：多様性の理解—』白桃書房，2001 年）

Trompenaars, F. and Woolliams, P., *Business Across Cultures*, Capstone Publishing, 2003.（古屋紀人監訳，木下瑞穂訳『異文化間のビジネス戦略—多様性のビジネスマネジメント—』白桃書房，2005 年）

Williams, R., *Keywords: A Vocabulary of Culture and Society*, Harper Collins, 1983.（椎名美智・武田ちあき・越智博美・松井優子訳『完訳　キーワード辞典』平凡社，2002 年）

第15章
グローバル・ナレッジマネジメント

第1節　はじめに

　研究開発は大きく2つに分けられる[1]。それらの目的は,「創造的な発明・発見」[2]と「ビジネスの革新」である。「創造的な発明・発見」とは,事前には予想もつかない新しい知識の開発であり,主に基礎研究段階で起こる現象の開発である。「ビジネスの革新」とは,創造的な発明・発見の結果から得られるシーズを新商品や生産技術に結びつけることである。つまり,それまでに投下したコストを回収して,いかにして商業化に結びつけるかということが「ビジネスの革新」である。「ビジネスの革新」はさらに2つに分けることができる。その1つが,「独創的な開発活動」,2つ目が「改良・模倣のための開発活動」である。前者は,従来存在しなかった新商品開発や新知識の融合である。後者は,独創的な開発成果が周知の事実となった後の新商品や新知識の改良や模倣である。

　上述した研究開発から生まれるものが技術であり,技術は技術進歩の源となる。技術は,技術進歩を目指した企業による研究開発の結果から得られる有形,無形の成果である。技術は情報であるがゆえに,公共財としての特徴をもっている[3]。その特徴の1つが,「消費の非排他性」である。通常,誰かがある財を消費すると,他人によるその財の消費が不可能になるか,制限される(消費の排他性)。しかし,ある人が技術を利用したとしても,他の人の利用は妨げられない場合があり,このような特徴が,「消費の非排他性」である。技術の公

第 15 章　グローバル・ナレッジマネジメント　257

共財としての特徴の第 2 は，「排除不可能性」である。利用に対する料金を支払わなくても，技術の利用から排除できないというケースがある。情報としての技術を製品から盗みとって，技術に対する正当な料金を支払わなくても，その技術の獲得が妨げられないこともある。

　技術が技術進歩による社会の発展を目指して開発されると考えるならば，技術の伝播を促進するという点で，「消費の非排他性」「排除不可能性」は好ましい特徴である。社会発展とは，一般的には人間が物質的利益を獲得して，豊かさを享受することを意味する[4]。しかし，物を得たい，お金を得たいという人間の利己的行動は，人間以外の生物，自然，資源への畏れに対する無意識の上に成り立っている。たとえば，カンバン方式という生産方法は単に生産効率を高めるという意味では評価されているが，資材調達の回数が増えるに従い，ガソリン消費が増え，二酸化炭素の排出は増大する。つまり，これは，部分的合理性を追求していると言える。しかし，新古典派経済学が想定しているような部分最適の合計は，社会全体の最適化に結びつかない。ゆえに，社会発展は，人間と人間以外の生物，自然，エネルギー資源が共に存続しうる社会の構築，貨幣価値では測れない大きな意味での資源を積極的に評価してゆく社会の構築を意味する。社会発展が社会全体としては好ましいとしても，大規模投資をして技術を開発した企業にとって，全体最適の追求は好ましくないかもしれない。しかし，現代社会の中心である企業は全体最適を求めていかなければならない。

　技術が生む収益の専有不可能性により，社会的利益が私的利益を上回るため，企業の研究開発へのインセンティブが低下する可能性がある。社会的利益（自社の利益＋他企業の利益＋消費者の利益）を大きくした上で，研究開発企業のインセンティブを低下させない方法が求められる。技術取引における専有不可能性の不利益を克服するために，企業は実質的な国際的内部化によって技術取引の工夫をしている。このようにグローバル・ナレッジマネジメントは，技術開発上の多様な側面を考慮しながら進められている[5]。

第2節　経営戦略としてのナレッジ・マネジメント

1．経営戦略と資源展開

　経営戦略は，企業内の意思決定の指針ないしは決定ルールとしての役割をはたしてゆく。この経営戦略の重要な存在意義が3つある[6]。第1の意義は，企業の将来の方向あるいはあり方に一定の指針を与えることである。第2の意義は，企業と環境との関わり方（環境適応のパターン）を決めていくことである。第3の意義は，人々の決定が分散しないように統合するための指針や意思決定を統率することである。

　以上の指摘から，経営戦略は企業組織を構成する人員の意思決定の整合性を方向づけるために，環境変化への対応の方向性を示す構想と定義できる。経営戦略は，環境としての外的条件と能力としての主体的条件によって規定される[7]。経営戦略を細分化して考えると，それらは，①現状環境に対する現状能力での対応指針，②環境変化に対する能力向上への方針，③環境変化に対する向上した能力による対応指針に分けることができる（図表15－1）。①②③の指針は，生産戦略，マーケティング戦略，財務戦略，人事戦略などの個別戦略によって示される。特に，能力向上に重点を置く②③で重要なことが，本章で取り上げるナレッジ・マネジメントである。経営戦略は具体的に，事業ドメインの決定，資源展開の決定，競争戦略の決定，事業システムの決定に分けられる。

図表15－1　経営戦略におけるナレッジ・マネジメントの位置づけ

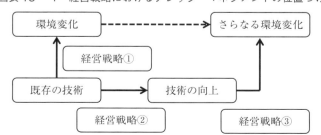

事業ドメインの決定とは，経営環境と能力の評価から自社の事業を決定してゆくことである。事業システムの決定とは，企業と他の組織体（政府，競争企業，サプライヤー，外注企業，流通業者）との間にどのような交換取引関係を確立するかの決定である。資源展開の決定は，経営資源の蓄積と配分に関わる決定である。環境変化に対して現状能力で対応できるならば，経営資源の配分が重要になる。一方，環境変化に対し現状能力では対応しきれない場合，経営資源のさらなる蓄積が重要になる。競争戦略は配分・蓄積された経営資源をもとに，いかに競争優位性を確立してゆくかの戦略である。

経営戦略と密接に関連するナレッジ・マネジメントは，図表15－2のように示すことができる。取引関係の調整など，事業システムの決定は技術戦略の組織的土台となるものである。この組織の効率性が，知識蓄積の成果に大きな影響を与える。資源展開の決定では，多国籍企業独特の知識創造組織によって資源（人材や資金，研究開発成果）が配分・蓄積される。蓄積された研究開発資源をもとに新しいビジネスへの競争戦略が策定される。これら一連の戦略は，環境変化に対応した事業ドメインの決定によって規定される。このように，事業システム決定，資源展開，資源蓄積という流れの国際的な管理がグローバル・ナレッジマネジメントである。

図表15－2　グローバル・ナレッジマネジメントの概念図

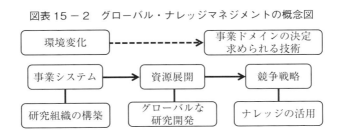

2．多国籍企業と技術戦略

1986年の国連『多国籍企業に関する行動基準草稿』によれば，多国籍企業は，①2カ国以上の国で完全所有子会社をもつ企業であり，その法的形態と活動の

分野は問わない，②1つ以上の中心的意思決定機関によって，統合的政策と共通の戦略を可能にする意思決定システムの下，業務を遂行する企業，③子会社が，資本所有やその他の形態で結び付けられ，1つ以上の子会社が他の子会社の活動に顕著な影響を与える企業，④特に，子会社間で知識，資源，責任を共有しうる企業である[8]。

さらに，1988年の国連『多国籍企業に関する行動基準』によれば，多国籍企業は2カ国以上の国で，関連会社や完全所有子会社を通じて，生産に限らずあらゆる分野で活動する企業であるとされている。国境を超えた事業を行う限り，企業が民間企業か国営企業か，民間と国の共同所有かどうかは重要ではない[9]。

特に『多国籍企業に関する行動基準』が重視している多国籍企業の特徴は，多国籍企業全体を構築する多様な関連子会社と多様な完全所有子会社の連鎖である。この連鎖において，ネットワークの中の1つ以上の子会社が，他の子会社の活動に対して顕著な影響力を及ぼしうる意思決定ネットワークが重視されている。多国籍的という用語は，単に活動拠点が複数国に分散しているという意味だけではなく，企業が国を基盤とした個々の単位の利潤ではなく，企業全体としての利潤を極大化することを目的としているという意味でも用いられている。複数国に拠点をもつことは，多国籍企業全体の利潤を最大化するための手段である。この手段を活用するため，多国籍企業は次の諸点を備えている[10]。

① 投資できる資本の潤沢さ，および，本国の貨幣市場と外国のそれの両方で，有利な条件でほとんど無限に信用を入手しうること。

② 経験を積んだ経営能力のある人材をプールしており，それを必要に応じてどこにでも展開できること。

③ 企業のすべての組織にとって同じように利用できる，大規模で効率的な販売機構を備えていること。

④ あらゆる種類の技術上の問題とマーケティング上の問題を解決するために機能させることができる研究開発施設を備えていること。

つまり，多国籍企業は，世界的な利潤最大化を求めて，自らの利点を活かすため，海外拠点を保有している企業であると言える。本章では多国籍企業を，国連の定義に注目して①ネットワークを通じて，知識，資源，責任を共有しうる企業，②世界的視野で利潤を獲得しようとし，資源優位性を活用する企業であると想定している。このような多国籍企業についての認識を出発点として，多様な知識を吸収していくグローバルなマネジメントについて考察していこう。

第3節　グローバル R&D の進化

1．市場の成熟化と R&D

多国籍企業が多様な知識を吸収して技術優位性を獲得する方法の1つが，海外研究所での研究開発である。企業の競争力を方向づける技術開発の重要性が高まるにつれて，1980年代以降，研究開発の国際化が注目されるようになった。多国籍企業が置かれている市場環境の中で，どのような要因が研究開発の国際化（特に海外研究所の役割の増大）を促進するのだろうか。研究開発の国際化にはどのような形態があり，海外研究所の性格はどのようにタイプ分けできるのか。各地域の研究所をグローバルネットワークとして捉えるとき，多国籍企業全体の研究成果の最大化は，どのように説明できるのか。さらに，研究成果を効率的に産出させるための本社はどのような役割を果たしているのか。海外研究所での研究人材管理はどのようにコントロールされているのか。これらの問題意識を検討することにより，研究開発の国際化について考察していく。

多くの企業が規模の経済性を追求するために，生産活動をグローバルに拡大してきた。その場合，製品の開発は，スケールメリットが発揮されやすい標準化製品について行われてきた。標準化製品は，世界市場を1つのものという前提で生産される。そのような考えのもとでは，個々の地域での多様性が考慮されていないので，標準化製品の開発は1つの拠点で集中的になされやすい。標準化製品を販売するときの目標は，安価で大量に販売することであり，特に革

新的な機能は必要とされない。そして製品の品質や耐久性は，製品がある一定期間，機能し，その後，買い替え需要が生まれる程度で良かった。安価で大量に生産するための知識は，従前から多国籍企業の主要拠点に蓄積されていることが多い。特に，革新的技術を必要としない標準化製品の開発も，多国籍企業の主要拠点の知識で十分に対応されてきた。

　しかし，世界市場での標準化製品の大量普及は，大量生産，大量消費，大量廃棄につながっていった。このシステムは，人々の物への欲望を満たす一方で，健康被害や廃棄物の大量排出など環境問題を引き起こした。物による豊かさが充足された後，人々の価値観はマテリアリズムからポストマテリアリズムへ移行しつつある。つまり，物とお金への欲望には，案外，低めの限界があり，その限界が達成されてしまうと，人間は物やお金とは無縁な，あるいは，お金で買うことのできない価値を求めるようになる[11]。物への欲望を失いつつある人々に対して，企業はそれぞれのニーズに対応した多様な製品を創出して，需要を掘り起こす必要がある。多国籍企業が市場の成熟化による市場ニーズの多様化に対応してゆくためには，国内での集中的で閉鎖的な研究開発への依存には限界がある。そのため，多国籍企業は，多様なニーズに対応するため，研究開発機能を国際的に分散化して行く傾向にある。特に，お金では買えない価値観が注目されているならば，たとえば，健康や地球環境に貢献する生産方法や製品の開発が，新たな需要を掘り起こす機会となるだろう。大量生産システムでの地球環境への悪影響は著しく，資源や地球自体の限界が注目されている。世界のどの地域でどのような環境問題が発生し，どのような対応が必要で，どのようなサービス・財の提供が機会となるかを把握するためにも，研究開発機能を国際的に分散してゆく必要があると言えよう。

　地球環境問題を含めて世界市場の多様なニーズへの対応には，3つの方法がある（図表15－3）。第1は，本国からの技術移転のみでの対応である。第2は，本国から移転される技術の現地市場への応用である。第3は，現地での独自技術開発である。ある地域でのニーズが本国からの技術移転で充たされる時，技術を正確に，そして効率的に吸収する拠点が必要になる。この拠点をつくるこ

図表15－3 海外研究所の必要性

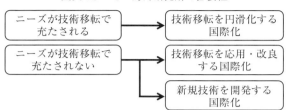

とによって，本国で利用されている製品技術や生産システムを利用した製品の製造が円滑に進められる。現地でのニーズが，移転技術では充たされず，その技術を応用，改良して現地へ適応させる必要がある時，海外での研究開発拠点が必要になる。ここへ移転される技術は，陳腐化した技術と先進技術を含むが，多国籍企業が優位性を維持・拡大させていくためには，特に先進技術の応用が重要になる。多様なニーズへの対応が，本国からの技術移転だけではまったく充たされない時，独自に現地での研究開発が必要になる。たとえば次のようなケースでは，海外での研究開発が重要性をもってくる。

① 現地国政府から現地部品，材料の高い調達率を要求された時，全体設計や部品設計から始まる研究開発が必要になる。
② 現地工場で働く労働者の能力や労働意欲，労働に対する価値観などを考慮した場合，オリジナル製造ラインを含めた研究開発が必要になる。
③ 消費地の市場要因として，消費者はどのような製品に興味があるかという消費者の価値観，生産環境として，社会的基盤整備の状態，政府による規制，自然環境の状態，生産資源の豊富さなどを考慮して，研究開発を行う必要がある。
④ 技術先進地域での情報収集，人材交流によって世界中の技術情報を把握する必要がある。

①から③までは，現地のさまざまな要因に現地での研究開発で対応する必要があるケースである。④は，全世界のニーズへ対応するために，海外での研究

開発が必要になるケースである。次節では④に注目して，技術先進地域での海外研究所設置の重要性について検討する。

2. グローバルな技術市場への接近

　多様なニーズに対応する近道は，複雑な現象をより迅速に解明し，より迅速に社会に貢献する製品を開発することである。技術先進地域で海外研究所を設置することの目的は，高度化する技術への対応である。通産省工業技術院は，将来のフロンティアを切り開く技術の研究開発について，「複雑かつ不均一な現象を単純化し，いくつかの要素に還元して研究することで全体現象の理解をおこなう従来科学には限界がある。現実に存在する，あるいは発生する現象は，すべて多種多様な要因が影響し合った結果であり，今後は，複雑系で現実に起こっている不均一，非平衡，非線形な現象をありのままの状態で解明，制御予測する革新的な技術の研究が望まれる」[12] と指摘している。

　この具体例は，①さまざまなパラメーターが複雑に絡み合っていて，決定論的手法が利用できない複雑性を有する現象（金融・経済事例，生物の形態・形成，物質の形態構造予測）の発現メカニズムを解明する技術，②人間の感性，感情，認知，ひらめきをもたらす情報処理メカニズムを解明し，工学的に応用する技術（医療，福祉，人間生活工学，ロボット，情報処理アルゴリズム，特に，知の創造支援システム）などに代表される[13]。これらの技術は，複雑な現象，非線形な現象そして人間のファジーな特性の解明を目標にしている。多様なニーズの代表例である地球環境の問題は，さまざまな要因が絡み合っている。そのため，地球環境問題などに対する決定的な解決策を模索するために，複雑性の解明が必要になる。企業がこのような複雑でファジーな現象を研究するためには，先行している地域の研究者の能力を活用する必要がある。国際的な研究活動によって，複雑性や人間のファジーな特性の解明が促進されるだろう。海外研究所には技術の高度化のみならず，多様な任務が課されている。その点について以下で説明しよう。

第15章　グローバル・ナレッジマネジメント　265

第4節　グローバルR&Dにおける機能分化

1．役割の異なる海外研究所

　ピアス＆シン（Pearce, R. D. & S. Singh）は，海外研究所の一般的なタイプを次の3つに分類している[14]。分類の第1は，サポート研究所（Support Laboratories：SL）である。SLの主な機能は，多国籍企業が現状で所有している技術を効率的に用いて，海外の生産拠点や販売拠点を支援することである。その具体的な役割は，製品がなぜ現地市場の嗜好を満たすことができないのかを考察し，製品を現地市場に合うようにするための技術的支援である。具体的な役割のもう1つは，現地への応用を考慮した製造技術移転を支援することである。本国で通用している製造技術を現地の物価，能力，少ない需要に合わせた小規模生産に適応させることが重要になる。

　分類の第2は，地域統合研究所（Locally Integrated Laboratories：LIL）である。LILは，需要がある市場や生産拠点の要請によって必要とされるが，SLよりも広範な開発を行っている。LILは，世界的あるいは地域ベースの製品戦略に基づいた地域ネットワーク化された海外生産，販売ユニットを支援する。LILの役割は，1カ国に限定された独自の開発ではなく，地域ネットワークで共通利用できるような基本的な開発である。

　分類の第3は，国際的で独立した研究所（Internationally Independent Laboratories：IIL）である。IILは，特定の国に立地し，他の海外研究所よりも多国籍企業のグローバルな研究開発活動を志向している。IILは，海外の同じ地域に立地する生産拠点や販売拠点との関わりはなく，主に，本国の調整機関（本社）の指揮下にある。図表15 - 4は，筆者がSL・LIL・IILの特徴をまとめたものである。各研究所の目的に注目すると，それらは現地製品の改善からグローバルな研究開発へと大きくなってゆく。成果の利用について注目すると，SLの成果を利用するのは，ある1カ国の生産拠点・販売拠点である。LILの成果を利用するのは，地域ネットワーク化された海外生産と販売のユニットであ

図表 15 － 4　海外研究所の分類

分類	SL	LIL	IIL
目的	➢ 技術移転 ➢ マーケットに 　あわせた製品 　の改善	➢ 海外の生産・ 　販売拠点の支 　援 ➢ 地域別製品戦 　略の支援	➢ グローバル研 　究開発の遂行
成果利用の方向	➢ 限定的な地域 　での成果利用	➢ 地域でネット 　ワーク化され 　た海外の生 　産・販売拠点	➢ 本社の世界戦 　略に基づく
研究開発の特徴	➢ 国や地域ごと 　に異なる技術 　の開発	➢ 一定地域で共 　通利用できる 　技術の開発	➢ 地域の生産・ 　販売拠点に影 　響を受けない 　独立的先進技 　術開発

る。IIL の成果を直接受け入れる機関は本国本社であるが，その成果は，全世界に伝播してゆく。研究開発の特徴に注目すると，SL では 1 カ国ごとに異なる開発，LIL では一定地域で共通利用できる基本的な開発，IIL では生産，販売拠点に影響されない技術優位地域での研究と開発が行われる。

2．グローバルな知識融合と本社機能

　さて，海外研究所の詳細な役割はどのような基準で分化できるのだろうか。バートレット＆ゴシャール（Bartlett, C. A. & S. Ghoshal）は，海外子会社をその外部環境と内部能力を基準にして分類している（図表15 - 5）。これを海外研究所に応用しながら紹介しよう[15]。

　縦軸の現地環境の戦略的重要性とは，現地の外部環境の重要性である。彼らは，巨大市場，ライバル企業の本国市場，高度に洗練された市場や技術的に進んだ市場をこの軸の重要性としてあげている。技術先進性，優れた研究者の多さ，技術的に優れた大学や企業の存在，あるいは技術の現地市場での応用可能性，技術優位にあるライバル企業の存在などが現地環境の戦略的重要性である。現地組織の能力レベルは，彼らによると海外子会社の技術，生産，市場開

第 15 章　グローバル・ナレッジマネジメント　267

図表 15 − 5　全社戦略に基づく海外研究所の役割

高	ブラック・ホール	戦略リーダー
現地環境の 戦略的重要性		
低	実行者	貢献者

低　　　　現地組織の能力レベル　　　　高

出所：Bartlett, C. A. & S. Ghoshal, *Managing Across Borders: The Transnational Solution*, Harvard College, 1989.（吉原英樹監訳『地球市場時代の企業戦略』日本経済新聞社，1993 年，142 ページ）

発，その他の分野における能力である。つまり，これは子会社内部にすでに蓄積されている能力である。技術戦略に関して言えば，この能力は他企業よりも競争優位性をもつ技術（生産，製法，生産プロセス），優秀な人材，現地市場への技術応用能力，情報収集能力などである。以上の分析視角から，海外研究所は，現地環境の戦略的重要性と現地組織の能力レベルの高低によって，戦略リーダー，貢献者，ブラック・ホール，実行者に機能分化されうる。

　戦略リーダーは，強い競争力をもち，戦略上，重要な市場にある海外子会社で，幅広い戦略と開発を実行する上での本社のパートナーである。このカテゴリーには，すでに優れた能力を備えている技術蓄積型拠点が，技術的に優位にある環境で，さらなる知識の創造を重ねてゆくケースが当てはまる。さらにこのカテゴリーには，すでに優れた能力をもっている現地市場対応型拠点が，ライバル企業の存在する市場で，技術を改良することによって競争優位性を高めるようなケースが当てはまる。貢献者は，すでに優れた能力をもっているが，立地する市場の重要性とは関係なく，その能力を企業全体戦略のために貢献させる子会社である。貢献者は，優れた技術や人材あるいは世界のマーケティング情報などをすでに獲得しているが，立地する市場のためにはその能力を利用せず，世界市場全体のために利用する技術蓄積型拠点である。実行者とは，戦略的に重要でない市場で，現地の事業を維持する以上の余剰能力のない子会社

である。現地市場対応型拠点は，技術戦略上，重要でない市場には立地されない。技術蓄積型拠点も，自らの能力が不十分な状態で，技術環境が劣位である市場に立地されることはない。海外研究所を考える場合，実行者に当てはまる拠点はない。最後にブラック・ホールは戦略上，重要な市場にあるが，能力が弱小な子会社である。ブラック・ホールには，研究開発に関する能力が劣っているが，技術環境の優秀さを利用して能力を向上させようとする技術蓄積型拠点が当てはまる。さらに，技術に関する能力がまだ非力だが，戦略上，重要な生産，販売市場でマーケット情報を収集して，力をつけようとする現地市場対応型拠点がこのカテゴリーに含まれる。

　彼らの基準によれば，海外研究所の蓄積された能力と立地する環境に応じて，その特性を分化することができる。本社は各研究所の置かれている状況を見極めてその特性を把握し，海外研究所全体のネットワークを管理することによって，知識の創造が行われる。ゆえに，機能分化された海外研究所のネットワークを管理する上で，本社の役割が重要になる。近年までの工業化社会では，企業は生産の強化と効率的な生産を目指しており，企業の目標はある程度決まっていた。このような状況では，本社がピラミッドの頂点に立って，トップマネジメントが経営戦略を策定していた。それを各部門が実行するというトップダウン的思考が通用していた。しかし，現在においては，財やサービスの供給は過剰なまでに進み，需要側としてのマーケットニーズは多種多様になってきている。事業活動にとって必要な戦略情報，特に新技術に関する情報や新製品情報などの技術戦略情報は，セグメントされた小単位の市場枠組みの中にこそ潜んでいる。つまり，海外研究所の守備範囲において企業の技術戦略に影響を及ぼす機会が散在している[16]。

　本社機能は，技術戦略をトップダウン式に各拠点に強制することではない。本社機能は，各拠点の創造性と自立的活動をサポートすることによって各拠点からの知識や情報をくみ上げることである。本社は，くみ上げられた知識や情報をもとに新たな技術戦略を策定し，指針を全体に示唆する役割をもっている。本社が各研究所の活動の自由度を認めると，ある地域での発見や知識の創

第 15 章　グローバル・ナレッジマネジメント　269

造がローカルな場所にとどまることなく，グローバルなネットワークを通じて
他の地域に伝わり，それぞれの研究所が刺激を与え合えるようになる。機能分
化した海外研究所のネットワークでは，各研究所の置かれている立場や役割は
さまざまである。これらの各ユニットが自由気ままに活動していたら，知識創
造の効率性が損なわれてしまう。そのため，本社は海外研究所のさまざまな機
能を統制しなければならない。ネットワークを結びつけるものは，企業全体の
技術戦略に対するビジョン（方針）である。技術戦略をどのような方向へ向か
わせたいのか（たとえば，「地球環境問題を解決する」「難病に対する治療薬をつくる」
など）の大枠を提示することにより，各研究所の結束は強くなるだろう。マク
ロ的視点で各ユニットの活動を調整し，必要な経営資源（特に資金）を全体最
適のもとで資源配分すること，各研究所から集まった新たな知識や情報を加工
して，それらを必要な研究所に伝達することが本社の役割である。

第5節　おわりに

　個々の管理方式は，企業の経営理念や経営目標および経営戦略によって直接
的に規定されているだけではなく，市場的・文化的・社会的要素によって規定
されている[17]。海外研究所の役割や立地環境，能力はそれぞれ機能分化して
いるので，日本での研究人材管理がそのまま海外研究所では適用されない。海
外研究所の研究人材管理についての共通の目標は新たな知識の創造であるが，
管理方式は多様な企業外部要因によって規定される[18]。

　たとえば，日本人は不確実性回避率が高く，確実性や安全性を好むが，他方，
アメリカ人は不確実性回避率が低く，従業員はリスクがあっても進んで取り組
み，新しい考えに挑戦し，たとえ成果がはっきりしないときでさえも，進んで
改善する傾向にある[19]。安全を好む研究人材には，長期的で地道な研究が好
まれる。一方，不確実性回避に対する研究人材の意識が低ければ，海外研究所
は優秀で積極的な中途採用者を活用することができる。国によって独裁的な管
理スタイルが好まれる国もあれば，協議的スタイルが好まれる国もある。研究

開発に関して言えば，目標設定のトップダウン式か協議的なボトムアップ式のどちらがよいかは，その国の研究人材の意識による。集団の利益が個人の利益よりも勝り，どの集団にも強い忠誠心がある国と，個人的利益が集団的利益より勝る国がある。それぞれによって，研究の進め方が個人主義的（個人実績を生む）か集団主義的（集団実績を生む）に行われるかに分かれる。

　海外研究所の研究人材管理は，企業の基本方針とともに現地の市場・文化・社会的要素によって大きく影響される。それぞれの国の海外研究所における研究人材管理は，その現地の市場・文化・社会の多様性に順応したものでなければならない。なぜなら，地域の多様性を受け入れた管理方式が，その地域で知識を創造する上でベストの方式だからである。多国籍企業は，市場・文化・社会に順応することによって，その地域の考え方や行動指針が海外研究所の特色を際立たせるからである。多様性への順応は，画一性，同質性，単純性を追求して規模を拡大しようとする考え方の対極にある。単純さを求める経営は変化対応力を削ぐことになり，経営の継続性を脅かすのである。グローバル・ナレッジマネジメントにおいては，多様性を活かして変化対応力を高めることが重要なテーマである。

【注】

（1）伊藤元重・清野一治・奥野正寛・鈴村興太郎『産業政策の経済分析』東京大学出版会，1988 年，214 ページ。
（2）発見は，自然や社会の中にはじめから存在している事実，真理，構造などで，まだ知られていない事物や知見を偶然にまたは研究活動などを通じて認識することである。これに対し，発明は自然や社会の中に存在しないが，何らかの意味で人間の活動に役立つ事物を創出する活動である（秋元明『技術進歩と研究開発』同文館，1995 年，20 ページ）。
（3）秋元明，前掲書，26 ページ。
（4）Peacock, J. L. & A. T. Kirsch, *The Human Direction- An Evolutionaly Approach to Social and Cultural Anthropology*, Appleton-Century-Crofts, 1970.（水野浩一訳『社会発展と近代化』ミネルヴァ書房，1975 年，67 ページ）
（5）本章は，拙稿『多国籍企業の技術戦略』（博士論文），2003 年の一部を加筆，発展

第 15 章　グローバル・ナレッジマネジメント　271

させた内容になっている。

（ 6 ）石井淳蔵・奥村昭博・加護野忠男・野中郁次郎『経営戦略論』有斐閣，1996 年，7
　　　ページ。

（ 7 ）中川涼司『国際経営戦略』ミネルヴァ書房，2000 年，2 ページ。

（ 8 ）UNCTC Commission on Transnational Corporations,Draft United Nations Code of
　　　Conduct on Transnational Corporations（1986），in UNCTC, *United Nations Code*
　　　of Conduct on Transnational Corporations, Graham & Trotman, 1988, p.29.

（ 9 ）UNCTC, *United Nations Code of Conduct on Transnational Corporations*, Graham &
　　　Trotman, 1988, p.8.

（10）Sweezy, P. M. & H. Magdoff, *The Daynamics of U.S. Capitalism*, Manthly Review
　　　Press, 1972.（岸本重陳訳『アメリカ資本主義の動態』岩波書店，1978 年，130,
　　　148 ページ）

（11）佐和隆光『市場主義の終焉』岩波新書 692，2000 年，82 ページ。

（12）通産省工業技術院編『産業技術戦略』通商産業調査会，2000 年，167 ページ。

（13）同上書，167 ページ。

（14）Pearce, R. D. & S. Singh, *Globalizing Research and Development*, Macmillan, 1994,
　　　pp.113-116.

（15）Bartlett, C. A. & S. Ghoshal, *Managing Across Borders: The Transnational Solution*,
　　　Harvard College, 1989.（吉原英樹監訳『地球市場時代の企業戦略』日本経済新聞社，
　　　1993，142 ～ 147 ページ）

（16）高橋浩夫『国際経営の組織と実際』同文舘，1998 年，139 ページ。

（17）高橋由明・林正樹・日高克平編著『経営管理方式の国際移転』中央大学出版部，
　　　2000 年，270 ページ。

（18）林倬史編著『IT 時代の国際経営』中央経済社，2000 年，70 ～ 71 ページ。

（19）同上書，70 ページ。

◆参考文献◆

秋元明『技術進歩と研究開発』同文舘，1995 年。

石井淳蔵・奥村昭博・加護野忠男・野中郁次郎『経営戦略論』有斐閣，1996 年。

伊藤元重・清野一治・奥野正寛・鈴村興太郎『産業政策の経済分析』東京大学出版会，
　　1988 年。

佐和隆光『市場主義の終焉』岩波新書，2000 年。

高橋浩夫『国際経営の組織と実際』同文舘，1998 年。

高橋由明・林正樹・日高克平編著『経営管理方式の国際移転』中央大学出版部，2000 年。

通産省工業技術院編『産業技術戦略』通商産業調査会，2000 年。

中川涼司『国際経営戦略』ミネルヴァ書房，2000 年。

林倬史編著『IT 時代の国際経営』中央経済社，2000 年。

Bartlett, C. A. & S. Ghoshal, *Managing Across Borders: The Transnational Solution*, Harvard College, 1989.（吉原英樹監訳『地球市場時代の企業戦略』日本経済新聞社，1993 年）

Peacock, J. L. & A. T., Kirsch, *The Human Direction-An Evolutionaly Approach to Social and Cultural Anthropology*, Appleton-Century-Crofts, 1970.（水野浩一訳『社会発展と近代化』ミネルヴァ書房，1975 年）

Pearce, R. D. & S. Singh, *Globalizing Research and Development*, Macmillan, 1994.

Sweezy, P. M. & H. Magdoff, *The Daynamics of U.S. Capitalism*, Manthly Review Press, 1972.（岸本重陳訳『アメリカ資本主義の動態』岩波書店，1978 年）

UNCTC Commission on Transnational Corporations, Draft United Nations Code of Conduct on Transnational Corporations（1986），in UNCTC, *United Nations Code of Conduct on Transnational Corporations*, Graham & Trotman, 1988.

UNCTC, *United Nations Code of Conduct on Transnational Corporations*, Graham & Trotman, 1988.

第16章
多国籍企業の CSR 戦略

第1節　はじめに

　企業の使命は，事業活動を通して社会問題の克服や社会的課題を解決しながら利益（profits）を得て，我々の生活に便益を提供し，社会の発展に寄与することであると言えよう。

　しかしながら，企業は事業活動を通して必ずしも社会へ良い影響のみを与えるわけではない。たとえば，もっぱら利益の最大化を追求することを目的とし，欠陥商品の販売，自然環境の汚染，食品の産地偽装，労働者の人権侵害，公害問題，産業廃棄物の不始末など，社会に弊害を及ぼす負の影響を与えてしまうケースも少なくない。

　このように企業が不祥事を起こして社会へ負の影響を与えることに対し，社会から厳しい批判を受けたことをきっかけに，企業の社会的責任（CSR：Corporate Social Responsibility）[1] への関心が高まっている。

　経済のグローバル化によって企業活動のグローバル化が進み，国際的に事業活動を行う多国籍企業（MNC：Multinational Corporation）[2] が増えている。海外に進出している多国籍企業にとっては利害関係者が広範囲にわたり，国内企業や中小企業よりも利害関係者に対する配慮が必要とされる。多国籍企業は自国のみならず，グローバルな規模での経済面，環境面，人権，労働といった社会面への配慮を含む CSR 問題への対応，すなわち，利害関係者が企業に求める社会的要請に対して，企業がいかに応えるかというグローバル・レベルでの

CSR 戦略が国際社会から強く求められている。

このような CSR への社会的要請が一段と厳しくなっている中で，世界中にサプライヤーが広がっている多国籍企業のサプライチェーン（Supply Chain）における CSR 問題と，リコー社とアップル社の事例を通して，その取り組みの現状を検討する。

第2節　CSR の歴史的展開と新パラダイム

1．CSR の歴史的展開

欧米における CSR の起源は，1920 年代に欧米の教会が資金運用の一環として，教会を中心にタバコ，アルコール，兵器，ギャンブル関連企業への投資を控える運動，すなわち，ネガティブ・スクリーニング（negative screening）手法を用いた社会的責任投資（SRI : Socially Responsibility Investment）が CSR の発端であると言われている。1960 年代から 1970 年代には，公民権運動や自然環境保護運動，ベトナム反戦運動などの社会運動が盛んに行われ，戦争に関わりをもつ商品やサービスを提供する企業や，環境を保護しない企業など社会面や環境面で問題のある企業に関しては，投資しないという市民運動が行われ，その後も失業問題や，ナイキ（NIKE）やリーバイス（Levi's）の幼児労働問題などの多国籍企業の CSR 問題への関心が高まり，それに関わるさまざまな制度が確立された。

日本においては，古くは江戸時代の商家の家訓[3]に企業 CSR の精神が宿っていたと言われているが，日本企業が CSR を意識し始めたのは，1950 年代〜1960 年代に企業が起こした四大公害病事件（水俣病，イタイイタイ病，四日市喘息，新潟水俣病）をきっかけに公害問題が注目されてからであり，本格的に CSR に取り組み出したのは，その後の企業の不祥事の続発や環境汚染問題などに対して社会から厳しく批判されてからである。

さらに，近年では投資家の投資行動が，倫理的側面を重視する CSR を投資の判断材料とする手法である SRI から，経済面だけではなく非財務的な側面

第16章　多国籍企業のCSR戦略　275

として環境面，社会面，企業統治に配慮している企業を重視・選別して行う ESG（Environment, Social, Governance）投資へとシフトしている。国際連合が2006年に，投資家がとるべき行動として責任投資原則（PRI：Principles for Responsible Investment）を打ち出し，ESGの視点から投資するよう提唱したことを背景に，欧米の投資家を中心にESG投資が拡大している。GSIA（Global Sustainable Investment Alliance, 2016）によると，2016年時点で，全世界の資産運用残高のうち26.3％がESG投資を，欧州では52.6％，米国においても21.6％が行っているという。企業の投資活動を左右する投資手法として，ESG投資の拡散は多国籍企業のCSRの促進に少なからず影響を及ぼしている。

2．CSRの新パラダイム

　いずれにしても企業の事業活動によって生じる社会的弊害の防止という社会の要求に応えることが，CSRの発端である。

　従来のCSRの議論は，企業と社会の関係において企業と社会は対立する関係のものと捉えられ，企業の事業活動のプロセスにおいて負の価値を生み出さないようにすることに焦点が絞られてきた。しかしながら，戦略的観点から企業と社会の関わりを捉えると，企業の事業活動が社会に及ぼす影響のみならず，社会（外的環境）が企業の事業活動に及ぼす影響をも考慮しながら，事業活動を展開することが自然である。すなわち，企業と社会は相互依存関係（interrelationship）にあることを前提にCSRを捉えるべきである。

　マイケル・ポーター（Porter, M.）（2006）は，企業と社会の相互依存性には，企業が日常の事業活動を通じて社会に影響を及ぼす「内から外への影響」のように企業の事業活動が社会に影響を及ぼすのと同じく，外部の社会状況も企業にプラスとマイナス両面に影響を及ぼす「外から内への影響」があると指摘している（ポーター，訳書42～43ページ）。

　彼は，善良な企業市民として行動し，ステークホルダーの社会的関心事の変化に対応することと事業活動の現実や未来の悪影響を緩和し，外部の声に対応する従来のCSRを，「受動的（Responsive）CSR」であるとし，CSRの新パラ

図表 16 − 1　受動的 CSR から戦略的 CSR へ

一般的な社会問題	バリューチェーンの社会的影響	競争環境の社会的側面
・善良な企業市民活動　　　受動的 CSR	・バリューチェーンの活動から生じる悪影響を緩和する。 ・バリューチェーンの活動を社会と戦略の両方に役に立つものに変える。	・戦略的フィランソロピー：自社のケイパビリティ（capability）をテコに，競争環境の重要部分を改善する。　　戦略的 CSR

出所：Porter, Michael E. and Mark R. Kramer, "Strategy and Society: The Link Between Competitive Advantage and Corporate Social Responsibility," *Harvard Business Review*, 12/2006.（「競争優位の CSR 戦略」『ダイヤモンドハーバード・ビジネスレビュー』2008 年 1 月号)，11 ページ。

ダイム（paradigm）として，「善良な企業市民」，「バリューチェーンの悪影響の緩和」を意味する「受動的 CSR」から一歩踏み出し，社会と企業にユニークかつインパクトの大きいメリットをもたらす活動に集中することを意味する「戦略的（Strategic）CSR」を提案している（訳書 47 ～ 48 ページ）。すなわち，「戦略的 CSR」とは，内（自社組織）から外（競争環境）への影響と外から内への影響の両方が関係してくるものの中で，企業と社会の共通の価値（share value）を実現することである。

　「Strategy is always about making choices, and success in corporate social responsibility is no different. It is about choosing which social issues to focus on.」（Poter, 2006, p.13）とポーターが指摘しているように，CSR も戦略と同じく選択であり，どの社会問題に注目するかである。戦略的観点から CSR を捉えると，CSR を，社会貢献や社会への弊害を取り除くだけの「受動的 CSR」として捉えるのではなく，企業と社会における共通の価値を創出（creating shared value）し，「企業と社会の一体化」（corporate social integration）を目指す「戦略的 CSR」として捉えるべきである。企業は自社が最も貢献できそうな，最大の競争優位につながりそうな社会問題を見つけ出し，その社会問題に対処することによって「戦略的 CSR」を展開することができる（同書 52 ページ）。

第 16 章　多国籍企業の CSR 戦略　277

第 3 節　多国籍企業の CSR 戦略

1．CSR 戦略とは

　企業をオープン・システム（open system）として捉えると，企業と環境との間のギャップを埋める経営戦略の策定および実行が必要になる。多種多様な経営戦略の概念の中で，Chandler（1962），Ansoff（1965），伊丹（1984）による経営戦略の概念に多くみられる共通点は，第 1 に，経営戦略が企業の将来の方向あるいはあり方を示す指針や構想であるという捉え方をしている点，第 2 に，経営戦略が企業と環境との関わり方（環境適応のパターン）に関するもの，すなわち，オープン・システムとしての企業と環境との関わり方を示すものである点，第 3 に，経営戦略が企業におけるさまざまな意思決定の指針あるいは決定ルールとしての役割を果たしている点があげられる（石井・奥村・加護野・野中，1996，6 ～ 7 ページ）。

　これらの経営戦略の概念をまとめると，経営戦略とは，「企業と環境との関わりにおいて企業の基本的方向や指針を決めるもの」である。企業と環境との密接な関わりに関する意思決定である経営戦略の枠組みの中で，企業と社会（非経済的）環境との間の相互作用を認識し，社会環境に適応していくための戦略として CSR 戦略を捉えることができる。すなわち，CSR 戦略とは，企業が社会環境，とりわけ，ステークホルダー[4]や社会に対してどのように適切に対処し，それらの期待や要請に応えるかという「CSR の基本方針の決定とその実行に関わる意思決定」であると理解しよう。

2．多国籍企業における CSR 問題

　現在，6 万社以上の多国籍企業と 25 万社以上のその系列会社が世界中に存在し，国連貿易開発会議（UNCTAD）の「World Investment Report 2001」によると，多国籍企業の海外直接投資（FDI）が 2000 年には 1 兆 3,000 億ドルを占め，その中でも先進諸国（日本，米国，EU）の多国籍企業が世界の対内直接

投資の 71％，対外直接投資の 82％を占めている。このように多国籍企業が経済のグローバル化を牽引し，世界経済の中心的な役割を担ってきたことは言うまでもない。

しかし，多国籍企業の海外進出は，途上国の経済発展に寄与する反面，貧困問題，児童労働問題[5]，労働者の人権侵害問題，公害輸出問題，環境問題，スウェットショップ（sweatshop）問題などの CSR 問題を起こし，社会に弊害をもたらしたことは否定できない。多国籍企業が起こした CSR 問題をいくつか取り上げてみよう。

（1）環境問題

環境問題に対する国際社会の関心が高く，環境関連の法規制が強化されている中，企業による環境汚染問題が絶えず発生している。

たとえば，売上高が世界第 3 位の石油・エネルギー関連企業である BP（British Petroleum）社は，2010 年 4 月 20 日に海上の石油掘削基地が爆発し原油が流出した事故で，作業員 11 人が犠牲になり，3 カ月近くにわたり海底から 490 万バレル（約 78 万キロリットル）の原油が流出したと推定され，史上最悪の流出事故となった（朝日新聞 2010 年 9 月 20 日付）。また，汚染海域の原状回復と環境対策，被害補償にかかる費用は最大 400 億ドル（約 3 兆 6 千億円）とも試算され，株価も半値近く暴落し，環境汚染問題が企業業績に少なからず悪影響を及ぼしている。

（2）児童労働問題

児童労働問題は，20 世紀初めに先進国の工業化が進む中で問題とされたが，今もなお児童労働が点在している。

たとえば，米衣料小売り大手のギャップ（GAP）は，2007 年に自社の商品製造を請け負っているインドの下請け工場で，衣服の製造に児童を働かせていたと英国メディアに報じられ，その下請け業者との取引を打ち切り，当該商品の販売を中止した（英新聞 The Guardian, 2007 年 9 月 28 日付）。

第 16 章　多国籍企業の CSR 戦略　279

　2010 年にはタバコ・メーカーのフィリップモリス・インターナショナルの
カザフスタンのタバコ栽培工場において児童労働者 72 人が働いていることが，
米国の人権団体 HRW（Human Rights Watch）の調査によって報道された。フ
ィリップモリス社は，2 年前にサプライチェーンにおける児童労働，強制労
働および他の労働搾取を防ぐために働くことを約束すると述べていた（英新聞
The Guardian, 2010 年 7 月 14 日付）。

（3）労働者の人権問題

　安い労働力を求めて開発途上国に進出する多国籍企業の，現地の下請け工場
で頻繁に発生している深刻な CSR 問題として，労働者の劣悪な労働環境や労
働条件など労働者の人権問題があげられる。

　米マイクロソフト社は，一部生産を委託している下請け製造業者の中国工場
で労働者の虐待が行われているとの告発を受け，調査を開始したことを明らか
にした。その工場は，16 歳から 17 歳までの若年労働者を数多く雇用しており，
1 日 15 時間労働で週に 6，7 日間働かせ，時給は 0.65 ドル，労働者は勤務時間
中の自由行動は一切禁じられているなど劣悪な労働環境下で労働させたことが
問題となった（ウォール・ストリート・ジャーナル日本版 2010 年 4 月 16 日付）。マ
イクロソフト社の取引先に対して定めている行動規範（Microsoft Vendor Code
of Conduct）では，下請け業者は「人道的な条件下での生活賃金を支払うこと」，
「国および地域の法令が規定する一日の最長労働時間を超える労働を労働者に
課さないこと」と明記している。

　アップル社が委託している中国工場において労働者の過剰労働があること
が，英国のメディアによって報道され（英新聞 The Mail on Sunday, 2006 年 6 月 11
日付），アップル社はその中国工場を調査した。その結果，アップル社内基準（週
60 時間以下の労働時間）を 35％上回り，週 6 日以上働いている労働者が 25％に
上ったことを認めた上で，その工場に改善を要求し，改善されない場合は委託
契約を打ち切ると表明した（Report on iPod Manufacturing, 2006 年 8 月 17 日）。

3．国際機関の CSR の指針・規範

　CSR 問題をめぐって地球規模での自然環境の悪化，市民の関心の高さ，多
国籍企業における CSR 問題の多発などを背景に，各国際機関が CSR 関連の問
題を国際的なレベルで整備することを目的として CSR に関する指針・規範を
制定している。

　OECD の「多国籍企業のガイドライン」は，世界経済の発展や企業行動の
変化などの実情に合わせ，これまで 5 回改訂され，直近の 2011 年の改訂では，
人権を尊重する責任やさまざまなリスクを調査し評価するデューディリジェン
ス（due diligence）を実施すべき等の規定が新たに盛り込まれている。ガイド
ラインは，多国籍企業が世界経済の発展に重要な役割を果たすことを認識し，
OECD 加盟国政府が企業に対し，企業に期待される責任ある行動に関して勧
告するもので，その実施は各企業の自主性に委ねられている。そのガイドライ
ン内容は，情報開示，雇用および労使関係，環境，贈賄の防止，消費者利益，
科学および技術，競争などの幅広い分野における責任ある企業行動についてと
りまとめている。

　SA8000 は，米国の NGO の CSR 評価機関である SAI が 1997 年に定めた国

図表 16 － 2　CSR に関する国際機関の指針・規範

国際機関名	策定年度	取組み
経済協力開発機構（OECD）	1976	Guideline for MNEs OECD 多国籍企業のガイドライン
米国の CSR 評価機関 SAI（Social Accountability International）	1997	Social Accountability8000 社会に対する説明責任
国際労働機構（International Labour Organization）	1998	ILO Convention 労働者の権利や労働条件などに関する条約
GRI（Global Reporting Initiative）	2000	Global Reporting Initiative Guideline 企業の持続可能性報告書の作成に関する国際ガイドライン
国際連合（UN）	2000	UN Global Compact
国際標準化機構（ISO）	2010	ISO26000 企業等の社会的責任の国際規格

出所：各国際機関のホームページ参照。

際規格であり，第三者による認証システムである。1990年代の多国籍企業のサプライヤーにおける強制労働，児童労働，低賃金労働などの摘発によって，NGO/NPO などの社会からの要請もあって，サプライヤーに CSR 関連の行動規範の遵守を求める多国籍企業が増えてきたものの，サプライヤーの遵守状況を確認している企業が少ないことや，企業自らが自らの企業を監査することに対する透明性が疑問視されたことを背景に，CSR を客観的に検証可能な (verifiable) 統一規格として制定された。その内容は，児童労働の禁止，強制労働の禁止，健全かつ衛生的な労働環境の提供，労働組合の結成と団体交渉権の尊重，差別禁止，労働時間の遵守，報酬の保障，マネジメント・システムの9つの分野を取り扱い，主に労働者の権利を保障するものである。2015年3月時点での認証取得企業数は72カ国3,490社にのぼる一方，日本での取得は2社に留まっている。

ILO では，1998年に労働者および使用者の結社の自由および効果的な団体交渉権を実現するとの国際社会の公約を再確認する「労働における基本的原則および権利に関する宣言」，いわゆる「国際労働基準」が採択された。これはあらゆる形態の強制労働および児童労働の禁止，雇用および職業における差別の排除に向けた活動を加盟国に求めている。

GRI はオランダに本部を置く NGO で，国際基準「サステナビリティ・レポーティング・ガイドライン (Sustainability Reporting Guidelines)」の策定を目的とする国連環境計画 (UNEP) の公認協力機関である。GRI による「持続可能性の報告書の作成に関する国際ガイドライン」は，企業がサステナビリティ・レポートを作成する際の指針である。企業がサステナビリティ・レポートを作成する際に，経済面，社会面，環境面のトリプル・ボトムラインの考え方を骨格にしており，この3つの分野における企業の取組みを一定の形式に従って開示するように求めている。2000年6月に GRI ガイドラインが発行され，2002年に G2，2006年に G3 と改訂を重ね，2013年5月に G4 のガイドラインが発行されている。G3 ガイドラインでは，経済面，環境面，社会面（労働慣行，人権，社会，製品責任）の6項目について細かく規定され，6項目の網羅的かつ具体的

な達成目標を定め，比較可能で経年変化がわかるような測定データを用いることが定められていた。その後，改訂された G4 では，重要課題（Materiality）となる分野を特定してその特定項目を深く報告し，特定項目として定めた理由を開示することが求められている。

UN による「グローバル・コンパクト」は，各企業に対して人権・労働基準・環境に関する 10 の原則[6] の受け入れと支持を求め，各企業がそれぞれの事業を遂行する中でこれらの規範を遵守し，実践することを促す運動である。2004 年時点では約 1,800 社がグローバル・コンパクトに参加を表明していたが，2011 年時点では 132 カ国の 6,066 社が参加を表明している。しかしながら，参加しているすべての企業が原則を守っているわけではない。国連グローバル・コンパクト（UNGC）は，参加している企業のうち，10 原則を事業活動に組み込むというメンバーに求められている取組みの報告を数回にわたり怠ったとし，2,048 社を除名した。2013 年時点では 145 カ国の 1 万を超える団体（そのうち企業が約 7,000 社，日本企業 192 社）が署名している。

ISO26000 は，ISO（国際標準化機構）が 2010 年 11 月に発行した，官民両セクターにおける社会的責任に関する客観的基準を設けた国際規格であり，社会的責任に関する 7 つの原則と社会的責任を果たすために実行すべき 7 つの主要課題を明記している[7]。新規格は，企業のみならず，公的機関，NPO などのすべての組織がその対象となり，自社だけではなく取引先も評価の対象となる。同規格は認証を前提とした規格ではなく，ガイダンス文書として活用するためのものである。

これらの CSR を促進させるために行っている国際機関による指針・規範は，法的拘束力や強制力を有するものではなく，あくまでも企業の自主的な活動を求めるものに留まっており，執行力に欠けている。しかしながら，これらの基準や規範の採択が企業のイメージをアップさせ，SRI や ESG 投資を行う投資家にアピールできるため，それらを積極的に採択している企業が増えている。CSR に関する国際的指針・規範の企業の採択利用率にばらつきはあるものの，最も採用率が高い GRI の採用率をみると，全世界平均が約 62 % を占め，6 割

第16章 多国籍企業の CSR 戦略 283

図表16－3 CSR に関する国際的指針・規範の企業の採択利用率

	GRI*	UNGC	ISO 26000	OECD ガイドライン
日本	14.3%	72.2%	71.4%	26.7%
米国	49.3%	27.7%	7.7%	5.8%
英国	67.5%	37.6%	11.8%	8.5%
ドイツ	70.6%	35.4%	9.9%	16.2%
オランダ	87.9%	35.2%	14.3%	20.7%
中国	15.4%	10.3%	23.9%	0.0%
韓国	61.8%	42.2%	69.7%	27.5%
全世界平均	61.8%	36.4%	13.3%	11.0%

出所：経済産業省「グローバル企業が直面する企業の社会的責任の課題（調査報告概要）」2014 年 5 月スライド，5 ページ（http://www.meti.go.jp/press/2014/05/20140523004/20140523004_1.pdf　2018 年 3 月 22 日アクセス）。

以上の企業において採用されている（図表16－3）。このように CSR に関する国際的指針・規範が，企業の CSR 活動を助長させる一翼を担っていると言える。

4．多国籍企業のサプライチェーンにおける CSR

　上述したように多国籍企業の CSR 問題は，サプライチェーンにおける CSR 問題が大半を占めている。

　企業の事業活動のグローバル化によって，原材料の調達から消費者に製品・サービスが届いて廃棄されるまでの過程に関わる国やサプライヤーが多くなり，生産工程が複雑化している。また，CSR 対する認識が低く，行政の規制も緩いアジアやアフリカ地域の開発途上国に位置している多国籍企業のサプライヤー（委託先工場や下請け企業）に対して，CSR 経営を確立させることは容易ではない。しかし，グローバル・サプライチェーンの中で経済活動を行っている多国籍企業は，サプライチェーンにおける CSR を徹底して管理しなければならない。なぜならば，サプライチェーンが CSR 問題を起こした場合，自社製品のボイコット（boycott）や自社ブランドの信頼低下，社会的批判を浴びるなどその問題がビジネスに与える悪影響が大きく，企業の存続に関わる問題に

284

発展する可能性をも秘めているからである。したがって，多国籍企業は自社の
みならず，サプライチェーンにおける CSR 問題への対策が必要不可欠である。

　サプライヤー行動規範（Supplier Code of Conduct）を策定し，サプライチェー
ンにおける CSR 問題に対応している企業が増えている中，積極的な CSR 活動
を行っているとされているリコー社とアップル社を取り上げ，多国籍企業のサ
プライチェーンにおける CSR の取り組みの現状を検討してみよう。

（1）リコー社

　複写機メーカーのリコー（RICOH）社は，事業活動全般において広く「影響
力を及ぼす範囲」を認識し，サプライチェーンにおいて意図しないマイナス影
響を回避または最小化する配慮が重要とし，人権・労働・環境等の国際的なガ
イドラインに照らしながら，サプライヤー企業も含め倫理的な行動を徹底し，
継続的に活動のレベルアップを図っているという。

　リコー社の重要サプライヤーの特定要件として，経済的（財務評価），環境的
（CMS 監査），社会的（CSR セルフアセスメントの実施）部分において自社が定め
る基準を満たすこととし，その基準を満たしたサプライヤーのみが重要サプラ
イヤーと特定される仕組みになっている。

　2006 年に「リコーグループサプライヤー行動規範」を策定し実施している
（2014 年には責任ある鉱物調達項目追加，2016 年には ILO 条約と行動規範の対比表追加
改訂）。2009 年には行動規範の遵守状況をモニタリングする「CSR セルフアセ

図表 16 － 4　サプライチェーンへの CSR 展開状況

2006 年　2007 年　2008 年　2009 年　2010 年　2011 年　2012 年　2013 年　2014 年　2015 年　2016 年　2017 年

「サプライヤー行動規範」制定・配布（日本語版・中国版・英語版）

「サプライヤー行動規範ガイドブック」の製作・配布 サプライヤーへの個別指導実施

「CSR セルフアセスメント」実施　日本（2009 ～），中国（2010 ～），タイ（2013 ～）

紛争鉱物規制への対応

出所：リコーホームページ（https://jp.ricoh.com/csr/fair　2018 年 3 月 28 日アクセス）。

スメント制度」を普及させるために CSR 説明会を開催し，日本のみならず海外生産拠点（タイ 68 社，中国約 50 社）においてもサプライヤー企業から報告された CSR セルフアセスメントの結果に基づき，アドバイスや実務的な支援活動を段階的に実施している。

　また，製品に使用される原材料・部品は「グリーン調達基準」に沿って調達を行い，サプライヤーへの環境保全活動支援として，サプライヤーにリコーグループの環境マネジメント・システム構築のための「EMS（Environmental Management System）ガイドライン」や化学物質管理システム構築のための「CMS（Chemical Substances Management System）ガイドライン」を設け，CMS 審査員研修会を実施するなど，教育や運用支援を行っている。

（2）アップル社

　アップル社（APPLE）は，ILO の国際労働基準，OECD の多国籍企業ガイドライン，SA8000，RBA[8] の原則などを参照し，サプライヤー行動規範（Apple Supplier Code of Conduct）を策定し，契約の条件としてその遵守をサプライヤーに求め，自社のサプライヤー規範に違反する場合は，契約解除となる。また，行動規範の遵守状況について，サプライヤーに実施した監査の結果等をまとめた「サプライヤー責任進捗報告書」（Supplier Responsibility Progress Report）を 2007 年より公表し，透明性を高め，社会に対する説明責任を果たすことに重点を置いている。

　「2015 年サプライヤー責任報告書」によると，19 カ国のサプライヤー 633 施設で監査を実施，3 万人の従業員に電話インタビューを実施，定期的な監視以外にも 2014 年に抜き打ち監査を 40 回実施し，その結果，サプライヤーの遵守度は，労働・人権 81％，従業員の安全・健康 70％，環境への影響 76％，倫理 93％，管理体制 75％となっている。このように自社のサプライヤーへの支援およびサプライヤーの行動規範の遵守率が高い背景には，サプライヤーの集中購買があげられており，サプライヤー数が少なくほぼすべてのサプライヤーに教育が行き届いていると言われている[9]。2018 年 2 月に公開された「Supply

図表 16 − 5　リコー社とアップル社のサプライチェーンにおける CSR の取り組み

	リコー	アップル
サプライヤー行動規範	有り	有り
主旨	・サプライチェーンにおいて意図しないマイナス影響を回避または最小化する	・CSR に関するプロセスおよび成果を公表し、透明性を高め、社会に対する説明責任を果たす
行動規範の主要内容	・児童労働禁止や適切な賃金などの基本的な人権の尊重（15項目）、地球環境の尊重（3項目）、公正な取引（6項目）、企業秘密の管理（3項目）、会社資産の保護（2項目）、社会貢献活動の実践、社会との相互理解（2項目）、製品安全、品質保証（2項目）、責任ある鉱物調達	・児童労働禁止や労働時間、最低賃金保障（9項目）、労働者の労働環境などの労働環境と人権（11項目）、マネジメント・システム（8項目）、環境（8項目）、倫理（7項目）、衛生管理、職務上の障害などの健康と安全性（6項目）
紛争鉱物（Conflict Mineral）問題※1 に対する取り組み	・2014年に行動規範を改訂し、紛争鉱物を使用しないことを要求 ・紛争鉱物の使用に関する共通の調査を実施 ・社内体制と業界（JEITA）※2 と連携	・2010年には、紛争鉱物についてサプライチェーンを初めて明らかにし、サプライチェーン内の精錬所のリストを公表した初の企業となる最新の組み立てから調査を通ってからマッピング、調査
サプライヤーへの支援	・サプライヤーの従業員に CMS 審査員の育成のための研修会および認定を実施	・サプライヤーの従業員を対象に職場の保障プログラム、教育および健康プログラムを実施 ・2007年以降、職場の保障プログラムを受けたサプライヤーの従業員 1,470万人 ・2008年以降、教育開発プログラムを受けた従業員 250万人 ・中国やインドのサプライヤーの女性従業員に健康と予防医療などの健康発プログラムを提供（2018年サプライヤー責任進捗報告書）
サプライヤーへの監査活動	・セルフアセスメント制度を利用し、フィードバック ・CSR セルフアセスメントの普及のため、サプライヤー（68社）に説明会を開催 ・サプライヤー（6社）の工場訪問（アドバイスや従業員へのインタビュー）	・サプライヤーの19カ国の633施設で監査実施。3万人の従業員に電話インタビュー ・定期的な監査及び抜き打ち監査も40回実施（2015年サプライヤー責任進捗報告書）
監査結果の公表	ホームページ上に CSR 活動の概要の公表	毎年サプライヤー責任報告書の作成し、具体的な監査結果を公表

（注）※1 紛争鉱物とは、コンゴ民主共和国とその周辺国とその周辺国で採掘された鉱物。1990年から20年以上にわたって紛争が続いているアフリカ中部では、武装勢力にとって不法に採掘された鉱物が武器購入や戦闘維持のための資金源となり、紛争を長期化させる要因になることから紛争鉱物と呼ばれる。米国においては、紛争鉱物を使用している上場企業に対し、証券取引委員会（SEC）への情報公開を義務付ける金融規制改革法「The 2010 Dodd-Frank Act」が成立。この法律に則しはないが、間接的に紛争鉱物の使用の抑制を促進させている。
2014年からは部品調達先まで遡った情報の公開が求められている。

※2 電子情報技術産業を総合的な発展とすることを目的とした IT・エレクトロニクス分野の業界団体である電子情報技術産業協会（JEITA：Japan Electronics and Information Technology Industries Association）は、会員である394社に2012年に「責任ある鉱物調達検討会」を設置し、サプライチェーンにおいて責任ある鉱物の調達を推進している。

出所：各社のホームページおよびサプライヤーの行動規範により、筆者作成。

List」によると，上位 200 社のサプライヤーでの購入額が98％を占めている。集中購買によって監査すべきサプライヤー数が絞られ，管理コストの削減や徹底した管理が行われやすくなっているのだろう。

　自社は，サプライヤーに対し，職場の保障プログラム，教育および健康プログラムを実施しており，これがサプライチェーンにおける CSR の確立に有効に作用している。

　両社のサプライチェーンにおける CSR の取り組みをみると，アップル社の取り組みの方が積極的である。それは，企業規模に根差した経営資源の大きさおよびその活用による差異なのではなかろうか。

　一般的に，サプライヤーの管理は，サプライヤーの事業運営や従業員管理や教育まではなかなかフォローできないのが常であるが，アップル社は，そういった部分にメスを入れ，サプライヤーの CSR に対する社内管理体制および教育訓練制度の欠如に対し自社の経営資源をフルに活用し，それらの欠如している部分を補う仕組みを提供することによってサプライヤーの CSR 経営の確立に成果を出しているように思われる。

第4節　おわりに

　多国籍企業の CSR 戦略，とりわけ，サプライチェーンにおける CSR への取り組みについて検討した結果，以下の2点が明らかになった。

　第1に，多国籍企業の CSR 問題に対する利害関係者の CSR への要求や期待が大きくなるとともに，利害関係者によるモニタリング行動が活発化したことが，多国籍企業の CSR への取り組みを促している点である。

　具体的な利害関係者の CSR 関連の活動として，国際機関の CSR 関連の指針・規範の制定や勧告，投資家の SRI および ESG 投資行動の普及，企業の CSR 問題に対する NGO 団体のモニタリングによる告発，環境保全に貢献する商品を購入する運動であるグリーンコンシューマーリズム（green consumerism）などがあげられる。ということは，EU の「マルチステークホルダー・フ

ォーラム」(2004) においても指摘されているように，社内的要因および投資家，消費者，公的機関，NGO などの利害関係者の役割を示す社外的要因が CSR の促進要因であることを示唆している。加えて，CSR 経営に問題がある企業に対する利害関係者の批判が厳しく，ダイレクトに企業業績に影響を及ぼすほどの影響力を利害関係者が有するようになりつつあり，「CSR が企業業績に及ぼす影響力の強化」というのも CSR の促進要因として考えられる。

　第2に，多国籍企業のサプライチェーンにおける CSR への取り組みとしてリコー社とアップル社の例でみると，「受動的 CSR」に留まっている点である。

　リコー社は，マイナスの影響（負の価値）を回避することに重点を置いており，アップル社も労働者の労働環境および人権，健康や職場の安全性，環境等において CSR 問題（負の価値）を回避することを中心課題として取り組んでおり，「受動的 CSR」の性格が強い。

　たとえば，製薬会社のように，本業そのものが社会的課題とされる人類の健康問題と深く関わる場合や，社会的課題とされる貧困問題と直結する BOP ビジネスの場合は，本業を通して社会的課題を解決する「戦略的 CSR」を展開しやすい。実際，武田，アステラス，第一三共など日本の製薬会社や英のユニリーバの子会社 HUL（Hindustan Unilever Limited：インドで家庭用品の製造販売），仏ダノン（Danone：バングラデシュでヨーグルト販売），日ユニ・チャーム（Unicharm：アジア地域でおむつ販売）などは BOP ビジネスを通して「戦略的 CSR」を行っている。このように社会的課題と自社の事業（業種や業界）との関連性が深ければ深いほど，企業と社会のニーズや価値が一体化されやすくなる。したがって，「受動的 CSR」または「戦略的 CSR」を決定づける要素として，社会的課題と事業との関連性も一要素として影響すると考えられる。

　多国籍企業のサプライチェーンにおける CSR 経営をさらに定着させるためには，本業と深く関わり，本業を通して解決できそうな社会的課題に取り組む「戦略的な CSR」を展開することが，企業の使命を果たすことにもなるであろう。

【注】

（1）CSR の概念に関しては，高田（1974）および森本（1994）に従い，CSR を，企業が永続事業体（ゴーイング・コンサーン）として存続し，成長するために，「企業を取り巻く環境主体である利害関係者および社会や自然環境に対して企業が自発的に果たすべき責任」と定義づける。

（2）MNC の定義や解釈に関する分析は，宮崎（1989）12 ～ 32 ページが詳しい。宮崎（1989）は，多国籍企業の名称だけで 17 個の表現があるとし，多国籍企業の定義については，①国際連合などの国際機関における公用語の定義，②諸文献における学問的により厳密に限定された定義，③発展段階的な定義の３つに分けて考察し，その名称および定義が複数存在していること，発展段階的規定が色濃く浸透していること，定義の中にビジョンの選択が含まれていることを明確にし，そのビジョンは発展段階規定の最高段階を示しているとした。また，江夏（1984）によると，多国籍企業の定義は，合意に達した明確な定義や解釈は存在せず，それは，「多国籍性」がさまざまな視点から考察できる多数の局面があるためであると言われている。ここでは，多国籍企業を「２カ国以上の国において生産・販売拠点をもち，経営活動を行う企業」と定義し，多国籍企業とグローバル企業の厳格な区別はしないことにする。

（3）近江商人の「三方よし。売り手よし，買い手よし，世間よし」，伊藤松坂屋の「伝来の家業を守り決して投機事業を企つるなかれ」，住友家の「一時の機に投じ目前の利に走り危険の行為あるべからず」など。

（4）ステークホルダーの概念については，Post et al（1999）のステークホルダーの概念に従う。彼らは，ステークホルダーを，「組織の意思決定，政策，運営に影響を及ぼし，あるいは影響される個人および集団」と定義し，企業の事業活動に影響を与える投資家，従業員，サプライヤー，消費者などを第１次（primary）ステークホルダー，第１次ステークホルダーとそれらの活動および決定によって直接的あるいは間接的に影響される一般社会，地域社会，政府，社会活動団体（NGO）などを第２次（secondary）ステークホルダーとして分類している（Post et al, 1999, pp.10-11）。

（5）児童労働とは，ILO の定義によると，満 15 歳未満の子供が大人のように働く労働のこと。世界で約２億 4,600 万人（世界中の子供の６人に１人）の子供たちが児童労働をしている。

（6）10 の原則は，①人権の保護の指示と尊重，②人権侵害への非加担，③組合結成と団体交渉権の実効化，④強制労働の排除，⑤児童労働の実効的な排除，⑥雇用と職業の差別撤廃，⑦環境問題の予防的アプローチ，⑧環境に対するイニシアティブ，⑨環境にやさしい技術の開発と普及，⑩強要・賄賂の腐敗防止の仕組みである。

（7）7 つの原則は，説明責任，倫理的行動，利害関係者の尊重，法令順守，国際行動規範の尊重，人権尊重であり，７つの中核課題は，組織統治，人権，労働慣行，環境，

公正な事業慣行，消費者課題，コミュニティー参画および開発である。
（8）電子業界行動規範であるEICC（Electronics Industry Code of Conduct）は，2016年に参加企業資格を拡大し，電子機器メーカーだけではなく，電子機器の納入先となる自動車，玩具，飛行機，IoTテクノロジー企業も参加できるようにし，活動を広げ，それに伴い，2017年10月に名称をEICCから，RBA（Responsible Business Alliance）に変更している。加盟機関は2007年時点で25社から2017年現在，約110社に増加している。
（9）日経ビジネスオンライン「サプライヤー管理はアップルに真似すべき」（http://business.nikkeibp.co.jp　2018/3/17アクセス）。

◆参考文献◆

江夏健一『多国籍企業要論』文眞堂，1984年。

金在淑「社会的責任投資の現状と課題」佐久間信夫・鈴木岩行編『現在企業要論』創成社，2011年a，173 ～ 195ページ。

金在淑「CSRとしてのBOPビジネスの意義と課題」経営行動研究学会『経営行動研究年報』第20号，2011年b，119 ～ 125ページ。

金在淑「多国籍企業におけるCSR問題の国際的局面―その原因と改善案―」日本大学経済学部『経済集志』第81巻第2号，2011年c，37 ～ 57ページ。

金在淑「多国籍企業の経営行動― CSR経営を中心―」菊池敏夫・太田三郎・関岡保二編著『企業統治と経営行動』，2012年，176 ～ 189ページ。

金在淑「CSR戦略に関する一考察―日韓製薬企業の事例を通して―」アジア経営学会『アジア経営研究』No.22，2016年a，93 ～ 102ページ。

金在淑「日本の製薬企業のCSRへの認識と実態―大手製薬企業4社のインタビュー調査結果をもとに―」経営行動研究学会『経営行動研究年報』第25号，2016年b，83 ～ 87ページ。

高田馨『経営者の社会的責任』千倉書房，1974年。

宮崎義一『現代資本主義と多国籍企業』岩波書店，1989年。

森本三男『企業社会責任の経営学的研究』白桃書房，1994年。

Global Sustainable Investment Alliance, *2016 Global Sustainable Investment Review*, pp.1-31.

Porter, Michael E. and Mark R. Kramer, *Strategy and Society: The Link Between Competitive Advantage and Corporate Social Responsibility*, Harvard Business Review.12/2006.（「競争優位のCSR戦略」『ダイヤモンドハーバード・ビジネスレビュー』2008年1月号，36 ～ 52ページ）

Post, J. E., and Lawrence, A. T. and Weber, J., *Business and society: corporate strategy, public policy, ethics*, Mc-Graw Hill Irwin, 1999.

索　引

A－Z

AEC（アセアン経済共同体）
　……………… 144，159
──ブループリント
　………… 194，195，197
AFTA ……… 193，194，209
AIA…………………………… 228
AISP ………………………… 231
ASEAN（東南アジア諸国連盟）
　………………… 6，72，221
──X 方式 …………… 199
──共同体（AC）…… 194
──経済共同体（AEC）
　……………………………… 194
──2025…… 194，198，199
──＋ 1FTA
　………… 194，209 ～ 211
──＋ 3 …………… 209
──＋ 6 …………… 209
──連結性マスタープラン
　（MPAC）… 194，196，197
BBC ………………………… 201
BRICS……………………… 214
Career Development Program
　……………………………… 51
CEPT ……………………… 226
CFT ………………………… 150
CLM ……………… 206，207
CLMV 諸国 ………… 194，196
CSR………………………… 273

──戦略……………… 277
EAFTA …………………… 217
EC ………………………… 160
EPRG プロファイル
　……………… 20，26，49
ESG（Environment, Social,
　Governance）投資 …… 275
EU 東方拡大
　…… 158，167，169，172
EV シフト ………………… 147
FDI ………………… 26，216
FTA ……………………… 187
GLOBE …………………… 244
GMS プログラム ………… 198
HCNs ……………………… 48
ISO26000 ………………… 282
M&A ……………………… 154
MPAC …………………… 197
ODA ……………………… 86
OEM ……………………… 133
OJT（on the job training）… 74
OLI パラダイム ………… 22
Out-In 型 M&A…………… 143
PCNs ……………………… 48
QC サークル活動 …………… 74
RCEP（東アジア地域包括的経済
　連携）… 159，210，211，213
SA8000 …………………… 280
SEZ（特別経済区）…… 92，93
STP ……………………… 111
SWOT 分析 ……………… 115

TCNs ……………………… 48
TPP（環太平洋経済連携協定）
　………… 159，210，211

ア

アジア通貨危機…………… 194
アセアン産業協力計画（AICO）
　スキーム ……………… 201
アップル社（APPLE）…… 285
アライアンス……………… 128
移動式組立ライン………… 69
イノベーション…………… 146
──センター…………… 72
異文化インターフェイス管理
　……………………………… 246
異文化シナジー管理論…… 247
インフラストラクチャー…… 82
エア・アジア………… 205，206
欧州共同体（European Commu-
　nity, EC）……………… 160
欧州経済共同体（EEC）… 160
欧州原子力共同体（European
　Atomic Energy Community,
　EURATOM）………… 160
欧州石炭鉄鋼共同体（ECSC）
　………………… 158，159

カ

海外拠点…………………… 80
海外研究所のネットワーク
　……………………………… 268

海外直接投資……………… 22，184
外資政策………………………… 82
外部環境………………………… 266
——分析……………………… 115
画一性…………………………… 270
学習……………………………… 132
合併会社………………………… 154
貨幣市場………………………… 260
カルチュラル・ブランディング
………………………………… 251
環境分析………………………… 114
環境変化………………………… 258
間接輸出………………………… 122
完全所有子会社………………… 123
環太平洋連携協定（TPP）
………………………………… 195
カンバン方式…………………… 74
企業所得税の減免……………… 86
企業特殊的優位………………… 22
企業ドメインの決定…………… 114
企業文化論……………………… 239
企業別労働組合………………… 76
企業理念………………………… 114
技術……………………………… 256
——集約的な工程…… 185
——先進地域………… 264
——的障壁の除去…… 161
規模の経済（性）……… 18，68
競争戦略………………………… 258
共通効果特恵関税協定（CEPT）
………………………………… 193
協同輸出………………………… 122
グリーンフィールドインベスト
メント ………………………… 122
グループ企業内金融（Intra-
Corporate Lending）… 2，3
クロス・ファンクショナル・
チーム ………………………… 150

クロスボーダー………………… 82
—— M&A …… 142，143
グローバル……………………… 109
——・コンパクト…… 282
——市場参入戦略
………………………… 114，121
グローバル人材育成
…………………… 48，56，61，62
——プログラム
………………… 51，53〜55
グローバル統合・調整…… 114
グローバル・マーケティング
………………………………… 107
——戦略………………… 107
——・リサーチ……… 114
経営管理手法…………………… 66
経営戦略………………………… 258
経営哲学………………………… 149
経営能力………………………… 260
経済特区（SEZ）……… 92，94
経済連携協定（EPA）……… 1
契約生産………………… 122，123
ケインジアン…………………… 178
研究開発………………… 132，256
——の国際化………… 261
原産国効果……………………… 250
原産地規則…………… 180，188
現地志向………………… 19，21
現地調達比率… 180，181，188
——の算出方式……… 180
現地適合化……………………… 124
貢献者…………………………… 267
工程間分業……………………… 177
5S ……………………………… 73
国際移転………………………… 66
国際競争力……………………… 190
国際経営……………… 14，15，26
国際事業部（制）…… 33，34

国際市場細分化戦略……… 120
国際人的資源管理
……… 48，49，51，61，63
国際的で独立した研究所
（Internationally Independent
Laboratories：IIL）…… 265
国際分業……… 181，184，185，
189，190
国内志向………………… 18，21
国家特殊的特性………………… 25
コーポレート・ユニバーシティ
………………………………… 53
コミュニケーション………… 31
コンテクスト………… 60，241

サ

最恵国待遇……………………… 181
財政的障壁の除去…………… 161
サクセッション・プラン…… 53
サステナビリティ・レポーティ
ング・ガイドライン … 281
サプライチェーン
……… 144，159，165，283
サプライヤー………………… 78
サポーティングインダストリー
………………………………… 94
サポート研究所（Support
Laboratories：SL）…… 265
サンセット条項…………… 188
参入市場の決定…………… 114
参入方式………………………… 121
参入方法の決定基準……… 121
事業システム………………… 258
事業ドメイン………………… 258
資源移動………………………… 78
資源展開………………………… 258
市場細分化……………………… 118
市場セグメント……………… 118

索　引　293

実行者·····················267
私的利益·····················257
児童労働問題·················278
シナジー··············146，156
資本·····················260
社会的基盤整備·············263
社会的責任投資（SRI：Socially
　Responsibility Investment）
　···························274
社会的利益·················257
社会発展·····················257
終身雇用制度·················75
自由貿易協定（FTA）···1，177
熟練労働·····················69
出資を伴う直接投資·········123
受動的（Responsive）CSR
　···············275，276，288
ジョイント・ベンチャー···123
消費の非排他性·············256
職務等級制度·············51，54
所有・命令関係·············78
人材インベントリー·········53
人事考課·····················76
新自由主義·················178
垂直的分業······177，185，189
スケールメリット···········261
生産管理·····················72
生産設備·····················72
製品別事業部制·············36
製品ライフサイクル·········130
世界志向··············20，21
世界主義的企業文化·········246
世界標準化·················124
世界貿易機関（WTO）······6
石油危機·····················160
セグメンテーション·········117
折衷理論············22，24，26
ゼネラルモーターズ（GM）···67

全体最適·····················269
戦略的（Strategic）CSR···276
戦略的提携·················123
戦略的マーケティング·····109
戦略リーダー·················267
組織間ネットワーク·········78
組織構造·····················31
組織風土··············67，73

タ

耐久消費財·················70
ダイバーシティ·············248
　────マネジメント·····77
タイ・プラス・ワン···203，207
太平洋同盟·················188
大メコン圏（GMS）経済協力
　プログラム　·····196，197
大量消費·····················262
大量生産··············68，262
武田薬品工業·················155
ターゲティング·············117
多国籍企業···15，18，29，273
　────のガイドライン···280
ダニング··············22，26
たばこの陳列禁止令·········154
多様性·····················270
単一欧州議定書·············161
単一パスポート·············174
単純性·····················270
地域志向··············20，21
地域専門家制度·············62
地域統括会社··········40，150
地域統括本社·················20
地域統合研究所（Locally Inte-
　grated Laboratories：LIL）
　···························265
地域の多様性·················270
地域別事業部制·············37

知的財産権·················179
チャイナプラスワン······82，83
チャンネルの構築·············122
中国·····················184
調達率·····················263
直接輸出·····················122
提携··············128，154
低コンテクスト·············61
　────文化·············60
適応化·····················249
　────戦略······114，124
撤退戦略·····················124
デトロイト·················70
統一化············17，19，20
東西経済回廊·········83～86，
　　　　88～90，92，198，207
同質性·····················270
途上国市場·················134
土地リース代の免除···········86
トップダウン的思考·········268
トランプ政権·················188
取引コスト·················24

ナ

内国民待遇·················181
内部化·····················24
　────理論·············137
内部環境分析·················115
内部能力·····················266
ナレッジ・マネジメント···259
南部経済回廊
　·········90，92，198，207
南北経済回廊······89，198，207
二国籍企業·················59
日越共同イニシアチブ······100
日本たばこ··········153，155
日本的経営·················67
日本的生産システム·········72

日本電産‥‥‥‥‥‥ 146, 147,
　　　　149 ～ 151, 153, 156
ネガティブ・スクリーニング
‥‥‥‥‥‥‥‥‥‥‥‥‥ 274
年功序列制度‥‥‥‥‥‥‥‥ 75
ノウハウの提供‥‥‥‥‥‥ 122

ハ

排除不可能性‥‥‥‥‥‥‥ 257
ハイポテンシャル‥‥‥‥‥‥ 53
範囲の経済性‥‥‥‥‥‥‥‥ 71
ヒエラルキー‥‥‥‥‥‥‥‥ 77
比較文化研究‥‥‥‥‥‥‥ 241
東アジア地域包括的経済連携
（RCEP）‥‥‥‥‥‥‥‥ 197
ヒーナンとパールミュッター
‥‥‥‥‥‥‥‥‥ 18, 26, 49
標準化‥‥‥‥‥‥‥ 67, 249
　　───戦略‥‥‥‥ 114, 124
標的市場‥‥‥‥‥‥‥‥‥ 110
品質‥‥‥‥‥‥‥‥‥‥‥‥ 79
フィージビリティスタディ
‥‥‥‥‥‥‥‥‥‥‥‥‥ 117
フェアウェザー‥‥‥‥‥ 14, 26
フォード社‥‥‥‥‥‥‥‥‥ 68
不確実性回避率‥‥‥‥‥‥ 269
複合化‥‥‥‥‥‥‥‥‥‥ 125
複雑性‥‥‥‥‥‥‥‥‥‥ 264
物理的障壁の除去‥‥‥‥‥ 161

物流ルート‥‥‥‥‥‥‥ 89, 90
ブミプトラ政策‥‥‥‥‥‥ 206
プラザ合意‥‥‥‥‥‥ 71, 216
ブラック・ホール‥‥‥‥‥ 267
フランチャイジング‥‥‥‥ 122
ブランド別自動車部品相互補完
　流通計画（BBC スキーム）
‥‥‥‥‥‥‥‥‥‥‥‥‥ 193
不良品‥‥‥‥‥‥‥‥‥‥‥ 79
ブループリント‥‥‥‥ 197, 199
ブレグジット（Brexit）
‥‥‥‥‥‥‥‥‥ 173, 175
文化的多様性‥‥‥‥‥‥‥ 236
文化的要素‥‥‥‥‥‥‥‥ 252
分散化‥‥‥‥‥‥‥‥ 17 ～ 20
米加自由貿易協定（米加 FTA）
‥‥‥‥‥‥‥‥‥ 178, 179
貿易摩擦‥‥‥‥‥‥‥‥‥‥ 71
北米自由貿易協定‥‥‥‥‥ 177
ポジショニング‥‥‥‥‥‥ 117
ポストマテリアリズム‥‥‥ 262
本社機能‥‥‥‥‥‥‥‥‥ 268

マ

マーケティング・マネジメント
‥‥‥‥‥‥‥‥‥‥‥‥‥ 109
マーケティング・ミックス
‥‥‥‥‥‥‥‥‥‥‥‥‥ 111
マーストリヒト条約‥‥‥‥ 162

マテリアリズム‥‥‥‥‥‥ 262
マトリックス組織‥‥‥ 38, 150
メガ FTA‥‥‥‥‥‥‥‥‥ 181
メコン地域諸国（ベトナム,
　ラオス, カンボジア, タイ,
　ミャンマー）‥‥‥‥‥‥‥ 82
モチベーション‥‥‥‥‥‥‥ 76

ヤ

輸出‥‥‥‥‥‥‥‥‥ 71, 122
　───部‥‥‥‥‥‥‥‥‥ 31
ユーロ‥‥‥‥‥‥‥‥‥‥ 162
　───圏‥‥‥‥‥‥‥‥‥ 162
ヨーロッパ統合‥‥‥‥‥‥ 158

ラ

ライセンシング‥‥‥‥‥‥ 122
リコー（RICOH）社 ‥‥‥ 284
リスボン条約‥‥‥‥‥‥‥ 164
利潤最大化‥‥‥‥‥‥‥‥ 261
リスク意識‥‥‥‥‥‥‥‥‥ 75
リスク分散‥‥‥‥‥‥‥‥ 132
リーマンショック‥‥‥ 158, 169
レディング学派‥‥‥‥‥‥‥ 22
レンタル工場‥‥‥‥‥‥‥‥ 93
労働集約的な工程‥‥‥‥‥ 185
ローマ条約‥‥‥‥‥‥ 160, 161

《編著者紹介》

佐久間信夫（さくま・のぶお）担当：第9章，第10章
明治大学大学院商学研究科博士課程修了
現職　創価大学名誉教授，モンゴル国立科学技術大学客員教授
　　　博士（経済学）
専攻　経営学，企業論

主要著書

『企業集団研究の方法』文眞堂，1996年（共編著），『現代経営学』学
文社，1998年（編著），『現代経営用語の基礎知識』学文社，2001年（編
集代表），『企業支配と企業統治』白桃書房，2003年，『企業統治構造
の国際比較』ミネルヴァ書房，2003年（編著），『経営戦略論』創成社，
2004年（編著），『コーポレート・ガバナンスの国際比較』税務経理協
会，2007年（編著），『コーポレート・ガバナンスと企業倫理の国際比較』
ミネルヴァ書房，2010年（共編著），『多国籍企業の戦略経営』白桃書房，
2013年（共編著），『現代中小企業経営要論』創成社，2015年（共編著），
『経営学者の名言』創成社，2015年（編著），『多国籍企業の理論と戦
略』学文社，2015年（編著），『コーポレート・ガバナンス改革の国際
比較』ミネルヴァ書房，2017年（編著），『M&Aの理論と実際』文眞堂，
2017年（共編著），『地方創生のビジョンと戦略』創成社，2017年（共
編著）など。

（検印省略）

2019年1月1日　初版発行　　　　　　　　略称―国際経営

現代国際経営要論

編著者　佐久間信夫
発行者　塚田尚寛

発行所　東京都文京区　　**株式会社　創成社**
　　　　春日2-13-1
　　　　電　話　03（3868）3867　　ＦＡＸ　03（5802）6802
　　　　出版部　03（3868）3857　　ＦＡＸ　03（5802）6801
　　　　http://www.books-sosei.com　振　替　00150-9-191261

定価はカバーに表示してあります。

©2019 Nobuo Sakuma　　　　組版：ワードトップ　印刷：エーヴィスシステムズ
ISBN978-4-7944-2536-2　C3034　製本：カナメブックス
Printed in Japan　　　　　　　　落丁・乱丁本はお取り替えいたします。

─────────── 経 営 選 書 ───────────

現 代 国 際 経 営 要 論	佐久間 信夫	編著	2,800 円
現 代 経 営 組 織 要 論	佐久間 信夫 / 小原 久美子	編著	2,800 円
現 代 中 小 企 業 経 営 要 論	佐久間 信夫 / 井上 善博	編著	2,900 円
現 代 経 営 学 要 論	佐久間 信夫 / 三浦 庸男	編著	2,700 円
現 代 経 営 管 理 要 論	佐久間 信夫 / 犬塚 正智	編著	2,600 円
現 代 経 営 戦 略 論	佐久間 信夫 / 芦澤 成光	編著	2,600 円
現 代 CSR 経 営 要 論	佐久間 信夫 / 田中 信弘	編著	3,000 円
現 代 企 業 要 論	佐久間 信夫 / 鈴木 岩行	編著	2,700 円
経 営 学 原 理	佐久間 信夫	編著	2,700 円
経営情報システムとビジネスプロセス管理	大場 允晶 / 藤川 裕晃	編著	2,500 円
東 北 地 方 と 自 動 車 産 業 ―トヨタ国内第3の拠点をめぐって―	折橋 伸哉 / 目代 武史 / 村山 貴俊	編著	3,600 円
おもてなしの経営学［実践編］ ―宮城のおかみが語るサービス経営の極意―	東北学院大学経営学部 おもてなし研究チーム / みやぎ おかみ会	編著 / 協力	1,600 円
おもてなしの経営学［理論編］ ―旅館経営への複合的アプローチ―	東北学院大学経営学部 おもてなし研究チーム	著	1,600 円
おもてなしの経営学［震災編］ ―東日本大震災下で輝いたおもてなしの心―	東北学院大学経営学部 おもてなし研究チーム / みやぎ おかみ会	編著 / 協力	1,600 円

(本体価格)

─────────── 創 成 社 ───────────